本书为国家社会科学基金青年项目"民俗体育文化保护研究"
（项目批准号：16CTY021）的研究成果

鼓车道

王若光 —— 著

乡愁记忆与传承保护
Nostalgic Memory and Heritage Protection

The Way
of Drum-Cart

社会科学文献出版社
SOCIAL SCIENCES ACADEMIC PRESS (CHINA)

序
学术的进阶

　　我与王若光博士有一种天然的知己之感，他是山西人，我两岁离开南京去了晋地，随在山西工作的父母生活读书十七年，算半个山西人，我也以山西为第二故乡。当年看余秋雨先生的《抱愧山西》时颇有感触。如果没有在这块土地上生活过，我们就很难理解"山西"二字的意义。历史考古学家李零先生说过：先秦时代的历史有两条线索，武力的征伐路线是从西向东，文化思想趋势则是由东向西。[①] 今日山西是指太行山以西。太行山脉跨北京、河北、山西、河南四省市，呈东北—西南走向，这道山脉中断的地方形成了东西走向的八个出口，古时候称"太行八陉"，文化和军事的东西行进，都要通过这些咽喉要道。山西是一文一武的文武双全之地。晋商票号开启中国金融先河，引带出镖局山林，文化昌盛，武侠滥觞。若光博士看似文弱却有侠气，实乃晋地风骨。他的求学生涯由西向东，他东来江苏，从本科到博士，都在苏地完成。我从山西返宁工作近四十年，和若光博士由神交而面谈，到他做博士学位论文，我们已经成了学术对手。他在博士学位论文写作中，把我当成知心文友。我和他讨论写作中的具体问题，"煲电话粥"至手烫进而电耗尽而寂。若

---

① 参见余秋雨《秋雨散文》，浙江文艺出版社，1994。

光在博士学位论文初稿完成时，第一时间让我看，说"请指点"，承蒙信任，我亦实话实说，做了上百个批注，他说"感动了"。

这次若光在其博士学位论文基础上申报获批的国家社科基金青年项目成果《鼓车道：乡愁记忆与传承保护》，与当年他的博士学位论文一样，研究对象都是民俗体育活动项目"鼓车赛会"。但是从学术进路看，他已经形成了上台阶的学术品格，具体表现在研究方法的针对性和有效性、材料梳理的结构完整性、以叙事论证为中心寻找真实性的问题意识等方面。这是学术规范趋于成熟的标志。

关于学术规范的成熟问题，我说一个例证。前几年我指导一位博士生写学位论文，其做的也是一个民俗体育项目的人文田野研究，研究对象是侗族地区流行的一种被称为"抢花炮"的体育文化活动。学生以访问学者的身份跟我学习，我们是在学习了英国皇家人类学学会《田野调查技术手册》后，才进入文化人类学田野实践的。记得第一次去三江侗族自治县的富禄苗族乡，领我们进村的是社区主任，一个从学校出来没几年的三十岁出头的村干部。村口的墙壁上贴有几张大红纸，是新一届"花炮节"的组委会机构名单，以及集体与个人捐款名录。我拉住了学生，让他读读这几张纸，学习如何采集人类学田野数据，这几页纸上的信息后来几乎构成了这篇博士学位论文的主体结构内容。依山傍水的富禄苗族乡是一个以苗族、侗族、壮族和汉族为主体构成的多民族地区。明清时期的水路交通漕运形成的商贸，既是富禄苗族乡的经济格局，也是其特定的文化生活格局。抢花炮的文化地理流变中表现出来的身体娱乐的文化征候，形成了这篇博士学位论文在抢花炮叙事论证中的主题——"文化重叠共识"。这一理念的诞生，让此篇博士学位论文相对于已有的抢花炮研究文献，既有学术继承又有学术创新。

从完成开题论证后进行的一系列田野实践中，我们发现抢花炮是由客家人随着漕运的商贸活动带至三江一带的。虽然高山阻隔、陆路交通不发达等成为抢花炮文化向四周发散的区位屏障，但珠江流域四通八达的水路通道，经过西江，则助力了抢花炮文化在珠江流域的文化地理流变，并使抢花炮文化借助"水"这一媒介实现了传播。抢花炮作为民族间交流的文化符号，虽然不同的民族与信仰等使其在不同的空间被赋予诸如神化的祈福、求子、求如意等不同含义，具有一定差异性，但探究其根本，便会发现其本质均建构于"生命"的象征以及"家"的获得感中。文化的地理流变在一定程度上促进了抢花炮表现的多元化，而正是这种多元化的表现提升了不同地域、不同民族间的沟通活力，强化了民族间的交流融通、经济上的互相促进、文化上的互相包容等，并建构了"文化重叠共识"的立论基础。这位博士在三年的时间里跟随我做田野与叙事论证训练，完成了规范的登堂入室的学位论文。

　　我在指导学生的学术实践中体会到，本科、硕士、博士这一路的学术进阶，好比上台阶，但是登台阶有一个能不能入门，以及如何进门的问题。这次审读若光博士的这份研究成果，我再一次看到了登学术台阶的人，如何在摸索中寻找"学术之门"，这是学术趋于成熟的标志。我想当我们建立了学术品格的基准，以后的学术实践与写作，就不会再走弯路，做事倍功半的事情。

　　看到若光的学术进阶，甚喜。是为序。

2021 年 12 月于南京仙林

目录

contents

导论

通过对他者的理解，绕道来理解自我。[①]

一 研究缘起

民俗文化发展的问题随着国家实力的不断增强，民族自信的持续升温而自然地涌现出来，这一过程也可以被看作现代化进程中的后现代思想要素，即返乡性、非商品化、个性化等，[②]缓慢发酵的具体现象。民俗体育作为民俗文化和体育文化的重要组成部分，向来是学界关注的主要领域之一，特别是 2000 年以来，国家受世界非物质文化遗产保护行动的影响，使民俗体育开始成为学界的研究热点。任何一项研究均无法摆脱自身所处的历史环境，本研究的方向与国家本土文化保护、体育发展方式转变等历史环境休戚相关。但顺应历史并非选题的决定性动机，中国体育人文社会学科几十年来始终多以抽象宏观的理论姿态"盘旋"在高

---

① 转引自保罗·拉比诺《摩洛哥田野作业反思》，高丙中、康敏译，商务印书馆，2008，引言。

② 王若光、啜静、刘旻航：《我国民俗体育现代化演进问题研究》，《南京体育学院学报》（社会科学版）2012 年第 6 期。

空,"指导"着一切看似模糊的体育实践,特别是"空对空"的理论交互演绎、"训诂互疏",似乎都已摆脱了笛卡尔的唯心论观点"我思故我在":"将理论的逻辑推演建立在坚实的磐石之上。"① 民俗体育的概念化也为它的理论研究提供了可能,本就差异巨大、分布不均、价值不同的各类民俗体育事象在没有通过田野实践"成年礼"的抽象理论视野下被同质化、均等化,"当前,最需要引进和倡导的方法,是针对停滞不前的体育理论中虚浮的部分,借鉴具有人类学实证研究之传统的田野调查(田野工作)方法"。②

通过对既有研究成果的梳理可以发现,目前民俗体育的研究在研究范式、研究方法、地域分布方面呈现一些特征。从研究范式考量,大多数研究受"西方体育中心观"影响较深,往往在没有经过扎实的田野考察前,便多抱着"开发""利用""改造""国际接轨"等强烈的规范主义问题意识,理论先行的开展研究,并几乎忽略了中国本土体育的文化根脉。立足本土文化传统,对民俗体育的文化根基深入剖析、思考现代发展问题的成果甚少。从研究方法审视,众多研究集中在宏观理论的抽象套解与"观光式"田野调查的表浅描述。宏观理论的研究对民俗体育实践具有普遍的理论指导性,但又由于普遍,对于千差万别的具体民俗体育实践而言总是似是而非,犹如隔靴搔痒;近年来,对"田野调查"一词的使用越来越多,"但不少研究仅找所谓知情人进行匆忙询问及发问卷,蜻蜓点水、走马观花,到活动现场转一圈拍拍照就回家写论文。尽管短瞬间记录的信息也是第一手材料,但并不能完整而深入地反映某种体育文化现象,何况还会出现许多经过资讯人过滤、掩饰、加工后难以证实的误导信息"。③ 真正深入田野开展参与性观察、参与性访谈,以厚重翔实的一手资料为分析基础的民俗学、人类学研究仅有学界的少数学者践行。从研究地域分布观之,大多数研究成果相对集中在长江、珠江

---

① 笛卡尔:《谈谈方法》,王庆太译,商务印书馆,2006,第5页。
② 胡小明:《体育人类学方法论》,《体育科学》2013年第11期。
③ 胡小明:《体育人类学方法论》,《体育科学》2013年第11期。

流域，闽台及少数民族地区。而对于作为华夏文明之源，占尽中国五千年文化、政治引领先机的黄河中下游流域中原汉文化区的相关研究尚付阙如。本研究选择民俗体育"鄂乡鼓车赛会"进行田野作业，正是基于现有研究在地域分布、范式、方法方面的不足，而以华夏文明发祥地之一——河东地区的民俗体育文化实践为研究对象，运用人类学田野作业与民族志的研究方法，力图在对"鄂乡鼓车赛会"文化细节深度揭示的平台上提出与民俗体育实践高度契合的"地方性知识"，并希望能为我们习以为常的"民俗体育文化保护"带来一些新的思考。

二　研究意义

研究意义，可分为理论意义、方法（论）意义、学科意义及实践意义等，学术理想是每位研究者都应该持有的，但当你游弋在学术论著的浩瀚海洋里了解得越多时，会越发觉得理论或方法独创的艰难。

本研究旨在因循前人的理论与方法对文化事实进行探讨，如果非要说理论或方法的意义，也许仅能够称之为对前人理论或方法有效性的再次验证。当然验证的成功与否还需外界的学术评价为之论定。民俗体育的个案研究最务实或可能的意义应落在实处，实践意义是本研究最能沾得上边的意义之一，但也要注意，实践意义并不是我们学科内部通常所提出的改造、利用、开发等非分之想，研究者永远不要指望以学术权威的姿态来干预文化持有者的文化行为，他们有着自身的文化逻辑。如果能将研究对象的文化细节、变迁脉络、历史记忆及现实境遇等秉笔直书，完整、完全、细致地记录下来，特别是对于那些（如本研究的研究对象）虽没有相关文字记载留存但却有着极高文化品质的研究对象来说，为其自身留存一个可资比照的"文本"，即最大的实践意义。研究者提供一份翔实的"文本"犹如为文化持有者提供一面镜子，给他们一个反观自身的可能。

进而，文本形成，学科意义也会自然地显露。本研究为学科增添了一份素材，开拓了新的研究视域，为平衡目前研究空间分布的不均衡状态发挥了一定作用。本研究所处的地域空间（河东地域）是产生文明较早的地区，如在河东地区发现有仰韶文化、龙山文化、陶寺遗址、丁村遗址、匼河遗址等，尧、舜、禹的都城亦均在河东，"河东文化"被现代考古学家、文化学者称作中华文明的直根所在。体育是文明的伴随者，该区域民俗体育的文化孕育、文化发展同样有着深厚的历史积淀，对其的研究应在民俗体育领域具有一定的典型性。而学科意义中更重要的一点还在于能为后续研究提供一份可以参考、借鉴、修正、证伪甚或批判的材料。

学术研究若没有独立的基本观点或立场，可能确实不能被称为研究，观点反思是我在研究中比较重视的一个问题，根据文化人类学的研究传统——"通过对他者的理解，绕道来理解自我"，[①] 研究者对"他者"的理解自然要反身性地比较自我的文化、思想、观念。我们在本研究中始终不敢对这一问题掉以轻心，我们分别在鼓车赛会研究的不同阶段对我们学科内部的"西方体育中心观"认知倾向、民俗体育兴衰、"非遗"保护的有限性以及生活与体育的契合等问题进行了反思。这种对观点的反思虽然建立在文化事实基础之上，但只是基于个案研究生成，并非所谓的通用理论，只有后来者在反思的驱动下将观点带入新的研究对象中做进一步验证，反思的意义才能产生，当然不论结果是肯定还是否定，终归能算得上是研究的意义。

三　学术史回顾

（一）民俗体育的学术肇始

古时虽无体育概念，科学研究范式也尚未形成，但有关民俗体育项目整理、拾遗或考录的传统古已有之，相关文章著述确已形成。宋代调

---

① 转引自保罗·拉比诺《摩洛哥田野作业反思》，高丙中、康敏译，商务印书馆，2008。

露子所撰的《角力记》^①就是一篇有关民俗体育的专学文章，文章字量非甚，但对我国古代摔跤运动的称谓、源流、纪事、杂说趣闻等做了细致的叙述；此外，宋代李清照的《马戏图谱》^②、元代佚名的《丸经》^③、清代佚名的《蹴鞠谱》^④等著述均针对具体活动进行了详细的文字记录，文本为我们展示了古人参与某类体育活动的考究，如对场地、器械、行为、规则等方面的问题，古代文本中均做了细致入微的描述；此外，其对参与体育活动的道德规范性的论述更是事无巨细，民俗体育的道德教化功能彰显无遗。明代学人杨嗣昌的《武陵竞渡略》亦是民俗体育的考录之作，作者以个人旨趣为导向，将目光瞄向武陵地区盛行的竞渡习俗，不仅引经据典地思辨、讨论了竞渡起源问题，而且通过个人长期的参与性观察极为细致地描述了武陵地区竞渡的组织、机制、流程、规模、规则、训练、技术等诸多方面的问题；更值得一提的是作者注意到当时竞渡在民间常常出现的社会负面问题，如竞渡有可能引发的地方民众寻衅滋事、集体斗殴等社会风险，以及官方常采用的治理措施，并在此事实基础上提出了充满人文关怀的民俗体育治理观点："杀其力，存其戏。"^⑤体育活动本为古代士林之边鄙，文献非甚，它们的留存为民国时期的学术开创及当代的研究提供了弥足珍贵的历史文本。

1926年我国著名民俗学家江绍原在《晨报副刊》上连载刊发《端午竞渡的本意》一文，江绍原在对《武陵竞渡略》做评价时认为，"作者没有学术的眼光"，误导了我们对竞渡习俗本意的认识。^⑥但在我看来，杨嗣昌的成果现代学术价值更甚，拿杨、江二人的原版文本比照，发现

---

① （宋）调露子：《角力记》，清光绪琳琅秘室丛书本。
② （宋）李清照：《马戏图谱》，明万历夷门广牍本。
③ （元）佚名：《丸经》，明崇祯津逮秘书本。
④ （清）佚名：《蹴鞠谱》，清钞本。
⑤ （明）杨嗣昌：《武陵竞渡略》，收录于（清）陈梦雷编《古今图书集成》"历象汇编·岁功典"，清雍正铜活字本。
⑥ 江绍原：《端午竞渡的本意》，《晨报副刊》第1439号，1926年，第21~23页；第1440号，第25~27页；第1441号，第29~31页。

《武陵竞渡略》并没有误导竞渡习俗本意的嫌疑，而是江绍原"误解"了杨文。这一点也被现代民俗文献学学者再次证明。[①] 目前，在学界有关"龙舟竞渡"专题的学术成果中，对《武陵竞渡略》进行有效深入剖析及消化吸收者不多见，学者对其中很多具有学术价值的信息未予以重视，仅有学者江绍原以《武陵竞渡略》为主要分析文本，可以算得上近代以来民俗体育个案研究的开创性学术作品。近年来，张勃、王若光[②] 等也开始分别从民俗及竞技的视角关注《武陵竞渡略》的学术意义。1947 年闻一多在《中兴周刊》与《文学杂志》分别发表《端午的历史教育》[③] 及《端午考》[④] 两篇文章，从民族或国家层面探究端午竞渡习俗的文化价值，提出龙图腾为中华民族共同凝聚的象征，竞渡的本意虽不完全是纪念屈原，但这种纪念屈原的含义所体现的爱国情感是值得肯定的，具有爱国主义教育的价值。如果说江绍原的个案研究是历史实证主义的经典，那么闻一多的研究则是历史价值主义的典范，两位学者的研究虽时隔仅 21 年，但二人所处的时代背景差异甚大。从研究的方法上看，江绍原与闻一多虽受到过正统的学术训练，但研究层次仍停留在以典籍文献为主的个案研究，仍然沿袭着民俗研究的"一重立证法"的方法论思想，在某种意义上尚未超越明代杨嗣昌的"书写"策略。

鉴于民国时期，内忧外患，特别是在 20 世纪 30 年代后期，体育学科尚处在发轫初期，绝大多数体育学者将学术旨趣集中在体育教育范围之内，涉及武术的研究较多，如唐豪、张之江等学者的武术相关著述多达数十部，其中不乏提倡"国术救国"的教育理念，亦不乏教授拳术技法之作。而对于处于民间种类繁多的民俗体育事象的研究尚未形成有序且具规模的研究脉络；其中很值得一提的是王健吾、金铁盒在 1935 年所作的《毽子

---

① 张勃：《明代岁时民俗文献研究》，商务印书馆，2011，第 246~264 页。

② 王若光：《俗化体育——中国体育的土壤特征与气候流变》，《上海体育学院学报》2014 年第 4 期。

③ 闻一多：《端午的历史教育》，《中兴周刊》第 7 期，1947 年，第 11~13 页。

④ 闻一多：《端午考》，《文学杂志》第 2 卷第 3 期，1947 年，第 1~19 页。

谱》① 和在 1936 年所作的《风筝谱》② 二册著作，作者在"民族积弱""倡体育普及"的社会背景下专注于体育品类中微小却极易普及之项目，对毽子与风筝运动做了细致的源流考据、习俗分析、功能辩证等讨论，并且针对广大民众服务，将毽子与风筝的制作方法及运动技法问题予以详细的描述。

质言之，古代民俗体育文本的留存为我们提供了极为珍贵的文字史料，值得引起学界的广泛重视，而民国时期的相关研究正是在古代典籍文献的基础之上开创了本土体育的学术先河，奠定了当代民俗体育学术发展的基础的。

（二）民俗体育的学术暂裂及成熟

新中国成立以来，在社会主义教育运动的大背景下，民间体育研究非但未被学者重视，反而被社会各个层面多冠以迷信、旧俗的名目遗弃。经历了短暂的 30 年集体化时期，直至 20 世纪 80 年代，国家"文化热"兴起，体育学科研究再度多元化，一批体育史研究方向的学者逐渐开始对民间、民俗及民族传统体育进行系统的探讨与梳理。

1990 年国家体委体育文史工作委员会、中国体育史学会编写的《中国古代体育史》系中国民族传统体育学科建立以来的首部系统性著作，该作品对中国传统体育的发展形态、历史流变及时代特征等做出了全局性探讨，其中对于我国具有典范性的传统体育项目，如武术、蹴鞠、舞蹈、角抵、击鞠、捶丸等，该作品都进行了细致的描述，并且对同一项目结合不同时代背景特征做了进一步的细致探讨。③1997 年，翁士勋主编《二十五史体育史料汇编》，④ 将权威的二十五史作为史料资源，对散见于其中的体育材料进行了系统的整理。虽然该著作在个别条目归类、体

① 王健吾、金铁盦：《毽子谱》，上海武侠社，1935。
② 王健吾、金铁盦：《风筝谱》，上海武侠社，1936。
③ 国家体委体育文史工作委员会、中国体育史学会：《中国古代体育史》，北京体育学院出版社，1990。
④ 翁士勋主编《二十五史体育史料汇编》，北京体育大学出版社，1997。

例统一、选录标准等方面存在一些不足，但在总体上却将权威文本中有关的体育材料分门别类梳理清楚，为后续体育文史类研究者们提供了极大的便利。除此之外，20 世纪末还有不少有关中国传统体育整理的学术成果问世，如任海的《中国古代体育》[①]、崔乐泉的《中国古代体育文物图录》[②] 等。以上时期的学术论著总体来说是基于古籍文献材料所进行的史学探讨，在研究范围及视野上相对宏观，大多涉及体育思想、体育制度、体育项目三大领域，尚需进一步将体育作为人的生活整体考察；对地方、民间的关注较少，尤其是反映民众日常体育生活及相关活动的内容尚未进入学术视野，对诸如婚俗、节庆、仪式、神话、传说等的深刻研究相对较少。

21 世纪以来，世界非物质文化遗产保护工作的开展，逐渐带动了我国对传统文化的重视，作为传统文化的重要组成部分，民间、民俗等传统体育项目也受到了官方与学者们的双重重视。随后学界对其进行的学术研究开始转向以微观史、多元视角、田野考录等为特征的研究范式。

（三）21 世纪民俗体育研究的方法变革与视域多元

1. 民俗体育研究的方法变革

进入 21 世纪的第一个十年，有关民俗体育的研究开始呈现出研究方法论的变革，崔乐泉专注中国古代体育史的研究，尝试将考古实物"数据"纳入立证的材料范畴，突破了既往本土体育研究"一重立证法"的方法论层次。"考古学在相当的程度上把原始人类体育的意识（物化形态）和体育行为的基本线索提供出来了。它从一定角度印证了作为一种文化特质的创造过程的文化形态，印证了作为一种文化现象的原始人类体育形态的基本景观，为我们提供了研究原始时代体育形态的初步的理论和技术方

---

① 任海：《中国古代体育》，商务印书馆，1996。
② 崔乐泉：《中国古代体育文物图录》，中华书局，2000。

法。"① "在考古学资料分析的基础上，除了首先注重考古学的一系列理论和方法的应用，更要把体育考古学和人类学的实证材料，把原始人活动的精神图景和民族学材料，把个体发生的逻辑意义、群体发生的历史意义和历史文献的描述结合起来，这正是从理论的高度总结原始时代体育文化发生、发展及其演化规律与现象的最重要的方法论。"② 同时，崔乐泉采用考古实物与文献材料相结合的"二重立证法"策略，对我国捶丸、蹴鞠、六博、射箭、巫舞等文化事象进行了一系列的学术探讨，在学界形成了特色鲜明的学术成果体系，为民俗体育的研究开创了新的方法论研究范式。

2004 年，李志清等提出了对少数民族体育研究的田野调查路径，认为关注民间传统体育个案进行"专题性研究"，采用以"小题大做、以小窥大"的田野调查为基础的实证性研究方法能够更加深刻地认识少数民族体育的社会功能和文化价值。③2005 年李志清在其博士学位论文中践行田野作业研究方法，对桂北侗族地区的抢花炮习俗进行了扎实的实地研究，该研究对古老的仪式性少数民族体育活动在现代社会发生的一系列变化，如理性化、世俗化、组织化、规范化以及媒体的利用、妇女的参与等进行了深入探讨，认为："民族特色的强调、功能的扩展则是民间文化在现代化与全球化中的生存策略，这些变化都是文化主体自觉的文化改造过程，反映了民族文化的生存能力和适应性以及仪式性少数民族体育文化的现代价值。"④

如果说对"侗族抢花炮"的研究尚处于个别学者的初步尝试与努力探索阶段，那么，以胡小明为首的"黔东南独木龙舟"研究的开始则标

---

① 崔乐泉：《论"原始体育形态"——体育考古学研究方法实证分析》，《体育与科学》2002 年第 4 期。

② 崔乐泉：《原始时代体育文化研究的方法论考察——以中国原始时代体育文化研究为例》，《山东体育学院学报》2004 年第 1 期。

③ 李志清、虞重干：《专题研究与田野调查——少数民族体育研究的途径》，《体育科研》2004 年第 4 期。

④ 李志清、虞重干：《当代乡土生活中的抢花炮——桂北侗族地区抢花炮变化特征的实地研究》，《体育科学》2005 年第 12 期。李志清：《乡土中国的仪式性少数民族体育：以桂北侗乡抢花炮为个案的研究》，中国社会科学出版社，2008。

志着体育人类学研究范式的形成。2008 年，胡小明组织的华南师范大学体育人类学研究团队，赴贵州清水江与巴拉河流域开始了对当地独木龙舟习俗的田野实证性研究，他们通过对黔东南地区清水江与巴拉河流域"独木龙舟文化圈"的田野调查，印证人类学的田野作业法的适切性。同时，也展示了体育人类学的个案研究方法是体育界为文化遗产保护工作采集科学数据的有效手段。"黔东南独木龙舟的田野调查，不仅是展示体育人类学的实证研究范例，显现研究各原始运动形态获取第一手真实资料的有效途径，还是运用文化人类学进行具体深入的解释和分析，通过理论建设为倡导生态体育和保护文化遗产提供更完善的思路。"[①]

人类学田野作业研究范式的转变在某种程度上增强了体育文化研究的实证性，增加了学术探讨的立证维度，亦提高了对某一问题或某一文化事象的纵深性理解，如在博士学位论文中，有张基振《文化视野中民间体育的保护、传承与发展——以潍坊风筝为表述对象的实证研究》（2007）、杨建设《我国传统节日体育现状与发展研究》（2007）、孟纹波《彝族火把节研究——以石林彝族撒尼族群为个案》（2012）、覃琼《"标志性文化"生成的民族志——以滨阳的舞炮龙为个案》（2011）等，他们田野调查的平均耗时在三个月以上。在众多研究成果中，"田野调查"的运用方式大体可分为两类，一类是基于"个案"的田野作业，如《文化视野中民间体育的保护、传承与发展——以潍坊风筝为表述对象的实证研究》，将田野工作瞄向潍坊地区的风筝运动。"风筝"是一个抽象的概念，作为民间体育，不同地区的风筝运动所具有的文化特征互有差异，若从抽象概念出发，研究所得出的理论知识亦是抽象宏观的共性特征，无法深入具体文化的内部，探究其深层意义。张基振的博士学位论文采取了"个案"田野作业的研究策略，所得出的理论知识与"地方"契合且深入文化的内在机理，可对该地区的风筝运动发展提供有效的地方性理论。另一类是基于"多案"的田野作业，

① 华南师范大学 – 贵州民族学院联合调查队《黔东南独木龙舟的田野调查——体育人类学的实证研究》（一），《体育学刊》2009 年第 12 期。胡小明、杨世如：《独木龙舟的文化解析——体育人类学的实证研究》（二），《体育学刊》2010 年第 1 期。

如《我国传统节日体育现状与发展研究》，将田野工作瞄向了湖南地区的龙舟竞渡、山东淄博的蹴鞠、内蒙古的那达慕等多个"个案"。标准的文化人类学田野作业本应针对"个案研究"，目前流行的"多点民族志"研究亦是针对同一研究对象而开展的。一项研究的时间相对固定，这也决定了田野调查工作时间的最大范围，在田野工作时间相对不变的情况下，"多案研究"对事实的认识深度必然会随着"案数"增加而有所"损失"。如《我国传统节日体育现状与发展研究》，其田野工作的努力非常值得推崇，研究者为进入"田野"获取一手资料几乎跑遍中国版图，特别是议论"龙舟竞渡"部分，充分体现了作者的田野成绩，那种研究者"在场"、充满鲜活情感的文化真实再现，自然地流露于字里行间，深度访谈的研究魅力也显现得淋漓尽致；但在涉及其他体育事象时，其"田野气息"明显不及"竞渡"部分。人不能两次踏入同一条河流，更无法同时踏入两条河流。田野调查就是要走进文化的真实，而概念（如传统节日体育）是跨节日体系、跨地区、跨文化的众多真实的抽象，一项研究中的"田野调查"本无法兼顾如此众多的"跨越"。

概而言之，21世纪的第一个十年，民俗体育研究经历了方法或方法论的革新，无论以崔乐泉为代表的考古学方向还是以胡小明、李志清为代表的田野作业方向，两种学术路径均在民俗体育研究的方法论上有所突破，即在传统"一重立证"的研究基础上完成了"二重立证"的方法论"升级"，庆幸的是，双方关注的立证资源亦不相同，一是考古实物，二是田野活态文化。就如上两方面突破的学术贡献来推测，其对学界的后续影响还远不止如此，顺着立证资源维度深化的逻辑思考，我们会发现方法论进一步革新的可能，"三重立证法"的研究范式已呼之欲出了。

2. 民俗体育研究的视域多元

随着研究范式的革新，研究视域的地域走向也会由以往宏观的"中华文化圈"视野转向相对具体而具有地方特征的区域性体育文化研究视野。近些年来，区域性民俗传统体育研究成果逐渐丰富，白晋湘、万义等学者围绕湖南湘西少数民族体育展开研究，他们主要从少数民族文化

生态维护的立场入手，对具有典型性的民间传统体育事象进行了实证性
研究，并提出了一些与地方文化背景相互契合的民间体育文化保护理
论。① 王俊奇等人以古籍善本等为数据来源，对江西区域民间体育进行
了细致的理论梳理。陈康则在于国内极富影响力的敦煌学基础上，利用
敦煌学资料去挖掘民间体育的新材料，所谓的"敦煌体育"是指在敦煌
莫高窟壁画、雕塑及藏经洞文献，以及敦煌及其周边地区内考古发现的
体育遗物和遗迹。该研究将敦煌体育的内容分为角斗、射术、剑术、徒
手格斗、相扑、武舞、围棋、气功等，并在这些体育内容的基础上还深
入探讨了相关体育器械、场地、规则等方面的内容。② 结合敦煌学、考古
学、体育史学的综合研究，一方面体现了研究方法论的创新，另一方面
还为我们带来一个新的研究视域。有关汉文化区域民间体育的研究则当
属以付玉坤为代表的"山东民俗体育"研究，他们在研究成果中对山东
省范围内的民间、民俗体育进行了一般的梳理与统计，并基于专项的田
野调查，完成了对山东民俗体育"发展现状"、"存在问题"与"发展展
望"等多个方面的文化保护研究工作。③

　　视域的多元还体现在民俗体育分析框架的走向方面，21 世纪以来
体育人文学科领域始终与相关学科保持着适当的张力，不少体育学者努
力汲取其他学科优秀的理论观念、分析概念以及新的研究范式，取"他
山之石"来解决体育领域的学术问题。就民俗体育而言，它在学科性质
上与社会学、民俗学、人类学、历史学等学科相关联，不少学者开始进
一步尝试运用外学科极具分析力的分析框架来聚焦民俗体育的研究。冯

---

① 万义：《村落社会结构变迁中传统体育的非物质文化遗产保护——以弥勒县可邑村彝
　　族阿细跳月为例》，《体育科学》2011 年第 2 期。万义：《村落少数民族传统体育发展
　　的文化生态学研究——"土家族第一村"双凤村的田野调查报告》，《体育科学》2011
　　年第 9 期。万义、王健、龙佩林等：《村落族群关系变迁中传统体育社会功能的衍生
　　研究——兰溪古寨勾蓝瑶族长鼓舞的田野调查报告》，《北京体育大学学报》2014 年第
　　3 期。白晋湘：《民族传统体育文化学》，民族出版社，2004。
② 陈康：《敦煌体育研究》，中国社会科学出版社，2012。
③ 付玉坤：《民俗体育研究》，山东教育出版社，2012。

强、涂传飞等在民俗体育的研究中汲取文化人类学的经典理论贡献，尝试运用马塞尔·莫斯的"礼物交换理论"来分析民俗体育中的社会互动关系，① 以及借鉴格尔茨的"深描"的文化观分析涂村舞龙习俗的文化变迁。② 王若光等则运用皮尔斯的文化符号学"三位一体"的基本分析框架探讨了中国岁时民俗体育的文化符号问题，提出了民俗体育生成的逻辑起点为"民众求保安生的生活理想"。③

　　李志清将涂尔干仪式理论引入民俗体育，较早运用国家—社会互动的分析框架探讨"抢花炮"之于国家、社会之间的互动关系，提出了国家政治生活及国家—社会互动关系通过诸如"抢花炮"一类的民俗体育实践而实现的观点。④ 刘素林、行龙从社会史的角度，对山西万荣集体化时期的一支"海鸥"女子锻炼队进行了微观史的分析，探讨了集体体制下新式体育嵌入农业生产、融入乡土生活，重塑女性形象和社会角色的运行机制。⑤ 杨海晨、万义等学者从不同的田野个案入手，分析了近现代以来少数民族传统体育如何与国家力量发生关联，并从"国家符号"与"女性参与"的不同切入点展示了国家—社会关系在田野个案中是如何互动、变迁及呈现的。⑥ 以上研究已基本形成了借助社会学、人类学经典理论框架探讨微观体育"国家－社会"互动的视角与分析范式，为当前研

---

① 冯强、涂传飞、熊晓正：《马塞尔·莫斯的"礼物交换理论"对民俗体育的启示》，《武汉体育学院学报》2012 年第 6 期。

② 涂传飞：《对民俗体育文化意义的解释——来自克利福德·格尔茨的阐释人类学流派的启示》，《北京体育大学学报》2010 年第 11 期。

③ 王若光、孙庆祝、刘旻航：《中国岁时民俗体育逻辑起点的符号学考察》，《上海体育学院学报》2013 年第 6 期。

④ 李志清：《乡土中国的仪式性少数民族体育：以桂北侗乡抢花炮为个案的研究》，中国社会科学出版社，2008。

⑤ 刘素林、行龙：《女性体育的国家建构：以"海鸥"女子锻炼队为例》，《体育与科学》2016 年第 6 期。

⑥ 杨海晨、吴林隐、王斌：《走向相互在场："国家－社会"关系变迁之仪式性体育管窥——广西南丹黑泥屯"演武活动"的口述历史》，《体育与科学》2017 年第 3 期。万义、杨海晨、刘凯华等：《工具的展演与逻辑：村落女性体育活动参与行为的人类学阐释——湘西三村女性群体的口述历史与话语解构》，《体育科学》2014 年第 7 期。

究中国本土体育的现代性问题提供了一个方法论思考的维度。

3. 民俗体育研究问题的精细化

研究材料的出新与视角的多元，自然也会影响学术研究问题的走向，相对既往解决民俗体育是什么、有什么价值意义等一般性问题导向来说，21 世纪以降，有关民俗体育的研究问题进一步向精细化方向发展。王若光、刘旻航通过梳理历史典籍对端午竞渡习俗何时使用龙舟、为什么要使用龙舟的问题进行了基本解决，他们将龙舟使用的大致时期"确定"在唐代，将龙舟的使用与传统文化中体现时间意义的爻辞"飞龙在天"予以关联。[①] 对民俗体育进行深入研究必然也会对体育学科内固有的学术问题进行重新审视，王若光在对竞渡习俗的历史细节具备了深刻认识的基础上回应 20 世纪 90 年代国内学者提出的"中国体育未能成熟"的全称命题，使用以竞渡为单个反例的研究策略对其证伪，提出中国历史上确乎已经出现了可与西方媲美的"标准化体育"。[②] 胡小明的研究团队，在滇西进行田野作业时发现"东巴跳"与东巴文字之间的关联性问题，提出了学科辐射性较强的研究问题，即"身体运动与原始文化（文字）形成之间存在文化关联"[③]，研究团队还在问题的引导下创造性地采用了"从身体动作到图画文字"再"从图画文字到身体动作"的身体动作分析法的"双向实证"技术路线，为研究原生态的身体运动对古文字形成起到的作用开拓出科学的新路径。[④] 杨海晨与万义等学者则密切关注社会人类学理论前沿，在探索地方民俗的过程中，发现了民俗体育中的"国家符号互动"与"女性参与"的变奏现象，将母学科中的传统问题

---

① 王若光、刘旻航：《"飞龙在天"：端午龙舟竞渡习俗考源》，《民俗研究》2013 年第 6 期。

② 王若光：《俗化体育——中国体育的土壤特征与气候流变》，《上海体育学院学报》2014 年第 4 期。

③ 胡小明：《体育人类学方法论》，《体育科学》2013 年第 11 期。

④ 向有明、向勇、韩海军等：《身体动作与文字形成的双向实证研究》，《体育科学》2013 年第 8 期。

意识带入民俗体育的个案研究，提出了更适合自身学术探讨的研究问题：如杨海晨等认为黑泥屯演武会的文化变迁是一个"国家－社会"关系走向"相互在场"的过程；[①] 万义等则认为苗鼓习俗中女性参与的历史系工具理性的社会行动，向价值理性的社会行动发展会成为地方民俗体育保护与传承的应然走向。[②] 近十年的学术成果中，一系列研究问题的提出及解决成为后续研究的问题导向，提示学者们在后续研究中对研究问题的精细化把握与多元化观照。

问题意识是学术品质的核心命脉，但是在具体的研究中过分强调问题意识也有可能为研究带来一定的风险，王若光在《民俗体育研究：方法、价值与现代性问题》中针对这种学术现象，以文化人类学界著名的学术事件——玛格丽特与弗里曼有关萨摩亚研究的截然不同的结果为分析案例，提出："问题意识"虽然是学术品质的一个重要标志，但是对于民俗体育，特别是对于民俗体育个案倾向的研究类型来说，问题的提出不应该是"想当然"的提前预设，"过分强调问题"则有可能导致研究者对客观且不符合问题导向的现实证据视而不见，最终导致研究的无效。[③] 问题意识应该是一个在获取、分析研究数据中"自然涌现"的过程。研究者对现实呈现的真实数据进行分类、比较、归纳、总结后所形成的"问题意识"才应该是研究所需面对的真问题。

（四）晋地民俗体育研究的现状与发展方向

1. 晋地民俗体育研究的现状

有关山西省域内民俗体育的研究，近年来初见端倪，如李建英等学

---

① 杨海晨、吴林隐、王斌：《走向相互在场："国家－社会"关系变迁之仪式性体育管窥——广西南丹黑泥屯"演武活动"的口述历史》，《体育与科学》2017年第3期。
② 万义、杨海晨、刘凯华等：《工具的展演与逻辑：村落女性体育活动参与行为的人类学阐释——湘西三村女性群体的口述历史与话语解构》，《体育科学》2014年第7期。
③ 王若光：《民俗体育研究：方法、价值与现代性问题》，新华出版社，2016。

者关注的河东地域民间、民俗体育文化研究；[①] 王铁新对山西民俗体育项目的梳理等。[②] 但囿于该领域的学术积淀时间尚短，目前尚未出现一项较为系统、全面的整理山西民间传统体育文化事象的研究成果，而建立在整理民间传统体育成果之上的相关保护研究也在相当程度上流于宏观抽象的"概念性研究"。所谓的"概念性研究"主要是指，相关保护研究主要还集中在"非遗保护"的一般概念探讨层次，并且具有"针对性"的保护研究也并没有针对具体区域民俗体育文化的特征、区域内文化保护所遇到的实际问题展开探讨，因而所得出的保护对策、建议、观点、理论等仍然是极度宏观抽象的，虽然这样的研究路径并没有什么错误可言，但这样的保护理论却严重缺乏与文化事实之间的契合性，如此文化保护的真正意义值得商榷。

从既有的研究成果来看，一方面，部分学者对民俗体育的个案进行了研究，如对忻州挠羊赛、鄂乡鼓车赛会文化事象的关注；其中最具有学术代表性的成果为孟林盛、李建英的《民间体育非物质文化遗产的法律保护研究：以山西忻州挠羊赛为视角》，他们以山西忻州挠羊赛为个案，通过追溯其发展历史并分析其目前文化保护的现状，对民间体育非物质文化遗产在法律保护上存在的问题进行了原因分析，提出了"完善各位阶的法律规范""树立公法与私法协调保护的理念"等文化保护的对策建议。[③] 此外，鄂乡鼓车赛会文化由于其自身独特的身体竞技性、团队合作性、完整的文化仪式传统谱系以及近年来成功跻身于"国家级非物质文化遗产"的媒体宣传效应，引起中国体育研究者的关注，目前已有众多论文成果问世。如王兴一[④] 对鼓车习俗的历史起源、形式、文化价值

① 李建英、孟林盛、刘生杰：《河东体育文化研究》，《山西大学学报》（哲学社会科学版）2011 年第 3 期。

② 王铁新：《晋南社火民俗体育研究》，《体育文化导刊》2011 年第 8 期。

③ 孟林盛、李建英：《民间体育非物质文化遗产的法律保护研究：以山西忻州挠羊赛为视角》，《体育与科学》2012 年第 2 期。

④ 王兴一：《山西非物质文化遗产项目——跑鼓车》，《文物世界》2010 年第 1 期。

等做了初步探讨；暴丽霞、冯强①，尉福生②，刘浏③，李博文④等亦分别从不同的研究角度对鼓车项目做了研究。从已有的研究成果来看，目前有关鼓车的研究成果均属于表面、粗线条的"浅描"，无论在研究内容还是研究方法以及研究的基础理论储备方面均有待进一步提高。在硕士学位论文中，西北民族大学民族学硕士范静的论文《节庆中的仪式展演：晋南襄汾县跑鼓车及其文化内涵研究》对鼓车习俗研究比较细致，她先后9次深入田野考察，以表演理论为指导，在大量田野调查的基础上探究鼓车的文化内涵，分别对鼓车习俗的文化渊源、仪式及技艺、文化内涵等方面做了细致的研究。⑤只是范静的研究主要在于对民俗仪式文化的观照，而对该习俗特有的体育意义相对忽略；并且在研究中的历史时代划分方面略显逊色，对鼓车习俗之于社会民众的文化意义阐释方面尚未达到格尔茨"深描"的水平。此项研究对后续的研究者再次进入田野进行研究有着引导式的作用，它将该习俗的一般特征、形式、规模、环境等问题已探讨的比较细致，在为后续研究的理论检验提供启发性信息方面有着较大的学术贡献。

另一方面，学者们从民俗体育的普查、文化价值、文化特色等视角对民俗体育进行了一定的归纳研究或整理。王铁新运用文献资料及问卷调查的方法对山西晋南地区社火民俗体育事象进行了细致的研究，该研究涉及临汾、运城整个区域的众多县市，共梳理出参与程度高的项目，如锣鼓、秧歌、高跷、竹马、旱船、舞狮、舞龙等，以及近年来有可能

① 暴丽霞、冯强：《晋南民俗 跑鼓车的文化传承与可持续发展》，《体育研究与教育》2011年第5期。
② 尉福生：《尉村鼓车的文化溯源》，《沧桑》2011年第5期。
③ 刘浏：《襄汾县尉村鼓车文化的发展现状及对策研究》，《忻州师范学院学报》2011年第3期。
④ 李博文：《山西襄汾尉村跑鼓车探析》，《山西师大学报》（社会科学版）2012年第S2期。
⑤ 范静：《节庆中的仪式展演：晋南襄汾县跑鼓车及其文化内涵研究》，西北民族大学硕士学位论文，2013。

消失的项目，如转灯、麒麟舞、人熊舞、蛤蚌舞、甩杆等 30 余项。① 该
研究是近年来对山西民间体育事象整理最为全面的成果，为后续研究者
提供了不少指引信息。李建英等的《河东体育文化研究》②，在研究视域
方面准确地将"河东"这一既有历史渊源又有学术传统的文化区域概念
纳入研究，并以河东文化为背景，将河东地区几种最具地方特色的民俗
体育活动作为研究对象，对其形成与发展特征及文化内涵进行调查、梳
理和研究，从历史文化的视角，诠释其发展的历程以及存在的问题，为
河东体育文化的发展提出了"整合创新，可持续发展""借助传媒，结
合学校""建立研究团队，开展学术交流""政府调控，健全传承保护政
策""文化建设规范化和产业化"等理论支撑，对河东体育非物质文化遗
产的继承与发扬具有一定的"顶层"指导意义。

2. 晋地民俗体育治学的发展方向

自 1926 年民俗学家江绍原发表《端午竞渡的本意》，继之闻一多、
王健吾、金铁盦等一批学者的众多研究均瞄向了民俗、民间传统体育事
象，为民俗体育的研究奠定了深厚的基础，乃至新中国成立后《中国古
代体育史》(1990)，《二十五史体育史料汇编》(1997)等十余部在学界
极有影响的传统体育著作的具有里程碑式意义的理论架构，以及 21 世纪
以来倪依克、肖焕禹、崔乐泉、万建中、李志清、胡小明等人对民俗体
育研究的专学形成，已走过近一个世纪的历程。在新近的研究中，崔乐
泉、王俊奇等继之深化探索民俗体育的史学方法，开创了"考古实物"
证据材料的研究立证维度；胡小明、李志清、杨海晨、万义等学者则将
文化人类学的理论及方法引介到该研究领域，突破了文献考证的单一材
料来源，增加了"活态民俗"这一证据材料的研究维度，开创了以田野
作业为主的研究范式。晋地民俗体育的学术努力已随着国内发展的前沿

① 王铁新：《晋南社火民俗体育研究》，《体育文化导刊》2011 年第 8 期。
② 李建英、孟林盛、刘生杰：《河东体育文化研究》，《山西大学学报》(哲学社会科学
版) 2011 年第 3 期。

趋势起步升温。经既有学者们的学术贡献提示，省域内可资探讨的学术资源丰富、厚重。就当前山西区域内有关民俗体育文化整理及文化保护研究的现状综合来看，至少应在新材料、新视角、新问题三个方面做出学术尝试，以跟进国内前沿的学术主流脉络与发展趋势。

首先，关于民俗体育的学术讨论，我们可以从证据来源方面多下功夫，在文献证据方面要努力突破二手文献的引证，将数据来源瞄向古代典籍中的方志、诗歌、族谱、契约、档案、碑刻文字等。此外，山西地上文物数量位居全国之首，留存在古建筑上的壁画、文字、砖雕石刻等文化信息丰富，如广胜寺水神庙的壁画《捶丸图》，此类数据的收集整理及分析定会夯实晋地民俗体育研究的材料基础。与文献证据、考古实物相配合使用的数据来源还有田野作业中收集的口述材料、活态民俗信息，如果我们能在一项研究中将文献材料、考古实物以及田野材料三者进行有机结合，共同使用，即可达到"三重立证"的学术水准。

其次，在新视角方面，需进一步加强微观层面的研究，瞄向纵深研究的学术趋势。既有的宏观研究已不在少数，然而缺乏中观及微观研究极有可能造成研究体系的不完整，按照常规学理，宏观的研究必须有中观及微观研究来予以支撑方有意义；另外微观研究可以真正细致入微地解决实际问题，这既是学理使然亦是彰显应用价值、实践意义的必经之路。与之同时我们还需观照、借鉴外学科视角的更新突破，如以山西大学为代表的"中国社会史"研究，他们在探讨山西社会史问题时聚焦影响社会发展的重要因素——水资源，提出"水利社会"概念，这一概念是基于"山西水资源匮乏的历史现实"而提出的，学者们从类型学的视角切入，分别从"泉域社会""流域社会""洪灌社会"等类型对山西地方社会进行研究，这一视角更新的思路值得我们学习；在研究的时代视角方面，溯源的研究固然重要，但相对晚近的研究往往更具有现实意义，如民国时期、集体化时期、改革开放三十年时期等均已是当今社会学、人类学、历史学、体育学界的研究热点，晋地民俗体育的研究也应针对不同的历史片段深入做文章。

最后，学术之所以会延续，终究还是要归结到新问题的提出，就山西民俗体育而言，它作为一个区域类型，与南方少数民族地区民俗体育之间的异同本就是我们亟待解决的学术问题，但由于我们目前的研究深度尚未与全国水平同步，这一基本问题还不可能明确得到解决。从我长期的田野感悟来看，晋地民俗体育所内蕴的学术问题远不止既有研究成果所呈现的那些常规问题，如民俗体育与社会变迁的步调在具体的时空情境下会有地方特色，与我们惯常认为的常规历史时段并不完全吻合；决定民俗体育的原因机制也并不只是我们一般认同的"祈报昭格"，它在"祈报昭格"的外衣下还有更深层次的原因机制需要我们去阐释；官方与民间对待民俗体育的态度亦不始终如一，针对集中在民俗体育之内的国家–社会关系的探究或许更有利于我们认清民俗体育保护的核心；当前国家"非遗"政策、"留住乡愁"、"创造性转换"等顶层设计对地方民俗的存续无疑有巨大的利好优势，但在深层领域、实践层面是否具有局限性，如何将"国家要素"适当地融入"地方知识"，这些问题均需我们在治学中深度思考。

通过以上对学术史的梳理，我们发现在山西民俗体育研究的成果中，探讨"民俗体育文化保护问题"的研究并不在少数，但真正基于扎实的田野作业，自下而上且重视"三重立证"资源来进行的民俗体育文化保护问题的微观研究尚不多见。然而，选择具有典型性的民俗体育个案的文化保护研究系学术史发展过程中不可替代的流派之一，进行这种研究更是山西民俗体育文化保护实践必然经历的过程。在如上的思考中，鄂乡鼓车赛会的民俗个案逐渐进入了我们的学术视野。诚然，选择鄂乡鼓车赛会作为本研究的主题，除了与学术史发展脉络的"客观性"趋势有关，也与研究者学术立场的"主观性"，即研究者本人的方法论思考有关。

四　方法论思考

方法论绝对不是僵死的教条，制定研究思路，是在遵循方法论一般原则的基础上，结合自身的学术背景、研究旨趣、研究专长、研究目的以及实际研究对象，在进行"深加工"后得出一个相对适合的方法论"链条"。[①]

（一）概念界定——方法论的起点及研究对象的选择过程

欧阳康在《哲学研究方法论》一书中提出，"一般科学研究过程主体上需要经历对象考察、搜集材料、整理材料、发现问题、诠释现象、提出假设、形成观点、论证主题、表达思想、传播观念、评价成果等各种环节，并在其中综合性地运用诸如观察与思考、分析与综合、归纳与演绎、抽象与具体、历史与逻辑方法，其中也难免渗透着直觉、灵感、顿悟等非理性因素"[②]。其中对"研究对象"的考察最为首要，它是研究发生的起点、学科发展的核心，研究的过程始终要以研究对象的范畴为界线，不得任意逾越。"民俗体育"是本研究方法论的起点，在民俗体育研究领域中，对其核心概念（"民俗体育"）做过真正探讨的学者并不多见，很多研究成果常常根据"研究需要"将此概念扩大至"民间体育"或"民族传统体育"。如此不重视方法论起点界定的做法，无论后续的研究思路如何正确，其研究结论都站不住脚，可谓差之毫厘，谬之千里。

根据对现有文献的梳理结果，民俗体育及其相关概念的探讨较早由王俊奇在《关于民俗体育的概念与研究存在的问题——兼论建立民俗体育学科的必要性》一文中提及，"民俗体育是以民俗文化（民间文化）为研究对象，而民族传统体育却以民族或国家的主体文化为研究对象。概念不清对民族传统体育的深化和民俗体育学的研究都是不利的。我认为从学科和文化学严格的意义上说民俗体育与民族传统体育应该区分开

---

① 有关本研究方法论建构的一般观点可参见王若光、孙庆祝、刘旻航《民俗体育研究的方法论探索》，《天津体育学院学报》2013 年第 3 期。

② 欧阳康：《哲学研究方法论》，武汉大学出版社，1998。

来"①。虽然作者讨论了民俗体育这一核心概念，但并不够深刻，他忽略了民间体育与民俗体育的区别。"民间体育自然也称民俗体育，为了与国际接轨和顺应现代潮流，把民间体育统一称为民俗体育为好。"② 随后，涂传飞对民俗体育、民间体育、传统体育等进行了概念关系辨析，将民俗体育与民间体育的关系予以区别。他认为民间体育是指广大民众日常生活中，没有高度组织化、制度化的体育活动，可以包括传统体育、非传统体育，其中传统体育又由民俗体育与民族体育组成。③ 基于涂传飞等《民间体育、传统体育、民俗体育、民族体育的概念及其关系辨析》一文对民俗体育概念、范畴的认识，陈红新刊发商榷性文章，指出与涂文不同的"关系"模式，"民间体育是广大民众在日常生活和活动空间中直接创造的有着自身生活方式和文化内涵的体育形式，涵盖民族体育。民族体育在民间体育基础上发展起来，由传统体育与非传统体育组成，而民俗体育则是传统体育中有集体性、类型的、继承的和传布的体育形式，属于传统体育的分支"④。陈红新在《也谈民间体育、民族体育、传统体育、民俗体育概念及其关系——兼与涂传飞等同志商榷》一文中，不同意涂传飞的"关系结构"划分，并强调传统体育是"人类业已创造的和将要创造的世代相传并延续至今的具有民族或地方特色的体育文化形态"⑤。而诸如蹴鞠、马球、驴鞠、捶丸等体育项目已经消失殆尽，因此只能称为民族体育但不属于传统体育。另外陈红新还认为涂文对民俗体育的"依附性"特征过于强调，导致其狭窄化认识民俗体育。王俊奇在以上的讨

---

① 王俊奇：《关于民俗体育的概念与研究存在的问题——兼论建立民俗体育学科的必要性》，《西安体育学院学报》2007 年第 2 期。

② 王俊奇：《关于民俗体育的概念与研究存在的问题——兼论建立民俗体育学科的必要性》，《西安体育学院学报》2007 年第 2 期。

③ 涂传飞、陈志丹、严伟：《民间体育、传统体育、民俗体育、民族体育的概念及其关系辨析》，《武汉体育学院学报》2007 年第 8 期。

④ 陈红新：《也谈民间体育、民族体育、传统体育、民俗体育概念及其关系——兼与涂传飞等同志商榷》，《体育学刊》2008 年第 4 期。

⑤ 陈红新：《也谈民间体育、民族体育、传统体育、民俗体育概念及其关系——兼与涂传飞等同志商榷》，《体育学刊》2008 年第 4 期。

论中再次刊发文章阐明自己对民俗体育及其相关概念的再认识，王俊奇修正了之前"民俗体育即民间体育"的观点，"民间体育与民俗体育之间是有区别的，民间体育包括民俗体育，但不等同于民间体育都是民俗体育，他们之间并非并列关系"①，并提出民族体育有广义、狭义之分，与陈文的观点和而不同，且认为民俗体育、民间体育、民族体育、传统体育之间存在相互交叉与重叠，要绝对划清它们的界线，目前很难做到。

经过以上几位作者对民俗体育及相关概念的界定，通过"集体互动"的讨论形式对民俗体育概念的总体把握较为趋同，他们均抓住了研究对象与社会民众生活（节日、岁时、礼仪、信仰、祭祀）的本质联系。当然这并不意味着民俗体育研究方法论链条的起点完全一致，概念本质因素虽趋同，但他们对民俗体育的概念、范畴仍然保持着自我的学术风格。涂传飞对民俗体育的研究范畴、立场突出强调民俗体育的"依附性"，认为民俗体育必须依附于民俗节日、庆典、信仰等。民俗体育是文化复合体，脱离民俗文化母体的体育活动则不应是民俗体育，如社区、公园的秋千，学校的舞龙舞狮，非端午节期的龙舟竞渡等，均不属于民俗体育范畴。这样的概念、范畴立场有利于民俗体育研究的纯粹性，不至于在研究过程中偏离研究对象的本质，在民俗体育文化历史流变研究、文化价值以及与母体文化互动性研究方面会有较大的建树，但又有视野相对封闭的嫌疑。陈红新同样强调民俗体育的产生要依附于民众的信仰、节庆、岁时等文化母体，但成熟之后的民俗体育便可以脱离母体存在，不应该窄化民俗体育，社区、公园、学校等民俗体育事象也属于民俗体育的研究范畴。另外，根据相关概念辨析，陈红新认为民俗体育属于民族传统体育，而传统体育必须是历史上产生且留存至今的"活"的历史存在，而那些已消失的民俗体育则不属于传统体育，这一逻辑影响到民俗体育研究必须瞄向现实存在的民俗体育，那些现已消失且在历史上极度

──────────────

① 王俊奇：《也论民间体育、民俗体育、民族体育、传统体育概念及其关系——兼与涂传飞、陈红新等商榷》，《体育学刊》2008 年第 9 期。

繁荣的民俗体育则不在研究的范畴。这一立场下的研究，对民俗体育现状、生存、发展及传播途径创新等会有较高关注，通常，人类学考察、对策性研究、保护机制研究、民俗体育产业化、民俗体育课程化等研究是其具体研究范畴；而民俗体育的历史考察、文化复兴则可能会被忽视，这具有否定"历史"、拒绝复兴的意味，随着研究的深入仍会遇上研究瓶颈或现实矛盾。

基于以上几位作者的学术商榷，民俗体育研究的方法论起点应是"一体两翼"的模型，"依附于母体文化且延续至今的体育文化形态"是我们研究的核心主体，"历史上繁荣且已经消失的体育文化形态"与"现今存在但脱离母体文化的体育文化形态"是研究的"历史侧翼"与"分化侧翼"。其"核心主体"是整个民俗体育研究的现实资源与目的归宿，它不仅依附于母体文化，历史底蕴深厚，而且还紧密地与文化持有者（社会民众）结合在一起，是民俗体育研究的鲜活样本，绝大多数的研究都应该以"核心主体"为方法论起点。但也可将"两翼"作为研究的方法论起点，"两翼"的范畴有可能是民俗体育复兴发展的潜在资源或传播途径。民俗体育的历史侧翼，如捶丸、蹴鞠等，可为民俗体育的创新、文化再造提供丰富的文化资源与思想理路；其分化侧翼如学校体育相关课程、龙舟国际化竞赛等可为传承、传播民俗体育文化提供可靠的路径。方法论起点的选择直接干预整个研究过程，特别会对研究取向、研究视角、研究方法的偏重和取舍产生根本影响，使研究最终呈现出不同的研究性质。

此外，还要注意一个问题，在选择研究对象的过程中，重视民俗的同时又恰恰会忽略了体育。如在很多民俗文化中身体运动性质极强但群体参与性极弱的傩舞类习俗，有不少研究者将其作为民俗体育的研究对象来进行研究；类似这样的习俗参与民众极少、观看民众很多，是一种地方少数人员的民俗表演，类似于职业化演员的身份性质。这类研究若要从体育性质的角度入手尚能接受，但绝不应该是民俗体育研究的正统。本研究所选择的研究对象"鼓车赛会"习俗即属于民俗体育概念范畴内的核心主体，它不仅有着依附于母体文化且延续至今的深厚文化积淀，同时还具有广泛的民众参与性及较强的身体运动性，并且身体竞技特征异常突出。

（二）研究立场——个体 - 实证与反思

方法论中始终存在两对经纬不同的基本关系，即个体研究与集体研究、实证研究与规范（价值）研究。在这两对基本关系下，可以将研究立场大体区分为四种类型，"个体 - 实证""个体 - 规范""集体 - 实证""集体 - 规范"。但这四种类型之间也并非完全割裂的，研究对象的个体性或集体性具有相对性，如端午竞渡，它相对民俗体育来说是接近个体性的，而相对于汨罗某乡竞渡则又是集体性的，因为湖南、湖北、江苏、福建、台湾，甚至境外多地均有竞渡习俗并有很多文化差异。民俗体育的研究中，方法论趋向"个别事象"或"集体文化"，不论选择哪种路径，都要比现代体育研究艰辛得多，纠结得多。原因在于与现代体育相比，民俗体育的多样性、多元性严重得多，每一项民俗体育都是一个独具特色的复杂系统，从这一角度来看，以集体主义方法论切入的民俗体育研究可得到的研究效果要比同一方法论下现代体育研究的研究效果逊色，更不能很好地照顾到每个具体且复杂的"个体事象"；而从个体主义方法论入手的民俗体育研究，虽会关照到具体"个别事象"，但在揭示"集体文化"共性问题方面又有缺失，缺乏普遍指导性。民俗体育复杂、多元，而其间相互关系又极其微妙，加之千百年来各司其职的"超稳定"延续，想必应有"理念"的东西、突生的性质在暗中相助。"没有完整的类也不可能有真实的个体。在个体与类的两极之间保持张力，才能对社会现象做出科学的说明"①。就目前学科范围内的研究倾向来说，多数研究还是倾向于"集体性"，并在学科肇始之初并没有经历"个体"研究的过程。我们很难想象一个没有保持两极张力的学术研究群如何保持健康。照顾"个体"的研究应该是目前学科内部重视的研究倾向。②

---

① 欧阳康：《哲学研究方法论》，武汉大学出版社，1998。
② 王若光、孙庆祝、刘旻航：《民俗体育研究的方法论探索》，《天津体育学院学报》2013年第3期。

规范研究与实证研究之间也存在同样的相对性问题，从规范立场出发的研究要有实证的事实来作为价值论证的依据，相反，从实证立场出发的研究也要有相应的价值、判断、理念在其中。正如康德所言，"没有价值范导的理性是可怕的，没有理性支持的价值是虚妄的"。在民俗体育研究中，没有价值规范的实证研究是迷茫的，没有实证支撑的价值推演是虚无的。研究者在审视研究对象时便会有意无意地认同或选择一些既定的关系或规范，这一"关系"选择的过程必然带有价值取向，"如果没有研究者的价值观，那么课题的选择就失去了原则，关于具体的实在也失去了有意义的知识，正如要是没有研究者对特定文化事实的意义信念，一切分析具体实体的尝试都毫无意义。"[1]

我们可以在任何一项具体研究中，通过这两对关系的倾向来衡量自身所处的研究立场。本研究在对这两对关系进行长期考虑之后，将研究对象确定为"鄂乡鼓车赛会习俗"，它是具体的文化现象而不是一般的类属概念，具有"个体"倾向；并将研究的基础确定为以实证分析为主的田野作业方式，所持有的基本研究策略或研究立场为"个体－实证"。这种基本立场的选择优势在于研究对象的"个体"倾向可以保证实证分析的质量或深度，进而所得出的结论观点具有极高的针对性或实践意义。但这自然也有方法论倾向上的不足，即所得的结论观点仅是基于研究对象事实而成立的，对研究对象以外类属概念下辖的文化事象而言观照性显然不足，因此，我在确定基本研究立场的基础上为观照相反倾向的研究优势，将始终保持与相关文化现象的比较，不断对通过研究对象所得出的事实问题进行"反思"，反思或批判的研究性质虽然能保证个体与类或事实与价值之间具有一定的张力，但仍旧不能解决以"个体"立场为研究基础的本质局限，也许这是本研究立场的必然问题，但同时也为学界的再研究或再验证带来了希望。

---

① 马克斯·韦伯:《社会科学方法论》，杨富斌译，华夏出版社，1999。

（三）问题意识——由模糊到清晰的研究假设

"问题意识"是学界始终高度关注的学术主线。问题意识越强的学术研究，其学术穿透力就越强，这似乎已是学界的常识。20 世纪 20 年代，米德带着导师博厄斯所指定的学术任务（及学术信念）——"人类青春期问题的文化影响"进入萨摩亚。博厄斯是文化决定论的倾向者，对于西方文明地区普遍流行的观念——"青春期问题是人类生物性生长阶段的必然结果"持怀疑态度，米德研究的前提假设便是要以人类学的实证方式证明"人类青春期问题的决定因素是文化而非生物"，虽然米德本人也接受"生物性与文化性交互作用"的前提，[①] 但在其书中的"问题意识"却是"文化决定"。由于强烈的"问题意识"与颠覆西方国家一般性常识的相应结论，其学术影响力极大，但随着澳籍学者德里克·弗里曼专著的问世，学界也开始反思片面强调"问题意识"可能带来的危害。"过于强调'问题意识'的时候谨防忽略那些有着各种影响力、围绕该问题的多元视角及其过程，对于理论，当然要谨防那些理念先在的印证实践活动，这种实践活动所得出的结论可能并没有错误，然而往往是无效的。"[②]

坦率地说，在真正进入田野之前，本研究也受到了强烈的"问题意识"干扰。由于受李泽厚《历史本体论》思想的影响，本研究对于研究对象所持的问题是"转换性创造"，即希望通过对民俗体育鼓车赛会的研究能提出"民俗体育的发展路径应该是'转换性创造'"。其实这种研究假设或问题提出本就是虚假的。因为对于具体文化事实来说，在我们还没有对其有足够的了解时，我们是不可能设置如此精确的假设的，甚至连如何开发、保护、利用的问题都不应该形成。此时，只能有一般性的

---

① Paul Shankman, "Mead-freeman Controversy," *Encyclopedia of Culture Anthropology*, 1996（3）：757–759.

② 德里克·弗里曼：《玛格丽特·米德与萨摩亚——一个人类学神话的形成与破灭》"序言"，夏循祥、徐豪译，商务印书馆，2008。

模糊问题:"所要研究的文化事实是什么?或鄂乡鼓车赛会习俗对于当地民众意味着什么?"在一般性模糊问题的引导下查阅相关资料及实施"田野探方"后,我发觉原有的理论预设并不能成立,同时,较为具体、明确、清晰的问题也逐渐浮出。随着"历史信息"的出现,我开始提出局部问题"鄂乡鼓车文化延续扰动的关键因素是什么";随着"申遗"矛盾纠纷的信息出现,形成了局部问题"文化保护政策要素的禀赋对鼓车文化的影响如何";随着"两大单位间的竞赛"事实呈现,逐渐形成了"真正决定鄂乡鼓车文化竞技性结构的究竟是什么"。以上这些具体而又清晰的局部问题均指向本研究的一个基本关注点:民俗体育保护的核心究竟应该是什么。"问题意识"的强调虽然是学术品质的一个重要标志,但对于"个体-实证"倾向的研究类型来说,问题的提出不应该是提前的预设,而应该是一个在田野数据获取过程中"自然涌现"的过程。研究者在对现实呈现的真实问题进行分类、比较、归纳、总结后所形成的"问题意识"才应该是研究所需的真问题。

(四)田野作业如何完成——直觉、时间及反思

庄孔韶在《行旅悟道:人类学的思路与表现实践》[①]中提出人类学研究中"文化直觉"的问题,指田野访谈中资讯人对于外来者有一种建立在"兼爱"人伦关系基础上的文化直觉,报喜不报忧、家丑不外扬,"过五关"可讲,"走麦城"不谈。特别是在短暂的田野中,我们往往无法穿透这种"文化直觉"的壁垒,别说深度阐释,完整的本土诠释都得不到。美国大学者,玛格丽特·米德的成名作《萨摩亚人的成年——为西方文明所作的原始人类的青年心理研究》(以下简称《萨摩亚人的成年》)为人类学界带来了"地震级轰动",影响巨大,弗里曼在书中证实了米德在田野工作时受到了萨摩亚人历史悠久的"塔乌法阿塞"伎俩的愚弄,这使其研究所得出的有关萨摩亚人青春期的诸多观点完全走向了

———————————

① 庄孔韶:《行旅悟道:人类学的思路与表现实践》,北京大学出版社,2009,第299页。

事实的反面。① 在田野中，"人类学家与研究对象是平等的实践主体，人类学调查如果只是想着窥测他者的世界，抓取目标社区材料来做主观分析、解释并贸然建议整改，既不向目标社区和读者交代自我认同和反思自身社区的文化局限，也不去理解当地人行事的主观道理和客观情境，那就是不可接受的田野工作，就不能通过这个学科的'成年礼'（rite of passage）"②。保罗·拉比诺在摩洛哥田野作业反思中始终用心在考量"我"与"他者"之间的心理情感交锋，非常细腻地教给读者如何在田野中与资讯人共同工作。

当我们与资讯人确定合作关系后，首先要有起码的反"塔乌法阿塞"（愚弄）直觉，特别是在那些打破常规、具有学术颠覆性的信息到来时，您一定要镇静，"填补学术空白"的好事儿不可能信手拈来，极有可能会遭遇"米德第二"。当弗里曼再访米德当年的资讯人法阿姆时，问及对于那些被《萨摩亚人的成年》中充斥着的对萨摩亚人性道德的描述欺骗的人们，是否有些话要说时，法阿姆用令人难忘的清晰与智慧说："科学家们应该当心人们给他们的解释，他们必须首先审视并确定：人们告诉他们的话是真实的，而不仅仅是一个玩笑。"③

同时，要有足够的时间及耐心对关键信息重复验证，这样才会更接近真实，这是一种反资讯人文化直觉的直觉。中国村落居民对主流文化谙熟，如儒家思想始终在被人们的生活实践，人们对它运用自如，远比我们在现代教育中那样仅读读而已深刻，"家丑不外扬"这样再简单不过的处事原则，常常让田野工作者收集到被资讯人有意扩大、夸张、美化的研究对象的"阳面"，而"阴面"的信息还需要研究者像鼹鼠一样耐心地洞察。对于"阴面"信息的获得，参与性观察往往要比深度访谈有更明显的优势，有时

---

① 德里克·弗里曼：《玛格丽特·米德与萨摩亚——一个人类学神话的形成与破灭》，夏循祥、徐豪译，商务印书馆，2008，第75~78页。

② 保罗·拉比诺：《摩洛哥田野作业反思》，高丙中、康敏译，商务印书馆，2008，第14页。

③ 德里克·弗里曼：《玛格丽特·米德与萨摩亚——一个人类学神话的形成与破灭》"序言"，夏循祥、徐豪译，商务印书馆，2008。

候，研究者敏锐的询问常常会提醒资讯人做信息过滤，无声的观察或聆听才是最合适的选择。《街角社会：一个意大利人贫民区的社会结构》的作者在"地下赌场"谈话背景下不合时宜的提问弄得资讯人们既尴尬又反感，而且没有得到即时的答案，以至于他的关键资讯人都帮他反思："比尔，你少提出'谁'、'什么'、'为什么'、'是什么时候'、'在哪儿'这类无聊的问题，你这样一问，人们就什么都不会说了。既然人们肯接受你，你就在这一带多串串，日子长了，不用问什么，你也能得到答案。"①

另外，应该有"反控制"能力，"我"与资讯人之间是相互观察与控制的，"我"在选择资讯人时，资讯人也在想方设法地选择或回避"我"。当"我"找到了一个关键资讯人后，"我"可以得到许多丰富的材料，同时资讯人也会占有"我"的资源，这里不仅是一些物质馈赠的问题，更多的也许还在于面子、威望以及对研究对象的文化解释权等方面。"我"不能被某个或某类资讯人"垄断"，否则研究只能成为一个信息不全、主观思想偏倚的专访。这不是我们所希望的研究。我在田野作业中便有多次相关遭遇，每当我向我的关键资讯人提出要采访某某村民时，我的资讯人十有八九都会："切……那人能懂得什么，他还没我年龄大呢！"甚至还会不顾同乡的情面给予人身攻击："那个人脑子有毛病，他婆姨有病，无子无女，满脑子的糨糊，不知道天天在想什么。你采访他根本不会有什么用！"当这位资讯人很是辛苦地带着我见了三四位受访者后，我们开始怀疑这样的信息收集是否有效，因为我们感觉这些受访者对于这位关键资讯人来说是"保险"②的。

田野直觉的形成需时间积累，我初入田野时尚无亲身感受，仅有一些理论的准备，随着在场时间的增多，有关"田野作业"的理论问题都鲜活起来，并再次成为现实。如被资讯人的有意误导，接受资讯人的主

---

① 威廉·富特·怀特：《街角社会：一个意大利人贫民区的社会结构》，黄育馥译，商务出版社，1994，第391页。

② 所谓的"保险"即这些受访者所提供的信息与关键资讯人所持有的解释不会有什么相悖情形发生。

观意识控制挑战等。马林诺夫斯基《西太平洋上的航海者》问世之后，为文化人类学方法论贡献了很多圭臬，其中田野作业时间要求必须经历一个农业生产周期（12个月），1926年马氏访问美国时多次质疑米德的萨摩亚之行不会有什么好结果，因为9个月的时间不足以完成一项严肃的民族志，甚至连当地的语言都学不利索。① 虽然，米德的《萨摩亚人的成年》于1928年出版后红极一时，但如上所述，还是被马氏不幸言中。田野作业的时间磨砺非常重要，它是田野直觉的基础，初次短暂的"田野会晤"根本不可能拥有田野直觉能力，因为"他者"对"我"敏感、戒备，要做作；"我"不了解"他者"言语背后的生活、关系、是非，要疑惑。目前，国内所开展的研究由于属于同一语群（存在方言障碍），民俗仪式、传统技艺、民俗体育等专题性研究颇多，加之研究者现实的工作环境局限等，真正坚守"12个月"的田野作业几乎不现实。诚如范可教授所言，"专题性的研究一般不需要恪守'12个月'的田野圭臬，只要针对研究问题所获得的信息足够饱和即可，除非在研究过程中又发现更有价值意义的研究论题时可另行增加田野在场时间"② 。当然，无论怎样，田野时间是拥有田野直觉的基本条件，没有它一定不可能具备良好的田野直觉。

本研究的田野设计保证"田野在场"累计时间在四个月以上，并且，相对缩水的田野作业只围绕一个村落的文化专题开展，这样既可以保证研究深度又可以在每个研究单元结束后及时整理、消化，为新单元开始做好准备。需要指出的是，田野考察的首要条件是对地方语言的掌握，若达不到这一要求则无法探知其研究对象的深层意义。我虽是山西籍人，但山西方言差异甚大，分为晋北、太原、晋中、晋南等体系，我的本土语言为太原体系，河东地区的语言属于晋南方言体系。因此，我在田野"探方"时发现语言上存有口音与节奏差异问题。为规避语言交流的不顺畅性，我在真正进入田野之前温习"探方"调查所得到的录音信息，以

---

① 玛格丽特·米德：《萨摩亚人的成年——为西方文明所作的原始人类的青年心理研究》"序言"，周晓虹、李姚军、刘婧译，商务印书馆，2010。

② 访谈地点：南京大学社会学院，访谈时间：2015年3月28日。

便更好地掌握地方语言口音、节奏特点，并在田野工作前期请工作单位的本土籍学生作为语言指导。在第三次进入田野时，我虽无法使用当地语言，但村人之间的私下对话已经能较为顺畅地理解，往往有些"弦外之音"、关键信息都是在不经意的聆听中"悟"到的。

（五）表述与写作框架说明

要将思想从语言表达中解放出来，只有不再受语言束缚时，思想才能真正的存在。我在研究过程中，所遇到的最大困难应该是语言表述方面，在以往的"文献研究"中无论对既有理论进行批判、修正、重申还是在已有理论的基础上进一步提出新观点，原有文献在给予我们引证的同时也将其固有的语义逻辑给予了我们，不论研究者是否真切地感受到这一现象，它终归是客观的存在。套用人类学民族志撰写的俗话来说，这里缺少一个田野材料向民族志整体性提升的过程。① 民族志撰写是一个不断磨砺心智的过程，对文化细节的入微描写是人类学研究论著的一个主要特征，不论像林耀华《金翼——中国家族制度的社会学研究》② 那样的小说体表述，还是如黄树民《林村的故事：1949 年后的中国农村变革》③ 的对话形式，抑或如庄孔韶《银翅：中国的地方社会与文化变迁》④、吴毅《小镇喧嚣：一个乡镇政治运作的演绎与阐释》⑤ 那样对话、随笔、论述多种手法杂然一体的表述格局，或是主流研究的学术体表述等，它们均共有一个特征，即将"绷着脸所讲的大道理"融化在充满质感的语言之中。对于一个尝试民族志撰写的新手来说，我以中规中矩的"学术

① 高丙中：《民族志是怎样"磨"成的？》（代译序），载格雷戈里·贝特森《纳文——围绕一个新几内亚部落的一项仪式所展开的民族志实验》，李霞译，商务印书馆，2008。

② 林耀华：《金翼——中国家族制度的社会学研究》，庄孔韶、林余成译，生活·读书·新知三联书店，1989。

③ 黄树民：《林村的故事：1949 年后的中国农村变革》，素兰、纳日碧力戈译，生活·读书·新知三联书店，2002。

④ 庄孔韶：《银翅：中国的地方社会与文化变迁》，生活·读书·新知三联书店，2000。

⑤ 吴毅：《小镇喧嚣：一个乡镇政治运作的演绎与阐释》，生活书店出版有限公司，2018。

体"形式为主体表述，间或将访谈对话、我的田野感受作为问题论述的材料来引用；在论文语、句、词的撰写中尽量采用平实的本土语言，极力避免故弄玄虚的抽象概念。

首先，需做一交代的是本研究的题名，"鼓车道"，它直接取自鄂乡人对鼓车赛会开展场地的俗称。"鼓车道"是鄂乡特定的环形街巷。村人不独在赛会时如此称呼，在日常生活中也以此来指明村落地理方位，这足见鼓车文化已沁入人心。"道"在中文世界里既是一个上通天理的哲学概念，又是一个下接地气的日常用字，"鼓车道"虽来自经验所指，但却极富深意。本研究以此命名希望表达三重意涵，一是要表明本研究的田野考察对象与田野现场；二是旨在表达研究目的，探明鼓车赛会的文化运行逻辑本身；三是学术努力方向，期待通过典型个案来"折射"出我国民俗体育文化保护中存在的普遍性与复杂性问题，为民俗体育的文化保护提供一些新的理路与思考。

本书在总体架构上主要分为六章，分别以共时性、历时性及研究反思三条主线围绕"民俗体育鼓车赛会保护的核心"来完成。

第一章，"认识鄂乡"，以人类学著作中普遍通用的叙事风格开篇，在真实叙事的过程中将"我"置于田野现场后，结合鄂乡所处的自然、社会、文化、历史背景知识（"河东文化"），探讨"鼓车赛会"习俗所处的地理、历史、生计、家族等环境，进而形成进一步认识"鄂乡鼓车"文化的必要背景知识。

第二章，"'鼓车赛会'的文化记述"以文献、影像、档案材料为认知基础，展开"鼓车"习俗的田野作业，通过访谈、观察等获取的田野材料探索"鼓车赛会"习俗真实、完整的文化本体，细致入微地对其结构、形态、特征、流程、运行机制等进行研究，并在对"深描"方法的自我理解基础上对"鼓车赛会"文化之于民众的生活意义、生活禁忌与社会组织建构之间的关系进行了意义阐释。我分别借用符号学、象征的多声部意义、集体无意识等基本理论观点作为建构意义阐释的"塑形理论"，进而完成文化意义的探讨。之后，我在共时性的意义上将"鼓车赛会"文化生成及延续的核心——"生活实践"予以提出。共时的文化解释是展开历时性研究的基础。

第三章从"集体记忆"理论的视角对鼓车习俗"有史以来"的明清

时代展开论述，希望能通过对文化的追忆来理解"鄂乡鼓车"文化的过去如何作用于它的今天。本章以历时性的表述方式将明清、民国、新中国成立、"文革"、改革开放、21世纪六个时期中的鼓车文化状况澄清，努力将鼓车文化兴盛与衰微的变化规律呈现出来，进而提出生计方式的改变是影响"鼓车赛会"文化延续的关键因素。

第四章是鼓车文化变奏研究的延续，继续探讨鼓车习俗在当下发生的历史——"遗产化过程"，以田野现场的角度反观国家文化保护政策与文化现实对接后的种种微观过程、纷乱原因及现实效应。本章提出"非遗"政策对鼓车文化保护既有有效性也有局限性，鼓车"申遗纠纷"的背后折射出村落生计方式变革、经济刺激对村落权力平衡、传统信仰的瓦解效应。

第五章将鼓车赛会遗产化过程中出现的一个具有当代意义的社会心理现象——乡愁，予以讨论。"乡愁"系社会民众的集体心理结构，作为普遍共有的乡愁情愫是促成鼓车赛会文化保护实践的关键动因，它对国家非物质文化遗产保护实践有头等重要的意义，同时，亦是国家文化遗产保护的对象之一。这昭示着国家文化遗产保护的理念转向：重视文化持有者的情感。

第六章检视鄂乡鼓车赛会共时与历时研究，讨论鼓车赛会的文化关联场域问题，提出鼓车赛会的身体技艺，并不是属于某个特定的人或群体的，而是深深地嵌入鄂乡生活的信仰、社会关系、生计方式、村落器物环境等整体性的文化关联场域之中。民俗体育的整体性保护是当下国家文化遗产保护实践策略的重要工作。民俗体育文化保护需要经历一次理念与实践的同步转向。

（六）研究方法

本研究遵循一个基本的论证原则，"三重立证法"①，即通过田野作业一手材料、实物留存及相关文献三者"三位一体"共同立论，即使在三重证据的某方面存有局限时也要努力保证做到"二重立证"水平，杜绝一重证据的单纯证明。因此在"三重立证法"的指导下要尤为注重以下

---

① 叶舒宪：《国学方法论的现代变革》，《文史哲》1994年第3期。

三种具体的研究方法。

1. 田野考察法

田野考察既具有方法论意义又是具体的研究方法，其具体研究方法包括观察、参与、访谈（探索性访谈、深度开放式访谈、半结构化访谈、结构化访谈）等，本研究拟在研究计划的 4 个年度中保证平均每年度有 2 个月以上的田野作业时间，累计田野在场时间 8 个月以上。田野作业时借助备忘录、录音、录像等具体技术手段收集一手材料。其中录音设备为 Zoom H1 手持录音笔，摄像设备为佳能 EOS400D 单反相机及佳能 EF 24–105mm 镜头。

2. 文献法

本课题研究是以原始数据为基本分析单位的，一般的质性研究中，为了避免研究者有"先入为主"的观念，要求文献法应在研究的中后期使用。但在遵循质性研究文献使用的一般原则下，亦可以在收集数据的同时关注文献，这样有利于原始数据的分类、归纳及数据与文献之间的双向验证，也可以提高研究中后期文献介入时的准确性。另外，与研究相关的文献会涉及古、今文献，对古籍、方志等典籍文献的考证需要借用训诂学的手段做古今语义疏通。

3. 实物考证法

"跑鼓车"习俗是一项历史意味浓厚的民间文化，与之相关的直接或间接的历史实物留存很多，如古建筑、碑刻、古城墙、古代鼓车等具体实物中保留的文化信息众多，它们在实物考证过程中是不可或缺的立证资源。实物考证中既包括我对实物的直接探讨，也包括前人对文物古迹价值功能的权威鉴定结果。

（七）本研究的创新之处

运用田野考察的方法对鄂乡鼓车赛会进行了全面系统的研究，为地方和后续研究者提供了一份完整的文本。

比较系统地阐释了鄂乡鼓车赛会在非物质文化遗产保护实践过程中产生的问题。当前我国有关非物质文化遗产保护的研究较为宏观，实证研究较少，对地方"非遗"事件的微观研究可作为此类宏观研究的补充。

以鄂乡鼓车赛会为个案，论证了民俗体育保护的核心关键是地方民众稳定延绵、可持续发展的生计模式。该观点的提出为我国既有的民俗体育保护理念提供了一些新的理论参考。

第一章
认识鄂乡：
在田野中寻访鼓车之道

CHAPTER 1

一舆地志，一邑形胜，虽流源沿革，时有代更，而山川疆域，终古不变，人文之蔚起，地理攸关。①

2013 年 7 月 14 日上午 6 时，我收拾行囊从太原出发，驱车前往考察地点——襄汾县鄂乡。②太原到目的地需做"蛙跳动作"，黄河的第二大支流汾河在太行山脉与吕梁山脉间穿向南，形成了汾河谷地，山西并没有所谓的大平原，太原、晋中、临汾盆地如同被汾水串联的一颗颗珍珠，"珠"与"珠"之间的空隙仍旧被山岭"填充"。上午 7 时许，来到晋中祁县高速路口收费站，我的学生韩乾早已在那里等候，他在上海师范大学攻读硕士学位，假期里决定同我一起去考察。我们汇合后继续沿着"大运高速"③南行，过介休、灵石后便驶入山地，车窗外已不见农田，山岭起伏连绵，巍峨峻峭，车子开始频繁地"钻山洞"。隧道在山西高速

---

① （清）劳文庆、朱光绥：《太平县志》卷一"舆地"，清光绪刻本。

② 我以人类学著作中普遍通用的小说体叙事风格开篇，在真实叙事的过程中将我置于田野现场，通过与田野资讯人的真实对话引入研究主题——民俗体育鼓车赛会的保护核心。

③ 山西高速公路名称：北起大同，南至运城，途中依次贯穿忻州、太原、平遥、介休、临汾、襄汾等地。

公路上是常见的事物，长度由几百米到 10 余公里不等，行车时应随时准备车灯开启及应对明暗骤变带来的不适。自古以来，山西地理环境较为封闭，由于境内东、西各有一条南北走向的山脉①，主山脉之间的余脉又相互交叉，山势将山西与北京、河北、河南、山东等地阻隔，也将境内南北走向的汾河谷地分割为大大小小的独立单元。如山西作家赵瑜在其报告文学《中国要害》中描绘的那样：太行山的交通制约着山西乃至国家的经济发展②。交通不便不仅制约了山西社会的发展，而且造就了山西内部程度极高的文化差异性与多样性，如相距仅 80 公里的太原与平遥，两地的方言体系完全不同，相互间几乎不能沟通。近三十年来，山西为谋求发展，不得不努力发展高速公路事业，依山修路的难度可想而知，从全省第一条高速公路——太旧高速（太原到旧关）的建成通车到如今的"三纵十二横十二环"高速公路网的形成，确实是山西的一大壮举。

我们在山间穿行，大概行驶过四五个隧道后，有一个隧道的名字很特别——韩信岭，这是临汾盆地北端的边界。"翻"过韩信岭，路况多为下坡，山势渐远，视野开阔起来，充满人类生活气息的大片农田再次成为公路两侧的风景。每年的 7~8 月是山西全年气温最高的时期，但酷暑高温一般不会持续太久，往往在酷热难耐的时候老天会来一场暴雨。正当我们的车子驶出韩信岭不长时间，暴雨便骤降以完成它降温的使命。暴雨使我们的车速不足 40 公里每小时，雨刮器在挡风玻璃外疯了似的不停地忙活，纷纷打开车灯与"双闪"的车辆在高速路上"无意识"地形成了车队，低速前行。山西的雨向来没有江南地区"相思烟雨中"的缠绵情调，而总是一副极具暴力气质的"硬汉"形象，也许这种截然不同的自然现象在两地民众的生活方式、精神性格方面也会有着不同程度的体现。原计划 4 小时的高速车程被暴雨耽搁，"飘风不终朝，骤雨不终日"，当我们的车子蜗行至襄汾县高速路口收费站时，雨已停，襄汾县城距我们要到达的田野考察地

① 山西境内南北走向的吕梁山脉与太行山脉。
② 赵瑜：《赵瑜名作精编》，北京十月文艺出版社，2011，第 1~15 页。

点还有 23 公里的省道路程。出襄汾高速上省道"襄乡线"向西方向行驶，23 公里的路程让我体验到庄孔韶考察福建金翼黄村时对中国郊区公路的感受，"不甚宽阔的公路，只有两部客车的宽度"[1]，而且在只能容纳两车相会的"襄乡线"上，运输煤矿的大型车辆频繁呼啸而过，煤矿渣粉在装载不甚严密的车厢的震动中随时有"外溢"的危险。颇为不适地行驶近 40 分钟后，西边远处的山势向我们逼来，刚被暴雨"洗刷"过的重峦叠嶂使行车者产生了一种压抑，似已"走投无路"。"襄乡线"是连接吕梁山区南部乡宁县与临汾盆地襄汾县的唯一通道，也是吕梁矿区向外运输煤炭、铁矿的主要交通命脉，鄂乡就坐落在"襄乡线"即将入山的缓坡地带。我们的车速逐渐放缓，巡视着道旁一切标志，"鄂乡拉面馆"的招牌让我们意识到我们已置身于即将展开研究的田野环境之中。

　　继续前行数百米，提前电话联系好的鄂乡人贾文瀛[2]先生早已在他家的渤海批发部门前等候。我们下车相互寒暄，老先生 1948 年生人，中等身材，方脸、微胖，身着黑色西服；他将我们带进批发部侧面的屋内，房间里没有椅凳，一张大炕几乎占尽了不甚宽阔的小房间，被褥整齐地摆放在炕头。进屋后不久他便脱掉西服，露出了平日里所穿的圆领 T 恤，开始张罗着为我们备茶、准备午饭，好不热情。我们沿炕沿坐下，砖石砌成的炕沿很硬，和坐在户外平整的大石头上没有什么区别。炕是北方居民重要的家居设备，特别是在广大的农村地区，老百姓们依然习惯用炕，其功能非常强大。炕的内部结构复杂，有火道烟道等"机关"，冬暖夏凉，"老婆孩子热炕头"一语也很好地诠释了炕在人们生活理想中的地位；另外炕兼具吃饭会客等功能，旧时的家居用品中没有什么茶几桌椅，但炕桌是必备家具，特别是在冬日，用餐、接待客人都会在炕上进行，山西流行一句俚语，"不敢让，一让就上炕"，用来形容不识趣之人常在

────────────

[1]　庄孔韶：《银翅：中国的地方社会与文化变迁》，生活·读书·新知三联书店，2000，第 1 页。

[2]　依据文化人类学学术惯例，保护资讯人的个人隐私，文中出现的资讯人姓名与部分访谈地点名称均做了学术处理。

主人表面客套下莽然脱鞋上炕接受款待的情形。经济条件有所改善的鄂乡，现在人们一般已不会在炕上用餐，但平常接待来客还是习惯于围坐在炕沿上，我们三人围坐炕沿，相互侧着身子尽量保持能面对面沟通，我的田野工作便在这样不甚习惯的"宾主落座"的方式中正式展开了。

不一会儿，贾文瀛从自家店铺里拎了两瓶"冰红茶"，掀帘进来，开始与我们交谈。

调查者：听说贾老师为村子跑鼓车申遗做了不少贡献，是申遗的主要发起人之一！是吧？

贾文瀛：是的，申遗是民间搞起来的，主要由我们六七个人搞的，我负责文字材料编写。

说着，他事先已交代好的孙子从门外进来，腼腆，没有吭声，将两本厚厚的书丢在床上便退了出去，贾文瀛拿起书来：

贾文瀛：这是我这两年写的书，里面有关于鼓车文化的详细内容，此外就是我近几年创作的诗词，没有书号，主要是朋友们之间相互交流。

调查者：有关鼓车文化的文字材料除了您书上所写的，村里还有没有其他的？比如村志、族谱、老一辈人留下的手札等？

贾文瀛：没有了，这几年外边不少记者、学生、学者都来采访，他们所取得的文字材料都是从我这来的，他们也不怎么修改，直接就将我的文章又在报纸上发表了。（材料）再没人有了，其他人的材料都是从我这抄来的。

调查者：那实物材料有什么？

贾文瀛：就鼓车嘛！

调查者：村子有没有村志？关于村落的地图有没有您知道的？

贾文瀛：没有，都没有。

调查者：那看来我得自行绘制村落地图了。

贾文瀛：现在不好画了，这20年来村子居民都开始往公路边上搬，村子扩大了。

调查者：您给我简单讲讲鼓车文化的历史、信仰、传说，好吧？

贾文瀛：我书上写的都有，都很清楚。

老先生并不太愿意给我讲述他们的故事，和我预想的资讯人有些反差，那厚厚的书里相关文字也就千把字，我在来访之前也都完全"温习"过。正如他所说，不少新闻、报纸、论文中的文字都是从他这里来的，打眼一看便知书中内容并不是我想要的。对于"开局"访谈内容都是否定回答，我有些失望。作为一个热爱自我文化的村民，应该会如数家珍、不厌其烦地给外人讲述才是。还有就是我在询问鼓车文化细节时，老先生总是跟我绕弯子，不是引以为豪的"宣传体"叙事，就是无边无际的"政治体"夸大，似乎他对鼓车并不是那么了解，事后我在后续的田野接触中确实印证了这一想法。

调查者：听说我们村里有五辆鼓车、五个院分对吧？

贾文瀛：对！（他似乎兴趣来了）但是，现在有个问题，我们申遗之前就两辆鼓车，因为鼓车比赛时只能是两辆鼓车比赛，其他三个院分的鼓车已没有了。申遗的时候要恢复历史原貌！按照民间传说，"五院五鼓五图案"，恢复成五辆鼓车。鼓车已经拉了几千年了，历史上拉坏的鼓车不知有多少，有时候鼓坏了重做，为了省事就不画图案了，直接在上面写"西北院"或"后院"就行了。在恢复鼓车的时候，西北院原有的鼓车一直是写着"西北院"仨字的，传说他们的图案是"二龙戏珠"，但西北院有那么几个人就是不同意换图案，所以为了申遗我们对外是"五院五鼓五图案"，但实际上村里多了一辆鼓车。

调查者：不是传说都有吗？为什么有些人不同意？

贾文瀛：切……封建迷信！有些人认为原来的那个鼓保佑他们呢，我们是搞"申遗"！办文化大事儿了！可他们那些人思想太狭隘。特别是村里有那么几个有钱有势的，仗着有钱，就是不让换原来的鼓车。后来鼓车活动他们叫我去我都不再去了，我只接受外来的记者、学生们的采访，我不是不愿意去，主要咱是不愿意和他们那些没文化的人共事。最近好多外来的学生、学者采访我后，都说我是"鼓车之父"，哈哈……

这个事情我在来鄂乡前已有所耳闻，老先生显然对这个事情心存芥蒂，他又跟进为我讲述了很多细致的人事间的矛盾与纠纷。我也来了兴趣，看来关于鼓车文化的发展在村子内部有过一场历时长久的争论，而有矛盾的地方恰恰是研究突破的关键。老先生接受来访的主要心思已不在鼓车文化的其他方面，而是憋了一肚子气，等着外来者"帮他"。日后，随着研究的逐步深入，我渐渐发觉，我已无法"帮他"。

一　鄂乡图景

自然是文化存在的基础与核心内容，在人类学民族志的书写中应将其予以体现，给予其合适的位置。[1] 山川、土壤、地理区位不仅成就了国家文明，在很大程度上亦决定了文明的样式与文化的特色。汤因比在其《历史研究》中提出"应战"与"挑战"，强调人类文化是地理环境相互作用的结果，人的能动作用始终受自然、地理环境的制约。[2] 鄂乡在行政建制上隶属山西省临汾市襄汾县，位于晋西南地区的临汾盆地。临汾盆地北起韩信岭，南至侯马折而向西至黄河岸边，与陕西关中平原隔河相望，盆地东西两侧有太岳山脉、吕梁山脉作界。临汾盆地与运城盆地相接，均在晋西南地区的黄河东岸，故历史上常将二者并称为"河东"。"河东"一词最早见于《史记》。"周公诛灭唐。成王与叔虞戏，削桐叶以与叔虞，曰：'以此封若'。史佚因请择日立叔虞。成王曰：'吾与之戏尔'。史

---

① 王铭铭：《山川意境及其人类学相关性》，《民族学刊》2013 年第 3 期。

② 阿诺德·汤因比：《历史研究》（上），郭小凌等译，上海人民出版社，2010，第 13 页。

佚曰：'天子无戏言，言则史书之，礼成之，乐歌之'。遂封叔虞于唐，唐在河、汾之东，方百里，故曰唐叔虞。"[①]起初，"河东"便是一个地理方位的概念，黄河水出龙门口泻入宽阔平坦的平原地带，不再受山势束缚，于是东西摇摆不定，时常改道。河水改道的周期一般在三十年左右，故有"三十年河东，三十年河西"一说。作为地理区位的"河东"，在秦设三十六郡时被设为河东郡，隋唐以来，河东地区文学兴隆，涌现出一批如王通、薛瑄、王绩、王维、王勃、柳宗元等文学大家，云中子王通开创的"河汾之学"，薛瑄创建的"河东学派"更是在中国理学史上名噪一时。"河东"不仅具有地理意义，更是中国一个重要的政治、文化区域。

　　襄汾的地貌特征为晋陕黄土高原海拔 580 米左右的次级台地，地阔平缓，土质浑厚，恰如郦道元《水经注》中所云："川土平宽，垣山夷水。"其气候特征为半干旱半湿润季风气候区，属温带季风气候，四季分明，雨热同期。地貌与气候特性决定了农耕文明的发展模式，规定了民众春耕、夏耘、秋收、冬藏的年周期活动节律。成书于战国时期的《禹贡》记载，禹始分九州，按九州土壤肥沃程度决定赋贡的多少，如雍州土地级别为"上上"、兖州为"上中"、青州为"上下"、豫州为"中上"、冀州为"中中"，襄汾便属古冀州辖地。由于襄汾耕作环境良好，盛产棉花、小麦，故素有"金襄陵，银太平"的美称。襄汾之名于 1954 年国家重新规划行政区域时产生，之前为襄陵与汾城二县，汾城县名亦是在 1914 年为杜绝全国多县重名现象而给各县改名时产生，原为太平县[②]。太平在南，襄陵在北，太平县名由魏晋以来一直沿用至民国时期，李唐以来其县邑常作为河东郡的行政公署。鄂乡坐落在古太平县辖区（今襄汾县汾城镇），"太平，东襟汾水，西枕姑峰"[③]，鄂乡同公村、腴村、岗村、

---

① （汉）司马迁：《史记》卷三十九"晋世家"，清乾隆武英殿刻本，第 489 页。

② 民国时，山西、四川、安徽、浙江、江苏五省均有"太平县"，1913 年后国民政府将山西太平县改为汾城镇、四川太平县改为万源、浙江台州府太平县改为温岭、江苏太平县改为扬中。

③ （清）劳文庆、朱光绶：《太平县志》卷一"舆地"，清光绪刻本，第 20 页。

赵康村、道村等村落紧依吕梁山脉的延伸部分姑射山麓，均属于太平县的"枕位"。《太平县志》中记载的太平八景[①]之一"姑射晴岚"即在此地，明太平知县王体复诗作《姑射晴岚》对该地描绘如下：

> 晓出西门外，群峰列翠屏。道来多古洞，行处几幽亭。
> 樵径云生白，农村雨润青。年年耕获罢，萧鼓酬山灵。

王诗中描绘的不只是姑射山的秀美风光，更是村落生活对山水的依赖及信仰。旧时，山中有丰富的矿藏及植被，每年深秋后村人便会到山中"伐薪烧炭"，当地也很早开始利用煤炭，清光绪《太平县志》中便记载了当地物产："石炭，性燃起焰。"[②]村子对山中燃料的依赖性极强，甚至在漫长的"能源利用史"中产生了特殊的煤炭交易方式及独特的计数方法，[③]并且于公元2000年后，鄂乡人再次将这种独特的交易方法"发扬光大"，使其成为近二十年来鄂乡发展的主要优势。水资源的获取、土地的肥沃程度也得依靠姑射山涵养，鄂乡北，姑射山峪口三官峪[④]将山水泻下，是村中主要的水利资源，余水以东南流向依次惠泽道村、黄村、公村、腴村、公村、孝村、相李村、站李村等共三十余里后注入汾水。浑黄的山水中携带着大量山中泥土，肥力高，其冲击到村中土地上，提高了耕地的肥力。

村南省道"襄乡线"由南向北抵达村郭后西折入山，进入乡宁县辖区，

---

① "太平八景"依次为：姑射晴岚、汾水烟波、义祠云寒、文洞墨香、灵泉春色、层台夜月、仙游古柏。

② （清）劳文庆、朱光绶：《太平县志》卷一"物产"，清光绪刻本，第63页。

③ 独特的交易方式为"拦炭"与"赶炭"。"拦炭"指山中煤窑将炭运到路途中间，鄂乡人则在去煤窑的路途中间进行交易，这种方式路途短、价格高；"赶炭"指鄂乡人直接到煤窑进行交易，"赶炭"路途远、价格低，并且煤窑往往在山区深处，荒无人烟的山路上难免会有种种危险。计数方式，从1到10的数字依次以"由""中""人""工""大""王""夫""井""羊""非"表示，便于目不识丁的村民们数每个字的笔画出头数量，如'羊'有9个出头即代表数字9。

④ 亦称尉嵂峪。

入山后的"襄乡线"盘绕山体上下往复，弯急涧深且道路狭窄，甚至好多路段两辆客车都无法交会，大型车辆在途中掉头根本没有可能，因此是交通事故多发的路段。"襄乡线"的建成使得鄂乡在交通上获得了巨大优势，它是连接山区与中原腹地的咽喉要道，无论山中矿产资源的向外输出还是外界生活物资的向内输入，鄂乡都是必经之路。从鄂乡驱车沿"襄乡线"向乡宁方向行驶 5 分钟左右，海拔已上升至 900 米以上，在一个相对平坦，用作囤积铁矿石的平台上我们驻车回瞰鄂乡，四五百米的海拔落差，使鄂乡全貌尽收眼底。鄂乡在山西境内的自然村落中算得上为数不多的人口密集村，村落房屋建筑密密麻麻，发家致富的村民新近建起的二层小楼格外显眼，色彩斑斓的琉璃瓦将不甚高大的灰瓦古建筑遮挡。村中留有旧时夯土夯筑的城墙残垣，但近年来人口膨胀，村民房屋已不再受墙体限制，"外溢"至"墙"外，村落形似簸箕，坐北朝南，但已没有棱角，东、北、西三面地势高，村中央及南面地势低。2013 年 10 月，我为更加深刻地理解鄂乡及鼓车赛会习俗，以城墙残垣为边界，亲自测绘了包括"鼓车道"在内的全村街巷、庙宇、古树等地理信息，绘制成"鄂乡村落测绘图"（见图 1-1）。

　　历史上，鄂乡可谓庙堂林立，信仰体系发达，素有"五大庙"与"五小庙"之说，多数庙宇及古建筑均始建于明清。五大庙为后土庙、玉皇庙、文庙、祖世庙、普照寺，他们是村落公共庙宇；五小庙为北头庙、娘娘庙、南头庙、阁子、关帝庙，他们分属于村落的次级单位院分，系院庙。不同庙宇分别"负责"生活的不同方面，其"管辖范围"亦有村、院的层次之分。后土庙是鄂乡核心庙宇，俗称"大庙"，现虽"大庙"正殿已毁，但其古戏台完好，戏台匾额为"古乐府"，边款"道光岁次丁酉年春月，铁臣贾如镛书"[1]。土地信仰在村中仍未失去位置。每年鼓车赛会

---

[1]　鄂乡贾氏家族出了解元贾履中，官至甘肃巡抚，其子为贾如镛，在清道光年间是晋地文化名流，文武兼备，至今村中流传着"贾如镛箭射'大'原府"的典故；相传道光年间贾如镛被太原府请去题写匾额"太原府"三字，当题写悬挂后发现贾如镛题写为"大原府"，正在众人狐疑时，贾如镛弯弓搭箭，并在箭头蘸上墨汁冲匾额射去，不偏不倚的为"大"字加了一点儿。故事的传颂反映了当地社会对崇文尚武社会风范的趋同。

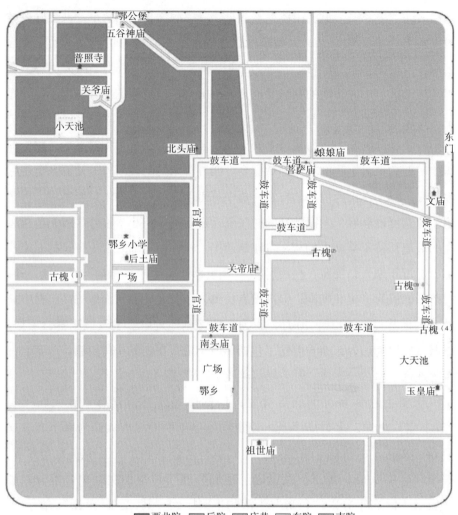

西北院　后院　庙巷　东院　南院

图 1-1　鄂乡村落示意

资料来源：作者于 2013 年 10 月赴鄂乡亲自采集测绘数据，2016 年 12 月制作完成。

期间村里都会请蒲剧班子在"大庙"的"古乐府"唱戏三天 ①。据传后土

———————————————

① 指鄂乡后土庙中的戏台，该戏台系村中保留下来最为完整的大型古代建筑。戏台匾额
　　为"古乐府"，边款书"道光岁次丁酉年春月，铁臣贾如镛书"，说明戏台的建筑年代
　　至少在 1837 年，或更为久远。每年赛会期间，戏曲演员们便会在戏台上"鉴古绳今
　　有功世教，宣和奏雅以律人心"，延续着鄂乡的历史。

娘娘喜欢看戏，因而村人通过这种方式来祈报、昭格，[①] 希望通过昭格神灵来达到一种与自然和谐安康的生活年景。稳固持久的信仰体系既强化了人与自然的稳固关系，也为民俗体育"鼓车赛会"的生成奠定了意向基础。鄂乡后土庙（"大庙"）如今也是村小学所在地，庙门前系一小型广场，每逢节、庆、集、会农民们便会在此摆摊设点，这里也是村里年轻人夏日聚会休闲的重要场所。

　　"官道"是村中最主要的一条道路，位于村落中央，后土庙东侧，道北端是西北院的院庙"北头庙"，南端则原为南院院庙"南头庙"，已毁，现为鄂乡村委会的所在地。村落内部在历史的发展过程中形成了次级单位，"院"，依据地理方位划分成西北院、后院、东院、南院及庙巷五个院分。旧时，每个院均有一个自己的院庙，现在只有西北院（北头庙）、东院（关帝庙）、后院（娘娘庙）的院庙保存尚为完好。"官道"较村中其他街巷宽阔得多，村民们常聚集于此观看、参与或组织鼓车活动。官道与东边街巷形成的环形道路被当地人称为"鼓车道"，是鼓车游行、"鏖战"时的行进路线。在日常生活的言语中，村民也常会用"鼓车道"作为地理方位的指称，如大人们常会对小孩子说："去'鼓车道'里玩儿去吧！""鼓车道"在鄂乡生活中系重要的方位概念。

二　鄂乡历史

　　众多版本的《太平县志》均称太平县为"唐尧之畿地"，传说帝尧（陶唐氏）定都平阳，即现在的临汾地区。当然这并不只是传说，也不仅是史料记载，就目前的考古材料来看，距鄂乡东18公里，汾河东岸的陶寺村有距今3000年的大型都城遗址，根据出土文物进行放射性碳素断代并经校正，其年代约在公元前2500～公元前1900年，时间与历史上帝尧

---

① 后土庙外左右二门门楣上分别书有"祈报""昭格"，正说明庙宇有着与农事生活直接相关的"春祈秋报"意涵。

的生活年代相吻合。更令人信服的是陶寺遗址中发掘清理出的大型日影观测台，2002 年由中科院研究人员负责的国家科技部重点攻关项目："中华文明探源工程（陶寺遗址考古）"，对陶寺遗址进行了连续四年八个季度的研究，证实陶寺观象台为"观象授时"兼具祭祀功能的史前国家遗存，证实了《尧典》中"观象授时"记载的历史真实背景。① 陶寺是河东地区龙山文化遗址中规模最大且完整的一处，同类遗址在晋西南地区汾河下游和浍河流域已发现 70 余处。说明早在 4000 年前，鄂乡及其周边便已有大批人类定居繁衍。并且他们皆属于中华文明史上第一个具有国家意义的政体治理下的"公民"。

　　来到鄂乡旧有城墙残垣的北端，其城墙北门由于在历史上被青砖、石条加固过，故保存相对完整。城门上方的青石匾额嵌于墙体，三个阴刻大字苍劲有力，为"鄂公堡"，右边款为"大清康熙十二年癸丑□□□□"，左边款为"经理人□□□□□□王□□"。② 在山西境内有不少村落以"堡"命名，如吴家堡（太原）、油坊堡（清徐）等，仅汾河中游流域以"堡"命名的村落数量就高达 211 个。③ "堡"自然要比一般的村落有更多的防御功能，古时战乱频繁，往往在国家政治衰微时流贼土匪四起，发达富庶的村落若没有城墙的自我保护，被洗劫的可能性极大。鄂公堡是鄂乡在历史上的一个别名，从这个别名的起源出发可以将我们带向鄂乡地区更为久远的历史。

　　"鄂"，《说文解字》云："咢声从邑。"④ 从文字结构来看"鄂"是地名专用字，现在是湖北省的简称。学者岳明在对鄂字的演化问题进行研究后得出："鄂是殷商时期的重要方国，鄂国最初的所在地即今天的山西乡

① 何努：《山西襄汾县陶寺城址祭祀区大型建筑基址 2003 年发掘简报》，《考古》2004 年第 7 期。
② 数百年来的风霜雨雪使得边款字迹斑驳，有些已无法辨认，但最为重要的年代信息尚可清晰识别。
③ 孟万忠、王尚义、刘敏：《汾河中游地名与流域文化研究》，《测绘科学》2014 年第 7 期。
④ （汉）许慎：《说文解字》卷六下，（宋）徐铉校定，中华书局，1963，第 134 页。

宁县。国名由扬子鳄的图腾崇拜或擅长捕猎扬子鳄而来。"①商周之际山西南部地区气候温暖，类似今天江南的气候环境，扬子鳄栖息地分布广泛，扬子鳄在古文字中称为"鼍"，被先民认为是龙的一种，特别是鳄鱼皮可用于制鼓，被称为鼍鼓，鼍鼓在中国历史上备受重视，是国家用作军事或祭祀的重要器物。如明代《徐霞客游记》中记录广西地区端午竞渡所用鼓时即将其描述为鼍鼓，"时方禁龙舟，舟人各以小艇私棹于山下，鼍鼓雷殷，回波雪涌，殊方同俗，聊资凭吊"。②有关乡宁为"鄂地"的古代史料记载颇多，如《水经注》《读史方舆要记》《乡宁县志》《太平县志》中均记载有乡宁县"鄂山""鄂水""鄂垒"等地名。根据考古实物，襄汾陶寺龙山文化遗址出土的鼍鼓鼓身及鳄鱼骨板化石，也有力地证明早在商周之前汾河下游两岸已开始利用鳄皮制鼓。随着时间的推移，河东地区的气候特征发生较大变化，扬子鳄的栖息地向南部转移，古人早已不再使用鳄皮做鼓，如今已成为珍稀物种的扬子鳄与中国鼓乐文化虽然联系密切，但我们在恢复传统时，倒无须恪守这一古老的传统。

河东平原在商周之前是帝尧陶唐氏的都邑所在地，这里始终存在另一支古老的方国"唐"。周公灭唐后周成王封其弟（叔③）虞于唐。后来，唐叔虞改国号为晋，并将西邻鄂国（乡宁）吞并，因此有关史料中也有"叔虞居于鄂"④的记载；春秋时期，曲沃庄伯攻晋，唐叔虞的后人晋孝侯被庄伯弑杀，孝侯之子郤退守于鄂，号晋鄂侯。⑤出鄂乡北门沿着三官峪北上入山 18 公里处有个自然村落名为"四言坪"，据当地村人的口承历史，晋鄂侯退守至该地，令部下各抒己见，商讨治国方略，因此该地得名为"四言坪"。鄂乡地处河东平原与乡宁山区的过渡地带，历史方

---

① 岳明：《古代鄂国南迁与扬子鳄分布的关系——兼论巴人的一支鄂氏》，《民族论坛》1985 年第 3 期。

② （明）徐弘祖：《徐霞客游记》（第三册上），清嘉庆十三年叶廷甲增校本，第 179 页。

③ 古时，兄为伯，弟为叔，又封地在唐，故"唐叔虞"。

④ （清）秦嘉谟：《世本》，清嘉庆刻本，第 49 页。

⑤ （明）王圻《续文献通考》卷一百三十五"谥法考"，明万历三十年松江府刻本，第 2502 页。

国势力更迭，唐、鄂、晋的辖区自然会随着政治势力的此消彼长或大或小，因此，称鄂乡为"鄂"，自然与方国的历史关系密切，且有着不断累层叠加的历史效应。隋末李氏家族起兵太原，入主长安，建立大唐王朝，其国号的选择亦是由于李氏家族的发家之处在古唐国。李世民夺权成功后，设列凌烟阁二十四功臣，"功大莫过救驾"，作为凌烟阁功臣之首的大将尉迟敬德被册封土地于此，殆为"唐""晋"的历史辖区范围比"河东"地区还要大得多，且要避讳，故加封爵号为"鄂国公"。尉迟敬德的帅府即在现汾城镇，鄂乡及周边村落绝大多数为尉迟敬德的永业田或职分田①。鄂乡被称为"鄂公堡"的历史由来既与尉迟敬德受封之前的地域历史有关，更与尉迟敬德本人有着直接的关系。《太平县志》载："（鄂乡）据县东十五里，明崇祯七年（公元1633年）筑堡。相传以尉迟敬德得名。又名村为敬德职田庄。"② 鄂乡的历史是在尉迟敬德受封"鄂国公"后开始的，堡子的形成应是在明代，鄂乡人至今还记得他们村子的其他别名："职田庄""战马坑""敬德堡"，连同现在村名在内均与尉迟敬德受封地的历史事实有关，只是不同的名称在表述关系方面有所不同，"职田庄"侧重其作为国家王侯俸禄的地域功用，"敬德堡"或"鄂乡"强调地域主权者的身份，"鄂公堡"既强调主权者的爵位也隐含了地域的历史性，"战马坑"则反映了村落"簸箕形"的地理环境及耕战合一的历史面貌，与我们现在的建设兵团颇有类似。通过众多村名的比较以及县志中建堡的年代来看，"职田庄"或"战马坑"反映了鄂乡在唐时尚没有形成一个真正意义上的人口社区，应还是国家官方耕作用地或军事驻守之地。

尉迟敬德受封地之后，是鄂乡真正开始形成社区的起点，历经唐、

---

① 田制名：在隋、唐时期，"永业田"指自诸王以下，至于都督或散官五品以上，按等级分授的田地，子孙世袭，皆免课役。"职分田"是指按品级授予官吏作俸禄的公田。职分田于解任时移交后任，不得买卖。官吏受田后佃给农民耕种，收取地租。明以后废除，但仍有养廉田、庄田等名目。

② "职田庄"称谓在村碑记中多有记载，现多已毁。参见尉福生《尉村鼓车的文化溯源》，《沧桑》2011年第5期。

宋、元三代，村落规模已基本完善，鄂乡现存关帝庙始建于明永乐三年（公元 1404 年），庙内"梁记板"[①] 书写字迹清晰可辨，"大明永乐三年创建首事人梁翁至嘉靖戊申重修首事人梁九思尉应□""大清康熙七年岁次戊申十月吉旦东南院合社人"，足以说明早在明永乐三年之前的很长一段历史过程中，鄂乡社区已趋于完善。通过《太平县志》及村落现存古迹碑刻考证，鄂乡在康乾盛世时有过一段辉煌的历史，在这一时期鄂乡大兴土木修建庙宇、完固堡墙；同时，鄂乡又人才辈出，科举中第，在朝为官，在乾隆年间国家为鄂乡立"人文化成"牌坊，兹以褒奖。[②] 直至民国后期抗日战争爆发，鄂乡的发展才受到破坏。

三　鄂乡家族

鄂乡是一个典型的多姓杂居社区村庄，其中包括尉、贾、曹、王、赵、梁、毛、杨、沈、殷、卢、许、张、武、任、朱、苏、陈、李等 52 个不同姓氏，有关村内家族姓氏的顺口溜，"先有赵家巷，后有鄂乡村，尉半边，贾一角，卢、王村内好几块，曹李二姓占南边，东南东北毛两窝"，口承至今。这里有不少小姓家族大多是明、清时期从河南、山东等地迁移至此。山西在耕作环境上，相比河南、山东等省份的大平原农业耕作环境，要艰苦得多，所以山西人在生计方面需"勤稼穑、善治生、多藏蓄，忧深思远而终岁劳苦，不敢少休"[③]。然而，山东、河南等地在历史上常常会遭遇大面积的灾荒，其中水患、瘟疫、战争常常会将该地的生态平衡全盘打乱，导致难民大规模向山、陕地区迁移避难。由于山势的阻挡，山西不仅境内与境外相互隔绝，其境内也由众多独立的盆地自成体系，特殊的地理环境，确保了山西虽在农业生计上不具有天然优势，

---

① "梁记板"系中国传统建筑中常见的文化形式，梁记板常常位于房屋建筑的正梁上，在建筑上梁时工匠们会将建筑的时间、建筑者、捐资者等信息书写于梁体之上。

② （清）劳文庆、朱光绶：《太平县志》卷二"坊表"，清光绪刻本，第 74 页。

③ （明）胡谧：《山西通志》卷二，民国 22 年（1933）景钞明成化十一年刻本，第 35 页。

但也不会遭遇突如其来的重大自然灾害，即使有旱情、疫情、水情、战情等危害，也只是局部性的。由于外省人口不断在山西定居，山西人口膨胀，人均土地缩减，国家不得不强制移民，临汾盆地北端的洪洞大槐树便成了中国移民史上的象征。

表面上看，尉氏应是该村落中最大的宗族，但实际上鄂乡真正具有大宗族规模的姓氏是贾氏，贾氏在鄂乡的历史要比尉氏更早，这一点从家族在村中聚居的方位便可得出推断，村中最适宜耕作的土地在西北方，由于紧邻三官峪，具有水利资源的天然优势，贾氏便多聚居在西北方位。村北门以外被当地人称为"坡上"①，"坡上"是鄂乡最早的人口聚居点，多为贾姓，这说明在鄂乡真正建成之前，贾姓村民已在此生活。随着村落建成、家族繁衍发展，不少支系逐渐向下延伸至北门以里的区域。从姓氏的人口数量来看，尉姓似乎超出了贾姓，但实际上这里所有的尉姓并不同宗；鄂乡有"十家尉"之说，即十个不同宗亲关系的同姓家族。鄂乡家族祠堂尚在时，贾家祠堂只有一个，宽大且门前竖有双斗旗杆，用双斗旗杆则说明家族中曾出现过取得功名的人物②。然而尉家祠堂则不止一个，这亦说明，他们同姓却不同宗。

汉学家马丁③根据宗族组织的不同内部关系，将中国村庄分为三种类型。第一种为单一宗族占统治地位的村庄，宗族内部支派细密，宗族裂变发达，房支或门户认同高于整个宗族认同，因而房支或门户利益也高于整个宗族利益；并且在这种类型的村庄中，外姓人意图定居则是一件困难的事情，他们一般不会被接纳，即使被接纳也需要更改姓氏。第二种为多宗族村庄，这些宗族之间往往呈势均力敌状态，各族既合作又竞争，同族认同感较强，一致对外。第三种也是多宗族村庄，但宗族之间

---

① 因地形得名。

② 明、清时期，科举考试中取得举人功名的家族祠堂门前立单斗旗杆，取得进士功名的家族祠堂门前才可立双斗旗杆。这是家族荣誉的象征。

③ 见杜靖《作为概念的村庄与村庄的概念——汉人村庄研究述评》，《民族研究》2011 年第 2 期。

力量不均衡，往往某一宗族势力强于其他宗族，这可能导致强大的宗族
压抑弱小的宗族，或弱小的宗族形成联盟对付大宗族。从马丁的宗族类
型体系看鄂乡，以外在的姓氏分析属于第二种类型，以内在的宗亲角度
分析则又是第三种类型。显然，马丁的分类过于简单、粗略，他将姓氏
与宗亲关系完全等同起来，而未注意到中国村庄内部有"拟制血缘"产
生的同姓现象。然而，相同的姓氏模糊了宗族间的界限，"拟制血缘产生
的单姓亲族，由于在同姓之间流行抱养和过继制度，会使原先只有拟制
的血缘关系逐渐变得有了真实成分"。[1] 这种同姓非同宗的社区现实，使
得鄂乡的社会组织类型介于马丁的第二、第三类型之间，因为尉氏人的
凝聚力、认同感要低于同宗的贾氏且又会高于多姓宗族联盟。

　　另外，从鄂乡院分划分来看，每个院内的姓氏并不是同姓，如西北
院中也有赵姓、尉姓、王姓，东南院中亦有贾姓、曹姓、王姓等。"院"
的概念与"房"[2] 的概念相似，它在中国村落社会中与其说是地理方位的
概念，倒不如说更是反映宗亲关系的代名词。在中国北方不少村落言语
中，"院"更多的是指代宗亲关系，如"本院儿的""近院儿的""大院儿
的"等，分别指代宗亲关系的远近程度。村落内部单位的划分必然与组
织结构相联系，这种非宗亲依据的院分划分亦导致了鄂乡组织结构的特
殊性，其中既有宗亲—家族因素的影响又有地缘关系的强大效应。这一
特殊的组织结构现象会在我们后续的研究中看到，它对"鼓车赛会"文
化的核心、竞技性结构，影响至关重要。

四　鄂乡生计

　　中国传统的生计类型主要有游猎、游耕、游牧和农业[3]。鄂乡也不出

---

①　钱杭：《中国宗族制度新探》，中华书局（香港）有限公司，1994，第 76~78 页。

②　如"远房亲戚"即指宗亲关系的远近程度。

③　庄孔韶：《可以找到第三种生活方式吗？——关于中国四种生计类型的自然保护与文
　　化生存》，《社会科学》2006 年第 7 期。

其外。特别是在改革开放之前，农耕是他们的主要生计方式。目前，鄂乡的生计主体仍为农业，现有总耕地面积 5700 余亩，其中小麦种植面积 2000 亩，苹果园 1200 亩，蔬菜大棚 381 个。[①] 蔬菜与苹果是其主要经济作物，特别是苹果亩年均收入在 1 万元左右。"水""土"是农业耕作的根本要素，鄂乡耕地类型的区分也反映了村民对水资源和土质的重视程度。鄂乡土地分为旱地与（洪）水地两类。旱地指水利有限，主要依靠雨水直接浸润的耕地，旱地在农作物种植方面受限且土壤肥力不高，鄂乡的旱地主要集中在村南部区域。

根据《太平县志》的记载与口述史材料，早在唐代初年鄂乡便开始在自然水利资源基础上建设水利，"以集体水利建设为基础的灌溉农业可以使事业的规模全面日益的扩大"[②]。"水地"是可以有效利用山峪沟渠水利资源的耕地，主要集中在村北三官峪附近，山西雨季不长，峪水不常有，每年雨季，峪口会将山水泻下，村民按照水流的顺序依次将水引入自家土地，尽可能地使洪水能在自家的土地上多停留、浸润、沉淀，当地人称之为漫地。2013 年 7 月田野工作时，我见到了"漫地"的真实情境：村民将洪水引入果园，通向果园的道路全部被淹没，果园水深处足有 30 厘米，实有"水漫金山"之感。村中土地只需每年"漫地"一次便可保证农作物良好生长。山水中携带了大量腐殖土，因此，鄂乡"水地"的土壤质量较周边村落要好，同样的，农作物小麦、苹果等在镇里很容易出售且价格较高，如每公斤小麦的收购价格一般会比其他村子高 0.2 元左右。我们在襄汾县城见到许多鄂乡人开的小面馆，一般会以"鄂乡拉面"冠名，据说鄂乡人拉面做得好，很受食客欢迎；实则关键原因在于面馆所用食材——面粉（小麦）是鄂乡的。在山西的农业生计环境中，"水权"争夺是村落社会的主要矛盾[③]，山西在历史上因农业用水问题产生

---

① 资讯人：李玉虎；访谈地点：鄂乡文化发展公司；访谈时间：2014 年 4 月 14 日。

② 黄淑娉、龚佩华：《文化人类学理论方法研究》，广东高等教育出版社，2013，第 311 页。

③ 段友文：《黄河中下游家族村落民俗与社会现代化》，中华书局，2007，第 571~575 页。

的纠纷、官司、械斗等现象比比皆是，鄂乡虽耕作环境得天独厚，紧邻三官峪口，但洪灌型水利资源的特点是"来也匆匆去也匆匆"，山洪水只有在夏日雨季时才会汇集于山涧，从峪口中喷涌而出，雨季过后峪口自然干涸。因此，亦有学者指出，"洪灌型水利资源利用中的社会竞争要比泉域型或流域型水利资源利用所引发的社会竞争程度更高"。[1] 鄂乡在历史上也常因水权而产生纠纷，两则村落传说很具有代表性，一则是围绕鄂乡西北院水利设施上汧所形成的"红爷钻火瓮"[2]故事，另一则是围绕鄂乡水利设施下汧所形成的"神判（油锅捞钱）"[3]故事。我们来到三官峪口能看到鄂乡下汧处竖立在河渠中的分水柱将下泻的洪水一分为二，一多半流向鄂乡下汧，另一少半流向道村。再向峪口方向前行数百米可看到单独注入鄂乡西北院地界的上汧水利设施，这样的水利建设虽有"神判"的传说在其中支撑，但我认为其更重要的原因在于鄂乡要比道村更靠近河渠上游，"近水楼台先得月"的自然法则才是村落社会水权归属的更主要依据。

近几十年来，国家政治、经济稳定，生计环境甚好的鄂乡有 1267 户，共 5000 余人，人均耕地不足 2 亩。在市场经济政策的驱动下，鄂乡空闲劳动力开始转向第二、第三产业，特别是 2000 年以来煤炭行业升温，不少村人开始转向煤炭、铁矿的交易、加工、运输等行业，鄂乡人开办洗煤厂、铁厂、砖厂、水泥厂等，利用村南便利的"襄乡线"交通位置，将山中矿产运出，或加工或出售。同时，矿区居民靠着矿业发家致富，房屋建设、生活物资需求量加大，村人也为矿区提供运输建材、

---

① 张俊峰：《水利社会的类型──明清以来洪洞水利与乡村社会变迁》，北京大学出版社，2012，第 251 页。

② 据说鄂乡上汧的水利设施，是村人在争水时，争水双方摆下火瓮，哪一方先钻过去，就可拥有用水权，此时西北院一老汉（红爷）舍命率先钻瓮，因此，西北院土地得到了开凿上汧优先用水的权利。

③ 鄂乡人与道村争水，双方各派代表在翻滚的油锅里赤手抢捞十枚铜钱，结果鄂乡代表竟然捞出七枚，于是从三官峪口流出的山水经上汧用水后，鄂乡下汧可使用七分，道村使用三分。

食品、百货等生活物资服务。我在鄂乡期间，常喜欢与房东的儿子闲聊，他的营生主要是往山里运送砖、沙、水泥等民用建筑材料，某日他上山送货回到家中，便兴冲冲地对我说："今天我一趟车挣了八百（元）！"我应和道："哦，不错啊，那您这刨去油钱等成本至少得挣五六百（元）吧？""不，这已经刨去成本了！"向山中搞交通运输，别说运输煤炭等矿产，就是运输如此一般的物资，经济效益也非常可观，只要有活儿，跑一趟山里至少能有五百元左右的收入，且现款现结，立竿见影！我与房东的儿子吃饭时细细盘算过他们的年收入情况，保守的将年节、淡季、运输工具的成本及个人休息调整等因素均排除在外，一年20万元左右的收入，在鄂乡实属平常、不足为奇。第二、第三产业的收益周期甚短且不必遵循农业生产的自然规律，这让鄂乡的经济发展较其他村落更快。矿区相关的生计模式中主要参与劳动力是男性，所以，鄂乡女性相比邻村南、北腴村，南、北岗村等村（人均耕地十亩以上）女性生活闲暇时间要多，为此，鄂乡也成为不少外村未婚女性选择婆家的首要之地。虽然鄂乡在生计方式选择上要比邻村有着更大的优势，但这一基础的文化生态要素也为鄂乡鼓车文化的发展传承带来了客观且致命的隐患，这一点在对鄂乡"鼓车文化变奏的历史记忆与申遗记忆"的考察过程中会有非常清晰的呈现，甚至，村民劳作模式的变化都可以直接影响到鼓车赛会身体参与的状态末梢——竞技能力。

第二章
"气鼓"：
鼓车赛会的文化记述

CHAPTER 2

每个民族都热爱各自特有的暴力形式。①

"鼓车赛会"是"第三批国家非物质文化遗产名录"中确定的官方学名；我们来到鄂乡时，当地人也会称其为"跑鼓车"、"拉鼓车"、"鏖战"或"气鼓"②。当问及为何要叫作"气鼓"时，沈进财③的老伴儿把话接了过来，对我说："你说能不气吗？！拉着拉着较上劲儿了，谁也不服（气）谁，能高兴了？拉鼓车时，人们都是带着杀气④咧！"随着对鼓车文化的深入了解，我也特别认同"气鼓"这一富有深意的俗称，因为在中国"气"是一个既平凡又玄妙的哲学概念。

鼓车赛会会在每年清明至农历三月十六举行，也会在农历正月十五

---

① 格尔茨：《文化的解释》，韩莉译，译林出版社，1999。
② 当地人常常私下会称其为"气鼓"，"气鼓"有两层意涵，一为鼓车比赛时常常会因争夺胜负使得双方发生矛盾，有斗气、赌气、制气、怄气、不服气之意；二为竞争胜负时，鼓气、争气、勇气等意涵。
③ 资讯人沈进财年轻时是鼓车鏖战的好手，他的老伴儿对他年轻时参加鏖战的事情记忆犹新，特别是对丈夫 20 世纪 50 年代鏖战时，使用牛厄斗挠辕，常将后脖颈碾得血肉模糊的情景有深刻的印象。
④ "杀气"是鄂乡人的一个日常用语，用于形容某个人的情绪状态不够友善。

的元宵节期间开展①。鼓车赛会文化与南方水乡盛行的龙舟竞渡极为相似，两者有相似的禳灾信仰体系，在运动形式上均是竞速活动且在竞速中均有鼓随行助阵；不同之处在于，器物上有舟、车之别，行为上有划、拉不同，环境上有水域与村巷的差别。文化是人类自我编织的意义之网，②作为一个文化整体，鼓车赛会习俗是由各种互呈因果关系或或然关系的因素组成的复杂网络结构。其外显的暴力形式只不过是网络系统中最为突出的一格，但它对我们整体性理解鼓车文化至关重要，只有细致入微的表象解释才能有机会将我们带入文化的内部。③

一　鼓车赛会的器物与形式

（一）鼓车赛会的器物

鄂乡日常生活中，最能体现人们对鼓车文化认同的应该还是在他们的"嘴上"，这不是指语言表达，而是指饮食习惯。在鄂乡，老乡为我提供三餐，一日午餐，女主人为我们呈上了一种稀罕的蒸制食物，呈圆环状，直径20多厘米，环宽5厘米左右，厚2~3厘米。询问是什么，笑答曰："车轮子。"女主人将"车轮子"切开共我们分食。它与包子的道理一样，在味道上也与包子无异，但这种中空的"车轮子"制作起来却要比包子复杂许多。鄂乡当地被称作"车轮子"的食物并不止一种，还

---

① 鼓车赛会是元宵节"红火"的重要部分，一般只是"游鼓"，偶尔村民们也会组织比赛，往往还会在夜晚"挑灯夜战"。

② 克利福德·格尔茨：《文化的解释》，韩莉译，译林出版社，1999，第5页。

③ 民族志是人类学研究的专业基础，针对某一文化研究所形成的一切理论、观点、洞见必须紧贴文化事实，呈"低空飞行"状。常识让我们知道，低空飞行的风险远远比在平流层上飞行要大得多，稍有不慎便会被地面突出的物体剐蹭；关注地面的每一个细节才有可能保证飞行安全。从人类学肇始至今，不论学者们的学术表述文体如何，或论文体，或小说体，或随笔体，或对话体，也不论学者们的方法策略如何，或对研究对象的描述，或对田野过程的反思，或对写作过程的反思，他们均关注文化细节。也就是说，不论你"低空飞行"的姿态如何，"地面"的细节信息是决定学术成败的关键性基础。

有小孩子过生日时蒸制的纯面食品，过年节时的一种油炸类面食，均被称作"车轮子"。如今，被称作"车轮子"的油炸食品在汾城一带均能见到，每年春节前的镇集市上都会有现炸现卖"车轮子"的摊点。2007年《三晋都市报》记者王晓波采访汾城镇一位卖油炸"车轮子"几十年的老者，老者称他的手艺是年轻时在鄂乡学来的。[①] 老者的言外之意是在他学会制作"车轮子"前，这种食品在鄂乡以外尚不多见，它最早由鄂乡传出。食物是民众最基本的生活元素，鄂乡人专喜欢将食品制作成车轮形状并均将其命名为"车轮"的饮食实践也表明他们对鼓车文化的认同，他们认同的"车轮"绝非简单的生活工具，而是一种精神情感的象征物。

"流行于全国的门神习俗一般都会在年节将唐初大将尉迟恭与秦叔宝的画像张贴于大门上，意在驱邪，可在鄂乡，却无此俗。"[②] 这一特殊的文化现象并非如鄂乡人对外宣传鼓车文化时那么绝对，我在鄂乡考察时也看见有的家庭会将二门神贴于院门之上，但鄂乡人，特别是尉姓人，普遍认为他们是尉迟恭的后裔，大多尉姓人家坚守着"不让自己祖先守门"的习俗信念。在这个问题上，史料典籍、文物遗存、集体记忆三方面均可以佐证他们的认同观点。从严肃的学术意义上辨析，即使他们不是尉迟敬德的血亲后裔，但总归为尉姓。鄂乡与尉迟敬德有着密切的关联，所以村人常常将他们的鼓车习俗与唐初的军事活动绑在一起，认为他们的祖先是当时驻守于此的尉家将士，他们的鼓车亦是古代战争的遗留物。

鼓车，顾名思义，是鼓与车的结合，其在中国历史上用途有三：一为礼仪之车，用于宫廷礼乐祭祀活动，这在汉代画像石上有较多的描绘，如河南唐河画像石就有鼓车用于礼仪的图像；[③] 二为记里车，主要用于古代测量路途距离，车上安装机械装置，车轮滚动到一定里程时装置会自

---

① 王晓波：《尝口"车轮子"过个团圆年》，《三晋都市报》2007年2月7日。

② 参见鄂乡人贾德亮撰写的内部资料《惜续集》，2008年印制；鄂乡"鼓车赛会"申报"第三批国家级非物质文化遗产"申报书，襄汾县文化馆提供；尉福生《尉村鼓车的文化溯源》，《沧桑》2011年第5期。

③ 张长寿、张孝光：《井叔墓地所见西周轮舆》，《考古学报》1994年第2期。

动击鼓一次，以击鼓的次数来计算里程；三为军事之车，是古代战争中统帅指挥作战的信号工具，古代战争中双方必有鼓车。如《左传·庄公十年》记载长勺之战"公将鼓之"①、《公羊传·宣公十二年》载晋楚邲战"庄王鼓之，晋师大败"②。郑笺："兵车之法，将在鼓下，御者在左。"③结合鄂乡鼓车实物、习俗行为及村落的集体记忆来看，它的确更接近于古代战争之鼓车。

鄂乡鼓车（见图2-1）由"鼓""车""梢绳"三大硬件组合而成。鼓的器形为双面大鼓，鼓面直径1.4米，鼓高0.8米，鼓身中线留有四个相互对称的铁环；鼓面为牛皮蒙制，一面绘有特殊的图案

图2-1 鄂乡鼓车

资料来源：作者拍摄于鄂乡后院，拍摄时间为2014年4月15日10时。

或标志，鼓边与鼓身涂有不同颜色④。历史上，鼓的制作形制多种多样、大小不一，功能也各异，仅《说文解字》中对鼓的种类记录就多达8种⑤，其

---

① （晋）杜预：《春秋左传正义》卷八，清嘉庆二十年南昌府学重刊宋本十三经注疏本，第207页。

② （汉）何休：《春秋公羊传注疏》卷十六，清嘉庆二十年南昌府学重刊宋本十三经注疏本，第291页。

③ （宋）魏了翁：《毛诗要义》卷四下，宋淳祐十二年徽州刻本，第107页。

④ 鄂乡鼓车为"五院、五鼓"，不同标志有不同的文化意涵。这种鼓面上绘有图案的鼓也被称为"画鼓"，画鼓在中国历史上的确被记载用于军事争，如明刻本《英烈传》卷二第182页中载有"三军动画鼓，轻敲万里行"。

⑤ （汉）许慎：《说文解字》卷五上，（宋）徐铉校订，中华书局，1963，第102页。

中蘽鼓、鼖鼓与晋鼓均是大鼓，蘽鼓以鼓军事，晋鼓用作礼乐。据《周
礼·考工记·韗人》记载"蘽鼓长八尺[①]，鼓四尺"，晋鼓"鼓大而短，长
六尺六寸"[②]。鄂乡的鼓介于"蘽""晋"之间，用鼓槌击打，声音雄浑且
富于"穿透"力，体貌伟硕而不失战争气蕴。

车，木制，庞大厚实，重逾千斤，主要由辕杆、车厢、车轮三部分组
成。辕杆与车厢为一整体，总长 3.6 米，车厢宽 0.9 米。一车之关键皆在于
车轮，车轮为木制镶铁的传统工艺，直径 1.2 米左右，分别由辐、轴、辖、
毂、辋五个主要部分组成（见图 2-2）。车轮内部暗铆结构制作精细，两轮
之间在外观上虽然无任何差异，但由于内部榫卯的方向不同，两轮左右不
能互换，车轮在制作时均会于辐条上留有标记，用来确定鼓车组装时车轮
的左右。鄂乡鼓车车轮均是新中国成立之前民间流传下来的古物，如今制
作传统木制车轮的手工艺人在当地已很难寻觅，传统手艺几近失传。

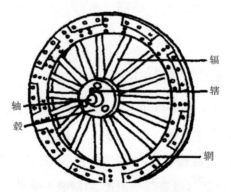

图 2-2 传统鼓车轮主要结构示意
资料来源：参见（清）戴震《考工记图》卷上，清乾隆纪氏阅微草堂刻本，第 56 页。

鼓车的鼓要横立于车厢中央，二者的合一要靠梢绳稳固，梢绳即普
通的下井粗绳。梢绳要保证结实，但也不能过粗，过粗会增大绳子与鼓
或车之间接触点的摩擦力，反而不能很好地保持梢绳与鼓、车之间张力；

---

① 周代一尺约合 23.1 厘米。

② （清）戴震：《考工记图》卷上，清乾隆纪氏阅微草堂刻本，第 27 页。

一般来说,梢绳粗细程度应在(直径)2~3厘米为宜。当地人将这一结合过程称为"撒鼓"①,意即将鼓栓牢在车上。此外,梢绳的作用不仅在于撒鼓,还在于供民众牵拉发力使车前行。鼓与车固定之后,梢绳会顺着车的双辕向外延伸出10米开外,以供十余名选手"拎梢"②。

鼓车赛会习俗开展需要有特定的空间区域,这一特定的区域即在村巷之中,但又不是所有的村巷均可以作为习俗开展的空间。当地人将习俗开展的特定区域称为"鼓车圈"或"鼓车道",他们在习俗语境下的言语交谈中更喜欢称之为"道"。"鼓车道"位于鄂乡村落的中心位置,且行进的路线方向为逆时针。历史上真正用于鼓车之间竞速比赛的"道"与用于鼓车游行展演的"道"不同,因此,可将"鼓车道"再细分为"鏖战圈"与"游鼓圈","鏖战圈"全长643米,"游鼓圈"全长940米。不知从何时开始,鄂乡人将鼓车游行与鼓车竞速的路线合二为一,均在距离较短的"鏖战圈"内进行,俗称"新道";进而已不再使用的"鼓车道"被称作"老道"。

(二)鼓车赛会的组织程序

鼓车习俗与清明节有着高度相关性,应是清明节俗的地方性创造。该习俗在每年清明当日开始,到农历三月十六结束,其由"撒鼓""溜腿""祭鼓""游鼓""踩辕""鏖战""亮梢""和议"多个具体活动内容组成,我们可将其概括"撒鼓""溜腿""祭鼓—游鼓""鏖战"四个主要环节。

1. 地方杰作——"撒鼓"

每年清明当日上午,村人会依俗扫墓祭祖。祭祖归村,吃罢午饭

---

① "撒"音sā,晋南方言,指系、塞,亦有整理、装扮之意。如《西游记》:"那孙大圣早已知二魔化在葫芦里面,却将他紧紧拴扣停当,撒在腰间。"

② 民众拉着梢绳使鼓车向前快速行进的行为被当地人称为"拎梢"。

后，各院①村民便在院长、鼓长的带领下开始张罗着"撒鼓"。届时各院院庙开放，院长、鼓长等主事人将陈放于庙中的鼓车请出。鼓车整体庞大，陈置在庙中时是拆分开来的，包括车轮、车厢、鼓等配件，需重新组装。车在制作时本就是一体，组装过程不难，到了关键之处，只需将两个车轮的左右区分清楚，车轮的辐条上一般会有特定的标记，如有的会在辐条上面刻字或使辐条根部的粗细略有差别。鼓被安放在车厢上的过程被当地人称为撒鼓，对其直接的观察感受便是"绑"或"拴"的行为动作，但并没有如此直观简单，鼓不仅要安放牢靠，还要求美观，便于鼓手击鼓，更重要的是，还要考虑鼓在车厢上的前后位置所造成的重心问题，因为这会影响鼓车在竞速时的速度。鼓车重达千斤，硕大的鼓需要在车厢上有恰当的位置，这要求鼓车整体重心稍微靠前，当一个人坐在车厢后部击鼓时，其重量能使鼓车重心刚好达到前后平衡。因此撒鼓的技艺不仅针对物（鼓、车、梢绳），还要考虑人（鼓手的体重）。撒鼓一职不是人人都可以胜任的，它的技艺成分尤高，鄂乡人坚持称"撒"而杜绝被表达为"拴"或"绑"的语态事实便是要强调这一过程的严肃性。

　　"撒鼓"是一件神圣庄重的事情，每当撒鼓时都会燃放爆竹，对撒好后的鼓车及院庙神主完成行礼祭拜等相应的礼仪。每年清明午后，除主事人在场外，本院老少（但无女性）均会主动前来参与，关注"撒鼓"的全过程。鼓车技艺并没有所谓的正式传承谱系，习得、掌握皆是一种耳濡目染的过程。

2. 少年分日作遨游——"溜腿"

　　在传统中国，寒食与清明是户外运动的指定时日，各地习俗不一，但从众多民俗典籍及民间传说来看，"寒食（清明前三日）有内伤之

────────────────
①　鄂乡是黄河中下游流域中少有的巨型村落，有次级村落单位——"院"。"院"是当地人依据村中居住方位所做的划分。鄂乡目前共有五个院，分别为西北院、东院、南院、后院、庙巷，且每个院均有一个本院私属的庙堂。

虞，故令人作秋千，蹴鞠之戏以动荡之"是民众普遍的认同观念，人们认为，清明时节人体内火亢盛，需通过户外活动来"泄火"。鼓车重新撒好后便置放于户外，关注撒鼓全程的年轻人们早已迫不及待，跃跃欲试今春"第一鼓"。他们在鼓车道内自由奔跑拉行，这对于刚刚换去冬装的鄂乡民众来说，是舒展筋骨、恢复体力的过程。"溜腿"① 如同现代竞技体育中的赛前热身或适应性训练，其作用是为应对农历三月十六高强度的"鏖战"做准备。"溜腿"时的路线无特定限制，只要在鼓车道内即可，若是针对拉鼓时所需强度的训练可在"新道"内进行，若是针对耐力提高的训练则可在"老道"内进行。"溜腿"的时间长短主要由每年清明与农历三月十六之间的天数长短决定。唐代前，中国民众扫墓祭祖是在寒食日，清明主要是结伴出游踏青的日子。② 杜牧《清明》诗"清明时节雨纷纷，路上行人欲断魂"表达的正是民众清明出行的场景；王维《寒食城东即事》"少年分日作遨游，不用清明兼上巳"，更表达了清明前后的一段时日内均是民众户外娱乐的佳期。据鄂乡东 15 公里外的德西毛村村民回忆，20 世纪 50 年代初，每逢清明时节，外村的鼓车便会拉入他们村中，有来"挑战"或"下战书"之意，好不热闹。历史上鼓车习俗风行于鄂乡以外更为广阔的区域，"溜腿"至村外或去外村展开村与村之间的鼓车交流也正是地方民众在以特有的习俗方式表述并延续着诗人笔下久远的历史真实。

3. 村之大事，在祀在农——"祭鼓—游鼓"

"祭鼓"与"游鼓"在农历三月十四上午进行。"祭鼓"分为"村祭"与"院祭"两个环节，"祭鼓"仪式亦是祭庙的一种具体形式。届时村中大庙及各院庙堂均会装点一新，搭柏叶楼、挂大红绶带、高悬灯笼、张

---

① "溜腿"一词村民们比较认同，我开始认为"溜鼓"一词更为恰当，而在与当地村民探讨这一概念时，村民们认为"溜鼓"似乎有些对"神鼓"不够尊敬的意味。我持着尊重"当地人观念"的态度，将这一环节的术语确定为"溜腿"。

② 朱红：《唐代节日民俗与文学研究》，复旦大学博士学位论文，2002，第 26~30 页。

贴对联，犹如年节般重要。各院鼓车先统一集中在村中大庙进行村祭，村祭由村主任或村支书主持，并由鼓车会会长宣读"祭鼓文"。"祭鼓文"的内容主要包括时间、地点、人物、献祭对象、祈求丰收平安等部分，以下是近年祭鼓仪式中的一份祭鼓文，其中保持了传统祝文的一般文体格式，但也增加了顺应当今国家文化趋势的现代意识内容：

　　恭维：某年某月某日，我五千父老祭献于神鼓，并赋以文曰：泱泱华夏，煌煌文化，苍茫五千年，浩浩九州土，站起多少英雄？古晋国一隅，历史的天空，英雄早已定格；晋鄂公"鄂公堡"，尉迟恭"职田庄"，古老的热土，鄂乡经典正待弘扬。从春秋晋鄂公千里辗转的战车，到唐初尉迟恭军民联欢的鼓车，战争与和平相接，衰落与昌盛相连。这产生于春秋的鼓，充实于汉代的鼓，发展于贞观之世的鼓，盛极于明清时期的鼓，薪火相传，激荡着一代又一代鄂乡健儿。鼓车，已成为鄂乡的图腾，已成为鼓车文化的载体。时至又一个空前盛世，我们当如何？承传祖宗的经营，走向新的辉煌，已是我们的共识。拉起前人的车，擂响英雄的鼓！朗朗者天；穆穆者地，振兴鄂乡，是务为先。祭献是隆重的顶礼，祭文是激昂的誓词。让神圣的鼓，文明我们的精神，野蛮我们的体魄，凝聚我们的力量，和谐我们的群体！此时，跪向这英雄的鼓，拜向这神奇的鼓，就是跪拜一种文化，就是拜仰一种精神。无论败如晋鄂公者，成如尉迟恭者，还是文如解元者，武如武举者，都应点燃一腔热血，亮丽七尺风采！五千年前，祖宗擂响了这神奇的鼓，以期把后来者陶铸成一代英雄。五千年后，后人视今，亦犹我辈之视往者。可以想象者，昨日，双车争雄，一鼓作气，那年曾拉到白马寺；可以展望者，今日，车驰鼓鸣，来似雷霆，去如蛟龙。今日祭罢，明日定拉向申遗成功！洋洋数百言，神鼓可鉴。敬意一炉香，伏惟尚飨！ ①

---

① 资料来源：鄂乡村民贾文瀛先生，2012 年 8 月 12 日。

村祭结束后，各院鼓车分别回到各自的院庙，各院院长、鼓长组织院祭。"院祭"就绪时，游鼓的队伍整装待发，鸣炮人员就绪后，院中长者携众在摆满贡品的香案前烧香、敬表、跪拜祈福。当"表"①在火焰中飞扬燃烧的瞬间，礼炮齐鸣、鼓乐喧天，游鼓的队伍开始游行。

"游鼓"队伍主要由两个部分组成：前部有旗手、锣鼓队、村傩红火的游艺表演，如扮演济公、旱船、倒骑驴、持旱烟媒婆等，以娱乐百姓；后面部分为十余名身着古代战服的"勇士"拉鼓车前行，鼓车后部坐着两名乐手击鼓鸣锣。"游鼓"的同时还常会配套另一个重要仪式——踩辕仪式。踩辕即在游鼓时邀请院分中德高望重者站在鼓车的前部，有一种表彰楷模的意义，踩辕者身披大红绶带，频频向村人招手示意，并且还会不断地向村人散发糖果及香烟，俗称"散人气"。踩辕者由院众共同推选，并不是谁想踩辕就可以轻易当选，特别是有钱人家，即使愿意捐资于鼓车活动，若本人不被民众认可，也没有踩辕的资格，经济只是一个较为一般的因素。根据访谈材料，抗日战争前的"踩辕者"并不直接提供钱财资助赛会，如北腴村清末踩辕时踩辕者只需要请乡亲们来喝自家酿制在大缸里的酒，甚至不需要提供食物，鄂乡则多倾向于为村人提供油糕、"车轮子"（油酥）、热汤等节日食物。

上午"游鼓"结束后，村民便可继续自行"溜腿"。此时"溜腿"的速度逐渐加快，隆隆鼓车声响彻整个村落，"战"前的紧张气氛骤然加重，"火药"味儿十足。各院鼓长、院长及主事人员则开始"碰头"，聚在"道"内谈论"鏖战"的具体事宜，村人在议事的过程中往往显得混乱无序，时而七嘴八舌、你争我吵，时而窃窃私语、相互敬烟，形似街头聚众起事的前奏。虽然鼓车之间的竞速法则等诸事宜早已是数百年来约定俗成的规矩，但鏖战的规矩有几种不同的形式，且未形成文字规范，需再度确认具体细节。比如会反复盯对鏖战的方法、胜负标准等，这一

───────────────

① "表"系祭拜时焚烧的一种黄纸，这个过程被称为"敬表"。

环节必不可少，特别是多次确认有关胜负标准，才可能避免鏖战中发生
冲突。主事人之间的"议事"除了再次确定具体的比赛方法外，还是一
种赛前的情感交流与礼节性会晤，只是比起我们现代体育项目赛前简洁
的握手致意要显得"无章无序"。

4. 祈报昭格，赛神赛人──"鏖战"

"鏖战"简单来说就是拉着鼓车进行的多人接力赛跑，在农历三月
十六举行。鄂乡共有五院五鼓，但对决历来是按地理方位的西北与东南
划分，在西北两院与东南三院两大阵营之间开展。两大阵营在"鏖战圈"
内各出一辆鼓车竞速，历史上从未出现过阵营内部鼓车之间的比赛情况。
鼓车赛会习俗在历史上流行于整个河东地区的吕梁山脉东麓，如紧邻鄂
乡的公村、南北腴村、南北岗村、黄村等村落。至今北腴村仍有清明午
后跑鼓车的习俗，但这些村落习俗的自行延续性较差，自古以来不少邻
村人都会在农历三月十六日到鄂乡参与"鏖战"。但外村人来鄂乡拉鼓，
必须按照不知起于何时的"东南拉西北、西北拉东南"规矩分队，如南
岗村、南腴村应归属"西北院"阵营，北岗村、北腴村归属"东南院"
阵营。本为一个村子的公村也得按地理方位划分成南北，分属归队。若有
人违反规矩拉错了队伍，则会有责骂、不予分享食物烟酒，甚至被"驱逐
出境"的风险。

鏖战时鼓车行进方向与现代田径跑道相同，按逆时针方向竞速。鼓
车竞逐的选手遴选与《武陵竞渡略》中描绘的竞渡选桡的要求有些许相
似。"凡船决赌，以选桡为第一义……其人久习船事谓之'老水'，后生
轻锐谓之'新水'……行船以旗为眼，桡动以鼓为节，桡齐起落，不乱
分毫，乱者黜之，谓之'搅酱手'……不以渔业，其桡轻小无力，谓之
菜桡子，咸黜不用。"[①] 鼓车选手中水平高者或久习拉鼓之事者被当地人称

---

① （明）杨嗣昌：《武陵竞渡略》，收录于（清）陈梦雷编《古今图书集成》"历象汇
　编·岁功典"，清雍正铜活字本，第 1703 页。

为"拉手";水平劣者，如体能既差又不懂得鼓车接力技巧的选手则被当地人戏称为"离把头"。每辆鼓车同时配备的选手数量并没有明确限制，行外人以为同时拉鼓车的人越多越好，但人众时配合孥缓，常不及人寡精悍且接力有序者。标准的鼓车人数配备为18人，不同的位置有不同的称谓及技术要求（见表2-1）。

表2-1 "鏖战"选手称谓及核心能力要求一览

选手称谓	人数配备 （人）	核心能力要求
拎梢（丁梢头子）	8（2）	出色的奔跑速度；抢梢、换梢技术
挠辕	1	矮身材（重心低）；把控方向能力；换辕（进辕出辕）技术
抱辕	2	高身材、臂力强；二人身材相当；把控辕上下角度技术
拨辕	4	缓弯的"里拨"技术；急弯的"外拨"技术
辕尾巴子	2	瞬时助推提速能力
操鼓手	1	不同鼓点信号的传达能力；统一奔跑节奏能力

"拎梢"（有时也会被统称为"丁梢"）选手需要有良好的奔跑速度及换梢技巧，根据左右手习惯分属为左右梢绳。特别是最前面的两位拎梢者，二人需是团队中跑速最好的。这两人还有特定的称呼——"丁梢头子"[①]，丁梢头子不仅具有决定鼓车整体速度的能力，还要"眼疾手快"，在高速作业中完成抢梢、换梢的接力过程。"接力"在现代体育的径赛中算是难度较高的技术动作，它要求选手们在不失速的状态下完成交接，

————————

① 我们同村民们探讨"丁梢"一词时，村人不赞成"盯"字，他们认为"盯"字仅能代表"眼"的观察动作，而这里体现的却是一种"综合能力"，其中既有手、眼、腿之间高度协调配合的意涵，又有统领全局的意涵。村人非常认同"丁"字，"丁"有壮盛、强健之意［"齿落复生，身色丁强"——（汉）王允《衡论·无形》］，又有担当、掌控之意（"丁，当也"——《尔雅》），用于此，较为妥切。更有村落家族生活"人丁兴旺"的深层意涵。

稍有闪失则有会发生掉梢、减速，不仅影响比赛成绩，还有可能会引发运动员之间的高速碰撞，造成伤害。鼓车鏖战时的"接力"技术难度要比径赛中的难度高出很多，一是换梢涉及人员众多；二是连接鼓车的梢绳比起短小的接力棒，不仅不易交接，还容易引起梢绳缠绊拉手们的危险；三是鼓车笨重庞大，且高速前行，若换梢过程出错，可能会被跟上来的鼓车辕杆或车轮撞到甚至碾压。所以，拎梢者们要求每当换梢时，换梢者相互之间应提前对应，在高速交接时换上者要举手示意，被换下者要将梢绳举过头顶，在头顶上方的位置完成换梢动作，这样不仅能减少交接失手，还可以防止选手们被梢绳缠绊的危险。

"挠辕"者在车辕中间，竞赛对其速度要求并不甚苛刻，但要求其具有把控车辕左右方向的能力。挠辕者往往会由身材较矮，便于灵活控制身体重心的人担任。另外，挠辕者的接力技术要求在所有选手中最为独特也难度最大，这一技术动作被当地人称为"换辕"。换辕时进辕者迎面而来，出辕者若提速跑出辕内一则耗费体力，二则容易与进辕者或拎梢者相撞，出辕者必须且行且让地退在辕杆后侧，抓住撒鼓的梢绳发力跳坐在车辕一侧，待进辕者完全把控住车辕后再转身翻跳出鼓车。

车辕左右辕杆外侧各需一人"抱辕"，抱辕者要求由身材高大且上肢力量强健的人选担当，而且左右抱辕者身材高度要相当，目的在于尽量保持车辕与梢绳之间呈水平直线，防止车辕下掉或上扬而分散拎梢者前进的力量。抱辕者在大多数时间内主要控制车辕上下的位置，只有在转弯时才会与挠辕者共同发力完成转向；鼓车在行进中途经四个转角时不仅需要挠辕者、抱辕者的合并发力及时扭转方向，同时还需要预设在四角的"拨辕"者上前参与转向，四角的弯度不同，西边两个转角弯度较缓，鼓车途经时速度快、离心力大，需要拨辕者"里拨"。东边两个转角弯度小，鼓车庞大，转向困难，需要拨辕者"外拨"。

鄂乡坐落在山麓缓坡位置，"鼓车道"南北走向的两道存在落差，坡度大约为10度，鼓车在由南向北行进时阻力明显，这时鼓车后部两名推车者——"辕尾巴子"的重要性就尤为明显，他们的主要任务在于减少坡度阻力。"游鼓"时车后鼓下坐乐手两名，鼓手击鼓，锣师鸣锣；但在"鏖战"时车上只留坐"操鼓手"一名，鼓手职责为击鼓竞进，与古代战争之法——"击鼓而进，鸣锣收兵"的军事信号相吻合。此时的鼓手根据上坡、下坡、转向施放不同的鼓点节奏，特别是在鼓车提速时，鼓点节奏会越发急促，既有为"拉手"们统一奔跑节奏的功能，亦有要赢得喝彩鼓劲的诉求之意。除鼓手之外，其他五个位置配备的人员技术必须过硬，若是遇上"离把头"则有可能发生意外，轻则影响团队速度，重则会发生人身伤害。

　　"鼓车道"相对于庞大的鼓车显得过于狭窄，鼓车之间无法在高速时相互超越，所以赛制常采用"追逐"或"跟随"两种方法。当地人称追逐赛为"叠半圈"，即两鼓车各在长方形"鼓车圈"的对角位置就位，待铁铳发令三响[①]后相互竞逐，不计圈数，直到一方鼓车的梢绳前端"可"触及对方的鼓车尾部时鏖战结束，胜负分晓；跟随跑的方法俗称"紧跟紧"，即两鼓车前后紧跟在一起跑十圈，这种比赛办法最耗时、也最考验体力，胜负标准有两种，一种是要求在十圈结束前头车必须"套圈"，梢绳前端"可"触及后车的尾部；另一种是在十圈结束前头车必须反抄在尾车的后面，即两辆鼓车已同在一条直线跑道上。若头车达不到预先约定好的获胜标准，则稍做休息，重整旗鼓，两辆鼓车位置进行前后调换，继续新的十圈追逐。"紧跟紧"的比赛方法对于获胜者要求很高，不仅要求获胜者的速度比对方快，还要求获胜者必须净胜对方 3/4 以上的鼓车道距离，一般来说两个十圈下来胜负便能分晓，但往往也会有两鼓车相持不下的情形出现。鄂乡流传笑谈一则，村人常以此为谈资，据说有一年鼓车鏖战，东南三院的鼓车眼看就要取胜，南、北腴村（邻村）也来了不少村民助阵，北腴村民在西北两院的招待下光顾着享受免费的油糕、

---

① 一响警示比赛即将开始，清理鼓车道，闲杂人等退列两旁；二响拉鼓手就位预备；三响比赛开始，鼓车起动出发。由于鼓车庞大笨重，由静止起动时阻力很大，拉手们在铁铳二响预备时并不是静待起动，而是使鼓车在原地前后往复游动，这样更便于发令后鼓车迅速向前行进。

热汤，突然有人来喊："你们光来吃喝也不拉鼓车，咱的鼓快输了！"此时吃喝中的人们才纷纷起身"战斗"，随后双方始终僵持，共连续跑了三四个"十圈"，西北两院才反败为胜。与此同时，在村西姑射山上的村民们瞠目结舌地数着鄂乡街巷中穿过的鼓车，误以为鄂乡拥有 70 多辆鼓车。这种难分胜负的情形在鄂乡历史上应该时有发生，而这也正是村民将鼓车比赛称为"鏖战"的主要缘由之一，就连鄂乡村民们儿时在学校读书时，也常将体育课的接力赛跑以土话"鏖战"代之。

5. 胜者，抖威风——亮梢

当鏖战结束，胜负分晓时，获胜方可以举行"亮梢"仪式。"亮梢"与我们现代国际田径赛场中获胜者披着国旗绕场一周，向观众示意、摆造型等庆祝意味雷同，只是表达方式不同也没有所谓的颁奖。获胜一方院落常会将长达三四十米的备用梢绳接在车辕前面，供本院落尽可能多的村民（常常会有数百人）拉着鼓车在"鏖战圈"内缓缓游行一周；或抖抖威风，或炫耀士气，或挑衅寻战，或彰显强势。总之，"亮梢"是胜者的专利，胜者所在的院分民众瞬间掌控了整个村落的"话语权"。亮梢后，鼓车会长组织各院院长、鼓长等主事人及村民们再次来到大庙古戏台前"和议"。"和议"由会长作总结发言，回顾活动中出现的种种问题，特别是在鏖战中容易产生的矛盾、冲突，都需要和解。获胜的一方应主动向对方示意尊重，一般香烟互敬是最为明确的表达方式。"和议"的环节就是要把鼓车活动中村民所产生的"南北"对立情绪、竞争态度再次拉回日常生活的和谐一体中来。

二 鼓车赛会的失序问题

鄂乡村民在向外来者表达他们对鼓车鏖战的严肃态度时，时常会用这样两句话来表示。一是："我们这鼓车都是带着杀气咧，鏖战起来不认亲，外甥子打舅舅！"二是："我们这的鼓车和其他地方的红火不一样，鼓车道上碾死人不偿命。"在以伦常关系为基础的中国社会，亲属关系网络紧密地将人与人直接连为一个整体，在日常生活中，"情大于理"的处事原则时时刻刻被生活实践着，然而，因为一项民间娱乐，断然拒绝亲缘关系，对"碾死人"无视无情却不常见。

当然，我们在考察中发现，外甥因为鼓车鏖战打舅舅或类似的事件，只是一种偶然的现象，后被村民用作典型性表述。偶然的现象已表明鼓车鏖战所造就的民俗性情已开始逐渐策反以"血缘关系"为基础的人伦关系，向着民主竞争的实践过程发展。鄂乡民众的竞争意识在鼓车鏖战中体现得异常明显，虽鏖战双方常常有姻亲关系，但村人还是会在胜负方面斤斤计较、互不相让，甚至暂时屏蔽姻亲关系，而发生肢体冲突。容易发生冲突的情形大体有两类，一类是鏖战胜负标准双方理解误差而导致的，另一类是鏖战过程中触犯了行为禁忌而造成的。

（一）胜负争端引起的冲突

如前所述，每当鏖战开始前，比赛双方主事人员要反复确认胜负的标准，否则有可能会出现由胜负标准理解不同而引发的肢体冲突。特别是在"紧跟紧"的比赛方法中，胜负标准有二，鏖战双方必须明确到底采用的是哪一种。我的资讯人毛武德为我回忆了发生于 20 世纪 90 年代初的一次冲突。

应该就是（19）84 年或（19）85 年的样子，那个时候鼓车正是"盛气"的时候，两边的人士气都特别高涨。可是在拉鼓的时候，两边没有搞好，搞的时候是"紧跟紧"，就是"前十圈后十圈"，开始你跟我十圈，看我反过来又追到你"屁眼"后头了这才算赢。结果，拉的时候还没到后十圈，仅仅是前十圈，西北院的鼓（车）在前，正到了北头庙上，东南院的鼓已经到了南院庙上了，还离这么远哩，只能说是你比我快，不能说你赢，你断到我"屁眼"后头就没说的了啊！要在胡说，千百万人了吗，哪个院分的人都有，怎么能胡说？不嫌丢人啊！结果呢，一打枪，"停电了"，到十圈的时候了。一"停电"，本来没把人家撵上，再来啊，后十圈。结果那边管事的人也不管，那边的人就觉得他们赢了，就要亮梢！你凭什么亮梢，你拉得快我们承认，但你没赢，离我们还一"官道"呢！就反他亮梢，而他们呢，盛得不行，他们开始也不知道，（后来）他们也知道没有赢，但凭着一股子盛气，"啊，亮了就亮了"，他们就把鼓车拉过来了，我们在这边等着呢，那边管事的没有一个过来（拍桌子声），你想和他们理一理呀，没人。过来以后这边说："把鼓车岔上，不叫过！"这时候，就没管事的人过来说话，都是那些彪悍青年非要过，你一句，他一句，乱吵一气，这时候西北院的几十个人把这鼓车从后面往宣（推），用辕杆砸我们的八卦鼓，"看你还挡不挡路"。正在辕杆快接近鼓面的时候我们这边有个小伙子眼明手快，回身到路边弯腰从打火烧（烧饼）的炉子下面将捅火的捅条一拿，踩在西北院的鼓车上就给他们的鼓刺了几个窟窿，这小伙子一捅，那边一看，气疯了，气疯了，也没有那么大的勇气过了，走！不叫过去，回！丢人。这个时候就已经是打架的气氛了，什么条件都具备了。但是没打起来，因为鄂乡有很多青年们拜兄弟把子，他们那边的人和我们这边也是结拜兄弟，你是老大，他是老二的，怎么打啊，打不起来！没办法，最后他们还是把鼓拉回去了，就这样双方都有一肚子气，伤了和气了。①

这一则来自单方面的历史事件回忆叙述并不能完全还原事件的客观真实情形，按东南院人的主观认识便是西北院的管事人没素质、这边的小伙子眼疾手快，但是，这一冲突的确反映出鼓车赛会文化中可能出现的群体暴力风险，而其主要的问题是来源于事件双方对鏖战胜负标准的不统一认定。这次肢体冲突的发生还是被双方人员之间的种种联系遏止了。实际上，新中国成立以来鄂乡鼓车鏖战真正发生集体打架的情形只

———————————

① 访谈地点：毛武德果园；访谈时间：2014 年 7 月 20 日。

有过一次，是在 1952 年，两个大院间的众多民众都参与了这次群殴，时年 12 岁的毛武德在屋顶观看拉鼓车，他看到的情形是整个鼓车道上已打成了一片。产生民间冲突的原因并不能贸然归结于民俗活动，表象的冲突之所以能产生的根本原因往往还是在过往的生活中形成的积怨。然而，民俗活动却常会成为冲突发生的一种借口或导火索。饱受弗里曼批判的《萨摩亚人的成年》中，米德对萨摩亚村庄间竞争的理论概括，在理解鄂乡鼓车鏖战冲突时倒颇为契合，"萨摩亚人是一个爱好和平而具有建设性的民族，在他们之间的'战争'作为互为竞争对手的两个村庄相互联系的一部分，被程序化了，只是引起很少的伤亡"。[1]鼓车鏖战确实属于容易产生集体冲突的民俗活动，但其发生的概率其实并不算高，反观我们现代体育赛场，赛场暴力也时有发生。

（二）行为禁忌导致的冲突

如同其他民俗文化存在诸多禁忌一样，"鼓车道"内也有禁忌，但"鼓车道"内的禁忌又与一般民俗禁忌有着根本的不同。如年俗中不能打碎碗碟、不能动针线活、不能说"死"等禁忌多为民众趋吉避害的文化信仰心理，若真触犯了禁忌则更多的是心理上的不安，其可能造成的实际后果往往是虚无的。然而"鼓车道"内的禁忌则不同，若被触犯，往往会有即时的严重后果——肢体冲突。有关鼓车禁忌的问题在后续还要做专门探讨，在此我们仅着重探讨最容易造成肢体冲突的一项行为禁忌。

由于鼓车鏖战是竞技运动形式的一种，其胜负的评判理应自有标准，当地人的语境中将胜负标准描述为"追上"，"追上"系一比较主观模糊的概念（特别是对于"他者"而言），但当地人在长期的鏖战实践中对"追上"这一模糊的概念有了较为趋同的理解，即鼓车的梢绳前端"可"

---

① 德里克·弗里曼：《玛格丽特·米德与萨摩亚——一个人类学神话的形成与破灭》，夏循祥、徐豪译，商务印书馆，2008，第 141 页。

触及前车车尾便视为"追上"。在有关鼓车文化的前期研究成果中，研究者们几乎"发生"了一致的主观联想，将这一评判标准杜撰为"梢绳前端栓或搭在前车的尾部"，[①]以期增饰鼓车文化的完美性。殊不知这类研究的主观联想不仅没有美饰鼓车文化（包括自身的学术水准），反而落到了文化真实的反面。这也是前期研究者们走马观花、蜻蜓点水式表浅研究所出现的学术必然问题。"梢绳前端栓或搭在前车尾部"这一行为在鼓车鏖战历史中确有出现，但这一行为恰恰是鼓车文化中众多禁忌的核心禁忌，当地人称之为"套辕尾巴子"。

在当地人眼里，"套辕尾巴子"是对落败方的极大羞辱，俗话说士可杀不可辱，你可以战胜对手，但绝不能侮辱对手。鼓车鏖战中获胜方若再实施"套辕"行为则必然会首先遭到对方鼓车后部操鼓手的鼓槌攻击，此时犯忌者处于理屈位置，若犯忌者不及时纠正行为或加以反攻则事态会更加严重，会遭到落败方成员集体的肢体攻击。在这种情形下获胜方的其他成员也无法干预，因为他是犯忌者，若有其他成员加以袒护自然会引发各院间的集体冲突。当然，这种情形在鄂乡鼓车史上是罕见的，"鼓车道"内的规矩是村落共同认可的价值观念，犯忌者不会被任何一方认可。因此，鼓车习俗中只有"可触及"的评判标准，无论两辆鼓车间的距离多么接近，丁梢头子都不能将梢绳与对方鼓车接触，这是对对手的一份尊重，胜负自有公论。这一传统的民俗禁忌不仅涵摄着现代体育精神（尊重对手），同时也隐喻着村落社会关系的一般秩序与民众个体处事做人的基本原则。

———————————————

① 2010 年以来有关鄂乡跑鼓赛会的研究成果，共 6 篇学术论文，其中竟有 4 篇学术论文将鼓车鏖战胜负评判标准描述为"决定胜负的标准很特殊，一般为追上前车的一方将本方的梢绳前端栓或搭在前车的尾部"。请参见范静《节庆中的仪式展演：晋南襄汾县跑鼓车及其文化内涵研究》，西北民族大学硕士学位论文，2013，第 45 页；王兴一《山西非物质文化遗产项目——跑鼓车》，《文物世界》2010 年第 1 期；刘洌《襄汾县尉村鼓车文化的发展现状及对策研究》，《忻州师范学院学报》2011 年第 3 期；暴丽霞、冯强《晋南民俗——跑鼓车的文化传承与可持续发展》，《体育研究与教育》2011 年第 5 期。

（三）赛会安全

"鼓车道上碾死人不偿命"意味着鼓车鏖战具有一定的危险性，村民们参与拉鼓的前提是要自己承担可能的风险，若不慎发生碾压、磕碰、剐蹭等人身伤害事件，需自己负责，不能要求村、院等组织负责。参与人员需如此，观看民众更需如此，特别是有小孩子的观众一定要把自家孩子看紧，不能在鼓车道上乱跑。这句够"狠"的规矩确实在大多数地方民俗中少见，其根本的原因还在于鼓车习俗比起诸多地方民俗具有很高的身体对抗性。

2013 年 7 月，我初次与鄂乡的好鼓村民接触时，村民毛武德首先谈及的并不是鼓车习俗的历史、文化，而是颇为自信的要表明鄂乡鼓车的与众不同。

毛武德：我们这里的鼓车和外面其他地方的活动不一样！你听说过哪个集体活动中出了事，组织上是不管的？

作者：哦，那您说说？

毛武德：我们鄂乡的鼓车鏖战起来非常危险，拉鼓的人速度起来了每秒能出去 18 尺，每次换人时速度不能减，要是不小心让梢绳绊倒就有可能碾到鼓车底下。但万一真的出了事情，我们有我们的规矩："鼓车道上碾死人不偿命。"大队、院儿不负责。"道上"的规矩谁敢不遵守？ 2008 年不是嘛，鄂乡鼓车会"申遗"仪式前两天拉出鼓车"溜腿"，有人就被鼓车碾住了。

贾文瀛：（补充道）嗯……是，那个人当时他本身就有病，平时就一个人在家，也没人照顾。他平日里也爱鼓，算得上一个"拉手"，上午他将自家种的苹果卖出后就赶回来拉鼓，也顾不得吃午饭。当时，还没怎么跑就摔倒了，他是"挠辕"哩，鼓车从他身上过去了，当人们把他抬回家后他已经不行了。后来人家家里人也没有要求谁负责，同时还表示死者生前心脏一直有些问题，只是他本人与家人都没有在意。后来，我们鼓车协会的七八个人每人主动给人家随了 1000 来块钱。

毛武德：鄂乡人鏖战不怕死的精神非常强，怕的是输了鼓车丢人！

我在回顾当年的地方报纸发现，就在这次鼓车会上还有一位村民也在拉鼓车的时候不慎摔倒，被车轮把膝关节压伤，媒体对此现象提出了质疑。2008 年 5 月 12 日，《三晋都市报》记者撰文《申遗重要？还是人命重要？》，提出，"一死一伤的残酷现实与现代精神的价值观不符"，并认为，"这是民俗文化原始、野性、激越、悲壮、冷漠的初级阶段"。[①]悲剧的发生谁都不愿意看到，虽有"狠话"在那儿撂着，但村人绝非冷漠。

关于鼓车伤人的问题，我通过细致的询问调查后发现，伤害事故的风险虽比一般民俗要显得更高。但自新中国成立以来，在鄂乡发生的伤人事件只有三起，即除上述两起以外，1972 年还出现过一次伤害性事件。南京理工大学动商研究中心就有关马拉松猝死问题称，马拉松在中国猝死率约为十万分之一（国外为八万分之一），也就是说每 10 万人次跑马拉松中约会出现一例猝死现象；马拉松的伤害率要远低于足球、篮球、拳击、羽毛球、网球等对抗类项目的伤害率。[②]鄂乡鼓车赛会从新中国成立以来几乎年年开展，本村 15 岁以上及年迈但身体健硕的男性均要参与其中，外加众多的外村男性也来参与，保守地说每年参与鏖战的人数至少在 2000 人。60 多年来至少有 10 多万人次参与其中，其发生伤亡的概率其实并没有如媒体记者所隐喻的那样大。凡是身体间的竞技总无法摆脱身体伤害的影子，现代体育中我们几乎很难找出一项对人体完全无负面影响的例子。每场足球比赛总有大大小小的伤害问题出现，以致每场比赛总有个环节叫"伤停补时"，其中不乏猝死的案例。我们虽能理想地保证现代竞技体育纯洁无污，不受"药魔"侵扰，但也绝对无法杜绝选手们的或慢性或急性的运动损伤。

---

① 冯印谱：《"申遗"重要？还是人命重要？》，山西新闻网，2008 年 5 月 12 日，http：//news.sxrb.com/shyl/540212.html。

② 《马拉松猝死，其实概率最低》，南京理工大学动商研究中心，2014 年 12 月 16 日。

三 失序问题背后的竞争精神

民俗竞技都可能会出现不和谐的失序问题。据典籍记载，唐、宋、元、明、清历代均有官方禁止地方开展竞渡活动的案例，甚至在 21 世纪后地方政府禁止民间竞渡的事例都可以找到，禁止的原因主要指向 "斗伤溺死"。实际上，并不只是竞技性习俗容易产生失序，全国各地普遍存在的游灯、舞龙等展演性节俗也会发生类似的问题；如涂传飞[①]所考察的江西涂村舞龙习俗、刘晓春[②]研究的客家富东村游灯习俗中均出现过肢体冲突现象。

历史上饱受官方弹压的民俗文化应该莫过于竞渡，唐宋时便有不少文人口诛笔伐，如元稹、梅尧臣等作诗批判[③]，其中元稹的《竞渡》诗最具典型性，诗文 60 句 300 字，就竞渡一事引出对人类社会物竞天择的大竞之源的论述。诗文首先赞美了开辟天地的情景和黄帝战胜炎帝、蚩尤统一天下之竞，反映了人类社会之间的斗争；进而又假托群鱼龙门之竞，实写大禹治水的艰苦卓绝，表现人与自然的斗争。元稹描写这些有关乾坤大定、万物生存之竞，旨在说明竞渡之类的习俗不过是 "蚁斗" 而已，不足为论。元稹的诗作代表了千百年来中国社会中一种稳定的文化心理结构——实用理性，凡是没有实际效用的行为活动常常为社会所不齿。这一现象也被现代的学者察觉，李力研提出，"实用理性" 是制约中国本土体育自然演化为形式化的体育的根本原因。

李力研的这一学术立场的确具有很强的学理性，其思想来自当代哲学大家李泽厚的 "历史本体论"，中国文化的样态在很多方面均可以用这

---

① 涂传飞：《农村民俗体育文化的变迁——江西省南昌县涂村舞龙活动的启示》，北京体育大学博士学位论文，2009。

② 刘晓春：《仪式与象征的秩序——一个客家村落的历史、权力与记忆》，商务印书馆，2003。

③ 参见杨罗生《历代龙舟竞渡文学作品评注》，中国文联出版社，2003。

一理论来做解释说明。① 但我们反观元稹《竞渡》诗作背景，正是由于龙舟竞渡活动违背了"实用理性"的社会文化心理结构的惯性，"反常"的现象频频出现，其才会引起文学家、思想家们的重视，以及作诗声讨！在社会、政治、经济、文化高度繁荣的唐代，社会上下那种趋于欢乐的文化心理特征已经凸显出来，② 民众本能的身体欲望、生命冲动、游戏精神已经在很大程度上突破了束缚其生成的"实用理性"模态，形式化、标准化的体育文化现实业已在社会形成。

我们再回到鄂乡鼓车道上的规矩"碾死人不偿命"，其自身所表现的问题及本质属性可以说与南方竞渡是相同的。将可能的身体伤害作为代价进行鼓车鏖战，村人究竟是为了什么？有什么实际效用？鼓车鏖战并不为了什么，更没有什么实际效用，竞争本身就是目的。鼓车鏖战是形式化了的竞争活动，是鄂乡民众所追求的一种生活意向，他们甚至会将竞争过程中可能出现的身体伤害作为砝码，凸显出鄂乡鼓车习俗强烈的竞争精神。当我们访问 2008 年鼓车鏖战中受伤的当事人时，在问及"伤势对你有无影响"时，当事人径直回答出"没事儿"的语调至今让人久久回味，他那不假思索的简洁回答语调中充满了勇敢、无畏、骄傲、自信、不屑、自尊等感情色彩。身体竞技类活动本身就是"原始、野性、激越"的，有时确有些悲壮，但绝非冷漠，谁也不愿意发生伤害性事件，只不过那句"碾死人不偿命"的话在没有语境的情况下看似冷漠。结合鼓车文化实践及鏖战中身体伤害的真实概率，仔细咀嚼这句俗语，其实它代表着鼓车文化中强烈的竞争精神及鄂乡人朴素的契约理念。

"赛会"的观念在中国由来久远，泛指一切与祭祀天、地、山、川、神、祇等有关的集体活动。"赛"即回报、回应，如《说文解字》："赛，报也"。③ 作为回报、回应之意的"赛"专指与超自然力量的沟通活动，有

---

① 李泽厚：《历史本体论·己卯五说》，生活·读书·新知三联书店，2003，第246~248页。

② 朱红：《唐代节日民俗与文学研究》，复旦大学博士学位论文，2002，第26页

③ （汉）许慎：《说文解字》卷八下，（宋）徐铉校定，中华书局，1963，第131页。

通过祭祀酬谢、报答神福之意。"赛，谓报神福也"。[①] "赛会"一词在宋代开始出现，如"蜡猎迎神赛会"[②]，明、清时广泛使用。与"赛会"相应和的还有赛文、赛神、赛鼓、赛祷、赛还、赛馔等众多词语。"赛会"是中国普遍存在的文化现象，地域文化的差异形成了种类繁多、异彩多姿的赛会活动。各地区的"赛会"固定在特定的岁时节期，如上元、上巳、清明、端午、重阳、腊日等节俗均可成为赛会的主题。鄂乡鼓车赛会，从其时间安排、内容构成、仪式程序等方面观之，系典型的地方性赛会。赛会的本质是民众开展的祈福酬神仪式，是一种人神关系的互动意向。"赛"并未有直接"要求"人人关系的意向，所以中国各地的大多数"赛会"并没有直接的身体之间的竞技，与之伴随的娱乐活动往往多以展演形式存在。

众所周知，现代赛会的主体是竞技运动，其"赛"的意涵有比试、较量、竞争，且多指体育竞赛，是人人关系的互动意向。古希腊赛会在其漫长的历史演变中，重心由娱神向娱人逐渐过渡，进而演化为现代赛会。古希腊赛会与中国传统赛会相同，重心亦在人神关系。我们发现鄂乡鼓车赛会在其漫长的历史演化中既具有传统赛会的性质又具有现代竞技运动的内核，只是其文化影响力[③]没有西方奥林匹克运动会那么大而已。中国本土文化的历史现实中确乎已经发展出可与西方媲美的"标准化"体育，中国体育文化扎根于社会民众的岁时节俗之中。[④]

鄂乡鼓车赛会具有传统赛会与现代赛会的双重性质，它处在"侍神""侍人"两种关系的平衡点上。"赛"在中国历史上确实出现过较

---

① （汉）司马迁：《史记》卷二十八，清乾隆武英殿刻本，第370页。

② （宋）邵雍：《梦林玄解》卷十一，明崇祯刻本，第316页。

③ 西方文化影响力的问题主要还是来自工业革命后的资本主义扩张，中国传统文化的影响力在西方资本主义扩张之前亦非常强势，如中国的书法、艺术、茶道、香道、中医药、儒家思想及民俗文化等影响整个东亚、东南亚，乃至目前的日本、韩国、朝鲜、马来西亚、新加坡等国家仍然保持着众多"中国传统"。

④ 王若光：《俗化体育——中国体育的土壤特征与气候流变》，《上海体育学院学报》2014年第4期。

量、竞争的意涵，如"与孝文往复赌赛"①，但这种用法极少，古人多以"竞""争""试"来替代②。报答、酬谢神灵是"赛"的根本意涵，而在赛会中民众的争相表现却常常将人神关系进而"降格"至人人关系。如古希腊时期的众多赛会，中国传统民俗的龙舟竞渡、角力、抢花炮等，谁能在祭祀中有上佳的表现，便更容易取得神灵的护佑。我国著名民俗学家、宗教学家江绍原在其长文《端午竞渡的本意》中已将这种演变关系论述得颇为清晰。③ 莫斯在《礼物——古式社会中交换的形式与理由》一书中也提出过类似的观点，他称其为"竞技性呈献"④。鄂乡鼓车赛会有"三月十六抻一圈，一年四季都平安"的俗谚，"抻"（chēn）是拉长、拖延的意思，常用在鼓车道内，人们一般不说"跑一圈"或"拉一圈"，常会说"抻一圈！""再抻一圈！"其实，这里也隐喻了哪个院分的鼓车能"抻"到最后，神灵便会更多地赐福于他们。这样一来，鼓车之间的竞逐便有了信仰的意义，进而从单纯的赛（报）神转换为现实的赛（竞）鼓车，通过赛（竞）鼓车的行为以更好地达到赛（报）神的目的。在鼓车习俗从祭鼓、游鼓到鏖战的过程中，"赛"的语义关系由祈报向竞争转换，赛的行为由事神向事人过渡，赛的现实结果留给了民众，最终意义却仍归结于神灵。

近年来，"鼓车赛会"被外界认识之后，许多媒体报道将其赞誉为"乡村F1""史上最古老的赛车运动"等。诚然，鄂乡鼓车赛会具有极强的体育特征，如果说祭鼓、游鼓、踩辕等环节表明了该习俗的传统民间赛会性质，那么从撒鼓的考究程度、溜腿的活动环节及鏖战、亮梢本身则已清晰地表达了鼓车习俗的竞技性质；并且它在漫长的历史积淀中创造出围绕自身文化习俗的专用术语体系（见图2-3），这些术语的形成目

① （唐）李延寿：《北史》卷十八"列传第六"，清乾隆武英殿刻本，第267页。

② 在我们现代体育中常用的词语，如竞技、锦标、竞赛等在有关龙舟竞渡的古文献中使用率很高。

③ 江绍原：《端午竞渡的本意》，《晨报副刊》第1439号，1926年，第21~23页；第1440号，1926年，第25~27页；第1441号，1926年，第29~31页。

④ 马塞尔·莫斯：《礼物——古式社会中交换的形式与理由》，汲喆译，商务印书馆，2016。

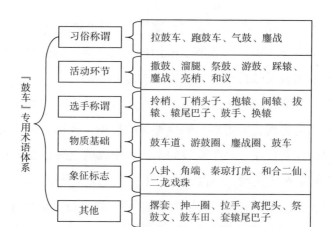

图 2-3 "鼓车"专用术语体系

的多在于描述"赛会"中的竞技行为,已非民俗信仰神秘莫测的附庸。术语的完善绝非在一朝一夕的文化运动或文化建设中一蹴而就,它们必须经过漫长的历史演变,不断与其文化生态反复调适,方可成熟稳定。专业术语体系的形成昭示了身体竞技文化的独立生成,在鼓车文化的实际行为过程中,"仪式—竞赛—颁奖"与现代语境的赛会、赛事同构。特别是"鏖战"环节,成熟的竞速规则、严格的阵营归属、固定的竞技场地、专用的竞速器械、考究的选手选拔、细腻的技术要求与团队配合,俨然已与"西方中心观"下的竞技体育不分伯仲;另外,我们从鼓车习俗中对可能发生或出现的"不认亲"冲突或身体伤害的俗规来看,传统亲属的血缘关系及身体伤害的风险均已经让位于鼓车鏖战的胜负争夺,一种朴素的契约精神、公平竞争意识及冒险、决斗的风范已十分明显。

现代体育专业教科书上常有"中西方体育文化比较"一节内容,作为普遍的"常识性观点",其将中国体育文化的特质多表述为"中庸平和、主静、重养身"等。[1] 还有一些比较激进的学者持着"言必称希腊"

① 杨文轩、杨霆:《体育概论》,高等教育出版社,2005,第184页。卢元镇:《体育社会学》,高等教育出版社,2002,第148~150页。

态度，认为中国体育未能成熟，[①] 实际上不同的文化立场会对"体育"的概念认识有很大差异，特别是持有"西方体育中心观"极端态度的学人必然不会全面地理解中国本土体育文化。中国本土体育文化有其自身的发展逻辑，以先入为主的"西方概念"宏观建构本土体育理论必然也会导致我们对本土体育文化的认知偏颇。实际上，学界对中国本土体育的前期认识是在西方体育观念的认识基础上对自我文化的模糊评判，并且仅是对本土文化中一般的常见体育"事象集合"进行概括性分析所得出的结论。宏观的理论建构必须要扎根于具体的文化事实，若超越文化事实，则存在被"单个反例证伪全称命题"的学术风险。深入具体的文化空间（田野）或回溯特定的历史时间（典籍文献）去细致解读中国本土体育才应该是真正建构起宏大理论的学术基本路径。

鄂乡鼓车赛会在当今这个"西方体育中心论"的话语流中显得异常珍贵且意义非凡，它在中国本土体育领域中具有典范性，对于研究中国体育的发生、发展、生成、延续或停滞等有着极高的学术价值。赛会一词，古已有之，体育一词，新近出现，中国本土体育早在体育观念进入之前便已在其独特的文化土壤中孕育成熟。赛会是中国民众岁时节俗中重要的文化主体，所以，我们完全可以通过在鄂乡具体文化空间的田野实践佐证"中国体育文化扎根于社会民众的岁时节俗之中"的基本观点，并能适当地对学界普遍存在的"西方体育中心观""中国无体育"[②]"中国

---

① 李力研：《中国古代体育何以未能成熟——以古代希腊为参照的历史比较》，《成都体育学院学报》1995 年第 2 期。

② "中国古代无体育……"一语最早由胡小明提出，但从胡小明近十年来的学术成就看，他早已意识到研究假设的证伪性及研究视角的转向问题，进而转入体育人类学学科的开拓与建设之中，诚如他在后续的文章大作《体育研究重在实证与应用》中对先前自我观点的评论"我花费了 30 多年试图证明自己'古代无体育、近代不科学、当代缺理论'的假设，虚耗精力无数已追悔莫及，最终获得的教训至少在当代令人沮丧"。中国体育、学科应有自我的文化个性，绝不应亦步亦趋地跟着"西方"东施效颦。参见胡小明《一种基于当代现实的体育理论眺望——关于"两条腿"和后现代意识》，《体育文化导刊》2003 年第 12 期；胡小明《体育研究重在实证与应用》，《体育与科学》2013 年第 6 期。

体育未能成熟"等一些极端论调做出一些修正。

四 向往"安存"的鼓车文化符号阐释

如前文所提到的问题，村人究竟为了什么，将可能的身体伤害作为代价进行鼓车鏖战？鼓车鏖战在实际的生活中又究竟有什么实际效用？村民对于作为习俗的鼓车赛会只是依俗而行，并不需要对习俗本身做过多的思考或解释。对于这个问题，恐怕要借助"深描"的方式来做出更深层的解释。"深描"是人类学家克利福德·格尔茨从美国哲学家吉尔伯特·赖尔那里借用的术语，指的是对文化现象或文化符号意义进行层层深入描述的手法。[①] 在文化研究中选择"文化挂量"高的文化现象进行剖析才能使我们在深描的方法上获得成功，即要求选择某一社区内的标志性文化作为研究对象进行深描才有可能深刻全面地进入社区的本质，有效得出文化对象与社区之间的种种关联。

有关"深描"的标准永远是个问题，因为格尔茨虽提出了深描方法，声称自己的民族志作品为深描的结果，但他却从未明确地提出深描的标准。诚如格尔茨自己所说的"我也从未彻底地弄清我所写的一切"[②]。我认为人类学阐释的"深""浅"之分，最起码应在于当地人意识的有无之间！对文化的深度解释必须要以当地人所共识的意义层面为起点，在对"共识性意义"进行系统有效的梳理后逐渐穿透"有意识"层面，深入"无意识"的文化阐释中。这种对文化现象所做的阐释并不是学者们毫无学术束缚的凭空臆想，而是要对于那些客观存在的文化逻辑及社会内蕴价值予以揭橥，虽然对当地人来说，他们并没有意识到其中联系，但这些问题却在他们的生活世界中客观存在并发挥作用。将当地人集体无意识的文化实践关系澄清就应该算作"深"的标准。"一种好的解释总会把

---

① 林同奇：《格尔茨的"深度描绘"与文化观》，《中国社会科学》1989 年第 2 期。

② 克利福德·格尔茨：《文化的解释》，韩莉译，译林出版社，1999。

我们带入文化的本质"[①]，但终究又会有谁真正触摸到了本质？意义的阐释层次可以是无穷尽的，[②] 它，也许，不过是我们共同设定的方向罢了，而绝非有限。似乎如同我们每个人都能看到的鄂乡街巷一样，鼓车道上不仅承载着鼓车及村人的奔腾，其在有形与无形之间还蕴含着无限的文化意涵。

民俗节庆等仪式是日常生活的亮点，是被人类赋予意义象征的符号。[③] 我曾对中国岁时民俗体育进行过一些符号学的研究[④]，之前的研究对象是作为集合概念的民俗体育，因此研究观点或结论并不能真实地反映其具体坐落在某一时空范围内的文化意义，其地方性被忽略了。鼓车文化中的众多符号会将我们所"看到"[⑤] 的直观"物象"带入"物象"背后民众生活的基本意义或价值领域。文化符号就是当地人的"共识意义"层面，通过对鼓车文化符号体系的考察，我们可以全面地了解当地人对此的诠释，系统地看待文化持有者赋予"鼓车"的一些基本的生活逻辑。

（一）"鼓车"文化符号体系

我曾在乌丙安提出的"民俗符号学框架"[⑥] 的基础上结合民俗体育自身所特有的（身体运动）符号体现，提出"身体运动在民俗体育中具有核心位置，诸如登高、竞渡、踏青、秋千、放纸鸢、蹴鞠、鼓舞狂欢等身体活动本身就是行为类符号，是民俗体育符号体系的核心，并以此为认识论基础建构民俗体育自身独特的符号体系"，认为民俗体育符号体系

---

① 克利福德·格尔茨：《文化的解释》，韩莉译，译林出版社，1999。
② 克利福德·格尔茨：《文化的解释》，韩莉译，译林出版社，1999。
③ 德国哲学家卡西尔认为"人是符号的动物"。请参见恩斯特·卡西尔《人论》，甘阳译，上海译文出版社，2004，第119页。
④ 参见拙文《中国岁时民俗体育逻辑起点的符号学考察》，《上海体育学院学报》2013年第6期。
⑤ 文化中的符号不仅是"看到"的，还是通过"听""闻""触"等多种人的感官途径来感受到的。
⑥ 乌丙安：《走进民俗的象征世界——民俗符号论》，《江苏社会科学》2000年第3期。

由运动行为类符号、时间类符号、空间类符号、感官类符号、语言类符号五者共同构成。

我们以一般民俗体育的符号体系作为鼓车赛会符号学考察的基本依据，构筑鼓车文化的符号体系并对其进行探讨。在观察鼓车文化符号体系的过程中，我们虽然发现了已有民俗体育符号体系的参考价值，但也发现，由抽象的民俗体育概念所构筑的符号系统在突出了"运动行为"符号的核心位置的同时却又忽略了民俗符号体系中的一般行为问题。民俗体育符号系统中必然也会有很多非运动行为现象，甚至在现代体育赛事中开幕式、宣誓、火炬点燃、颁奖、升国旗等行为符号也非常重要，鼓车习俗如南方水乡的竞渡习俗一样是一个完整的文化体系，前期的祭祀行为（祭鼓）、准备行为（撒鼓）、表演行为（游鼓）、结束后的庆祝行为（亮梢）等均与核心的运动行为相联系，也正是运动与非运动的行为符号相互契合地连为一体，方能使某项民俗体育文化有血有肉，意义完善。基于以上反身性思考，我不得不在关注核心符号体系的基础上密切关注与之相关联的行为符号问题，进而重新梳理有关鼓车赛会符号体系结构间的相互关系（见图2-4）。

鄂乡鼓车赛会符号体系由运动行为、关联行为、时间类、空间类、感官类、语言类六大符号体系共同构筑而成，这六类符号系统之间是互动联系的有机合成。如图2-5所示，运动行为符号体系处于核心位置，运动行为符号的形成动因来自民众所处空间的时间类符号意义（及历史效应）[①]，这一过程以语言类符号为连接，不断强化促使关联行为、运动行为与特定时空、感官类事物间保持张力而有序运行，即形成民俗体育实践。行为既是对时间类符号意义认知的反应又是增强时间类符号意义的手段，其中关联行为与运动行为二者一贯融合，彼此间有着强化或过

---

① 时间类符号的意义建构是社会民众对自然时间节律长期体认，并将关键的时间节点赋予社会意义的过程，即时间符号化、岁时观念形成。历史效应是一个相当复杂的过程，主要指某一族群生存空间环境内所发生的重大历史事件及该族群在日常生活、生计实践中形成的文化惯习。

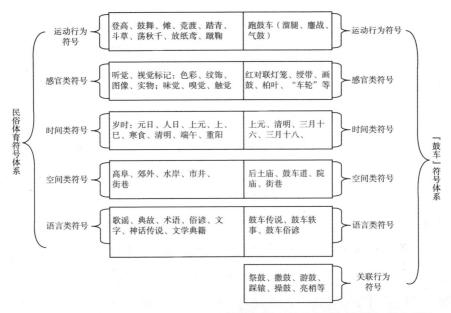

图 2-4 现存"民俗体育符号体系"与鼓车赛会文化符号体系构筑示意图对览

说明: 该示意图以王若光《中国岁时民俗体育逻辑起点的符号学考察》(《上海体育学院学报》2013 年第 6 期)一文中所构建的民俗体育符号体系为依据, 并结合鄂乡"鼓车"文化现实状况重新构建。

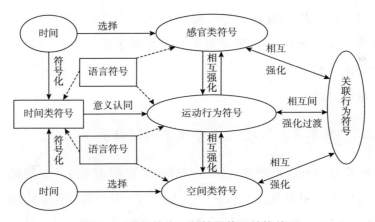

图 2-5 民俗体育一般符号体系结构关系

渡关系, 另外, 感官类事物及空间选择与行为之间的"互疏"使得整个民俗体育符号体系稳定完整。具体来说, 清明踏青文化符号系统由"清明节期""吹(带)柳""秋千""蹴鞠""户外"等具体符号构成。清明时节，惠风和畅、万物复苏，民众不仅在冬去春来的"清明风"①中感受到季节的冷暖变化，而且在冬春时气的升降中，身体难以适应，容易患风寒。所以，特殊的自然时间节点被民众给予符号化建构；受传统星象学观念②的影响，人们认为"苍龙七宿"中的"大火星"位于东方木位，民间不仅易发生火灾需要禁火，同时，人体亦有内火需要以寒食、动荡（身体）泄之，这一时段对社会民众的影响是生理及心理双方面的，他们希望通过节庆仪式、户外运动来避免可能发生不幸的日常时空。社会民众对该时间符号的意义认同结合当地特殊的历史效应，必然会产生相应的地方性民俗。在万物刚刚复苏的季节，柳树刚刚发青。柳树是春天的象征，也是传统中国民众较为尊崇的一种植物，人们认为其具有驱邪攘灾的功能。而在踏青的行为过程中佩戴柳帽、吹柳（泻火）、荡秋千、蹴鞠是对时间符号意义进一步强化，户外、运动、柳、"清明"四者之间在神话、传说、歌谣、俗语等语言符号的相互连接下彼此有机结合，相对稳定地维持该民俗文化的发展。文化符号系统一旦形成便会在民众的文化心理上保持得相当稳定，并在符号彼此相互作用的过程中不断强化其稳定性。即便有新的符号要素加入其中并出现新的意义，其原有的基本意义结构也不会轻易消失。正是基于民俗体育一般符号结构关系的形成特征，我们通过符号学的视角探索鼓车文化的意义成为一种可行路径。

（二）"鼓车赛会"文化符号体系的逻辑关系

民俗符号具有逻辑规律。民俗符号作为民俗表现体，是用某一民俗事物作为代表，来表现或表示它所能表示的对象，最后还要由相应背景中的人们对它做出公认的解释，③即民俗表现体、对象、背景性概念三要素"三位一体"的逻辑关系。这一"三位一体"的逻辑关系观点源于皮

---

① 清明风，古称八风之一，温暖清爽、天地明净、空气清新，自然万物勃勃生机。
② （宋）陈元靓：《岁时广记》卷十五，清十万卷楼丛书本，第96页。
③ 乌丙安：《走进民俗的象征世界——民俗符号论》，《江苏社会科学》2000年第3期。

尔斯对符号结构的基本分类，"皮尔斯很鲜明地指出，一个符号里有三样东西：符号本身、符号的指代对象和符号的解释项。也就是说，一个符号是这样的一个东西 A，它引出另一个东西 B，B 是 A 的解释项符号，由 A 决定或生成，而 A 同时也同第三个东西 C 有着一样的对应关系，C 就是 A 的指代对象，在这个对应关系里 A 指代 C"[①]。任何民俗文化中都具有"三位一体"的符号学逻辑关系，如婚俗，不论张贴剪纸还是采用实物，都会有枣、花生、桂圆、栗子等形象或实物，这是代表功能的事物，指代婚姻生活的理想状态："早生贵子"。符号传达意义的基本逻辑便是如此。

1. 鼓车文化符号编码

民俗体育是由众多具体民俗体育事象聚合而成的类属概念，具体的民俗体育事象分布在不同的时、空系统中，并形成各具特色的符号子系统。由于民俗体育的符号系统繁杂众多，对其"三位一体"逻辑规律的考察重点应是符号的"解释项"，而在"符号指代对象"方面，不论哪个具体符号，其"指代对象"都可概括为"民众生活"。我们根据民俗体育符号体系的基本结构，对该体系中的运动行为符号、感官类符号、时间类符号、空间类符号、语言类符号、关联行为符号进行编码，共析出 32个非语言类符号编码和 5 个具有代表性的语言类符号编码（见表 2-2）。其中，语言类符号与其"符号解释项"的性质同一，所以无须对其进行专门的"符号解释项"考订，而是可将语言类符号作为对 32 个非语言类符号"解释项"进行考订的重要依据。

作为文化人类学所普遍关注的基本问题，"这（文化）对于文化持有者来说意味着什么"。2013 年我初来鄂乡时便围绕这一问题进行了"探访式"了解。当时所得到的田野信息与鄂乡对外公开的文字材料讲述有很大差异，公开文字材料大谈该地重大的历史影响，认为习俗的产生是"春秋晋鄂公与大唐鄂国公的军事文化遗存，习俗的开展在于纪念历史人

———————

① 季海宏：《皮尔斯符号学思想探索》，南京师范大学博士学位论文，2011，第 11、26 页。

表 2-2　鼓车赛会文化符号体系编码一览

符号类别	符号编码
A 运动行为符号	a1 鏖战；a2 操鼓；a3 溜腿
B 关联行为符号	b1 撒鼓；b2 游鼓（舞、傩）；b3 踩辕；b4 祭鼓；b5 烧香；b6 敬表；b7 念祝文；b8 祭祖；b9 看蒲剧
C 感官类符号	c1 画鼓；c2 鼓车；c3 "车轮子"；c4 柏叶；c5 红绶带；c6 红灯笼；c7 对联；c8 八卦；c9 二龙戏珠；c10 和合二仙；c11 秦琼打虎；c12 角端；c13 爆竹
D 时间类符号	d1 清明；d2 三月十六；d3 三月十八
E 空间类符号	e1 尉村；e2 鼓车道；e3 后土庙；e4 院庙
F 语言类符号	f1 庙巷鼓的传说；f2 "鼓车拉到洛阳白马寺"的传说；f3 三月十六不拉鼓，一辈子说不下好媳妇；f4 三月十六抻一圈，一年四季都平安；f5 今年鼓车跑得欢，来年多吃两白馍

物"[1]，这一观念与南方龙舟竞渡（普遍的假托纪念历史人物）中的文化意味相似。而在田野工作中，当地人所提供的信息却无人（申请材料撰写者除外）谈及纪念历史人物。当地人认为清明祭祖后的"撒鼓""溜腿"主要意味着请祖先们"观看"或"参与"鼓车活动，供祖先们消遣娱乐。对于鼓车的文化意涵，除去与祖先交流，当地人更多地将其集中在求雨、禳灾、祈福三个方面。以下是我的一位资讯人对鼓车文化价值的思考与总结。

鼓车道中有"三圈"，一是我们所看到的鼓车道，二是拉手们在道上逆时针奔跑形成的人体运动圈，三是操鼓时在鼓车道内形成的声波圈，这三个圈形成了一个"磁场"。当有什么灾害、瘟疫、流行病等，碰上它们马上就会被驱散！新中国成立前医学不发达，各村都有集体

————————

[1]　鄂乡"鼓车赛会"申报"第三批国家级非物质文化遗产"申报书，2008。资料来源：襄汾县文化馆；提供者：范静。

患传染病的情况，有些时候外村人还会来我们村借鼓车去镇瘟疫。[①]

这位资讯人年轻时爱鼓如命，对鼓车文化感悟很深，年迈无事后开始在家中练习书法、研究易学，所以，他对鼓车的解释要比其他人显得更有"条理"。禳灾是清明节俗的主题，科学的道理在于季节寒暑交替，易使人体产生不适，是流行病的高发期，文献典籍的表述则是"寒食（清明前三日）有内伤之虞，故令人作秋千、蹴鞠之戏以动荡之"。[②]所以，在清明时段开展的鼓车习俗具有禳灾的意涵很容易理解。其中感官类符号中画鼓（c_1）、鼓车（c_2）、柏叶（c_4）[③]、红绶带（c_5）、红灯笼（c_6）、对联（c_7）、八卦（c_8）、二龙戏珠（c_9）、角端（c_{12}）、爆竹（c_{13}）等均具有强化禳灾的文化功效。

语言类符号"鼓车拉到洛阳白马寺"的传说（f_2）中有这么一个细节描绘，虽不同的村人在表述方法、逻辑、信息上略有出入，但这一细节却不曾有过忽略。"当鼓车被拉入河南境内时，恰逢河南遭遇旱灾，鼓车一到便天降甘霖，此后每逢天旱时，击打留在白马寺中的鼓车，随之即会降雨，每每灵验。"[④]"春雨贵如油"，在中国北方农村，清明时节是农作物开始生长的季节，雨水的灌溉不可或缺，求雨习俗在山西仪式种类众多，鼓往往是仪式中少不了的重要物件，鼓与春雨之间有着模拟感应的逻辑关系。《说文解字》云："鼓，郭也，春分之音，万物郭皮甲而出。"[⑤]鼓是中国最早的礼器，陶寺龙山文化遗址中所出土的鼍鼓距今4000多年历史，该鼓由鳄鱼（有鳄鱼骨板出土）皮蒙制，考古的实物有力地说明

---

① 资讯人：毛武德；访谈地点：鄂乡吉祥饭店；访谈时间：2013 年 7 月 14 日。

② （明）高濂：《遵生八笺》卷三四"时调摄"，明万历刻本，第 63 页。

③ 柏叶，自然物性味甘，性微温，无毒，具有多种药用价值，在《本草纲目》中记录频繁，是中国常用的传统药材之一；再者，柏叶富含油脂，燃烧时不仅会发出刺激芳香的气味，还会产生类似爆竹的噼啪声效，有驱邪、禳灾的象征意义。

④ 这几乎是每个当地人都会讲述的鼓车传说，包括周边有鼓车习俗历史的村落中也都广泛流传这则故事，只是故事中的人物主体会归属于他们村落。

⑤ （汉）许慎：《说文解字》卷五上，（宋）徐铉校定，中华书局，1963，第 102 页。

中国早期的鼓由鳄皮所制，《本草纲目》中记载："鼍龙，释名鲅鱼、土龙，形如龙，身甚可畏，长一丈者能吐气成云致雨，……其声如鼓，夜鸣应更，谓之鼍鼓，亦曰鼍更，俚人听之以占雨。"[1] 说明早期人类已具有通过鳄鱼习性、发声来判断天气晴雨变化的基本知识，鼍鼓既是鳄鱼的发声概念也是先民乐器的称谓，二者内中关联可见一斑（模拟交感的思维在其中）。当然，在古时，民间除了相信鼓声是雷声的模拟以外，还有信仰认为车轮滚动的声音也是雷声的模拟。[2] 当地人普遍认同鼓车活动的求雨意涵，特别是鼓声与雷声的交感问题。当地俗谚"三月十六抻一圈，一年四季都平安"（f4）与"今年鼓车跑得欢，来年多吃两白馍"（f5）表明了祈福的文化意涵；村中大庙两侧门楣上则书有"祈报""昭格"四字，明确了大庙的主要功能，每年鼓车赛会期间村人都要在大庙正对面的古戏台上唱戏三天，传说神主后土娘娘的生日为农历三月十八，拉鼓车、唱蒲剧是要为后土娘娘庆贺生日，鼓、乐有着沟通天人的中介功能，而在祈求福祉的仪式中必须要有相应的中介方能完成所谓的神灵昭格。根据以上鼓车语言类符号语义的疏通以及相关时空、物件的文献、考古、当地人的解释佐证，我们可以得出相对完整细致的符号编码"解释项"考订表（见表2-3）。

2. 鼓车文化符号的逻辑关系

在对鼓车文化符号体系进行逐项编码并对该编码体系中符号解释项进行考订的基础上，依照符号学"三位一体"的逻辑关系对符号体系进行考察，得出六类逻辑关系。所有进入考察范围的民俗体育符号均具有相对稳定的"趋福避灾"逻辑关系，虽然有的具体符号没有直接反映出这种关系，但他们的作用在于强化这一主题；另外，其中有2个符号具有明确的"求雨"逻辑关系，3个符号具有明确的"祖先崇拜"逻辑关

---

[1] （明）李时珍：《本草纲目》卷四十三，清文渊阁四库全书本，第1688页。
[2] 何星亮：《中国自然神与自然崇拜》，上海三联书店，1992，第3~12页。

表 2-3 鼓车赛会文化符号系统编码"解释项"考订一览

符号元素种类	符码解释项
A（运动行为表现体）	a1 禳灾、祈福、求雨、娱乐、交往（追女邀婿） a2 禳灾、祈福、求雨 a3 祖先崇拜、身体动荡、娱乐
B（关联行为表现体）	b1 仪式准备 b2 驱邪、祈福、观赏娱乐 b3 纳福、道德楷模 b4 祈福 b5 祈福 b6 祈福 b7 祈福的语言表达 b8 追思先祖、祈福 b9 娱神、娱人、教化
C（感官表现体）	c1 强化仪式的礼器 c2 强化仪式的礼器 c3 传统生日蛋糕、食物的象征 c4 驱邪、百岁常青 c5 纳福、驱邪、喜庆 c6 驱邪、喜庆 c7 驱邪、喜庆 c8 万物规律掌控象征 c9 辟水火之灾 c10 和谐仁爱；c11 门神象征、驱邪 c12 化煞 c13 喜庆、驱邪（山臊恶鬼）
D（时间表现体）	d1 祭祖日、户外活动日、娱乐日 d2 鼓车鏖战日 d3 后土娘娘生日
E（空间表现体）	e1 禳灾祈福场域 e2 禳灾祈福的仪式场域；e3 村落共同体祈福仪式场域 e4 村落各单位祈福仪式场域

系，5 个符号具有"娱乐"逻辑关系，1 个符号具有"男女交往"逻辑关系，还有 2 个符号具有"道德教化"[1]的逻辑关系（见图 2-6）。

"民俗体育发生的因果关系用马克斯·韦伯社会行动理论中'或然性'观点理解更为适恰"[2]，马克斯·韦伯（Max Weber）坚信探索人类社会发展的因果关系是极度困难的，而在社会行动研究中达到客观的确定性是几乎办不到的，因此社会行动的研究只能得出"一定背景下大多数人会生成相应的行动，或某一社会行动是由一些本质性因素（适合的原因）导致的"。[3] "避祸祈福"的集体意识是鼓车文化得以存在的"本质性因素"或"适合的原因"。虽然鼓车文化中还有着需要进一步细致探讨的动因，但在

[1] 详见踩辕仪式的具体要求论述章节及鄂乡古戏台两侧石刻楹联信息："鉴古绳今有功世教，宣和奏雅以律人心"。
[2] 王若光、孙庆祝、刘旻航：《中国岁时民俗体育生成逻辑的符号学考察》，《上海体育学院学报》2013 年第 6 期。
[3] 杨善华、谢立中：《西方社会学理论》（上卷），北京大学出版社，2005，第 83、183 页。

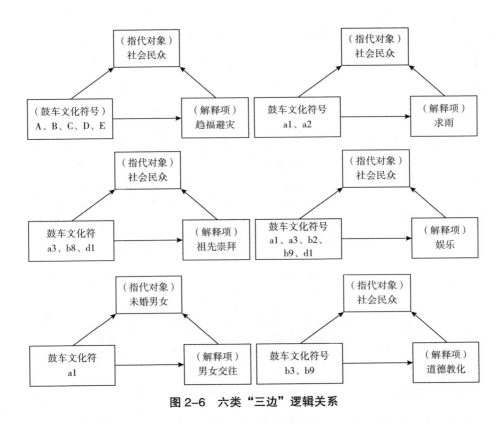

图 2-6 六类"三边"逻辑关系

重农的村落生态环境下，风调雨顺、平安祥和是当地人最为基本的诉求。通过"三边逻辑关系"考察，避祸祈福的生活意向与鼓车文化之间存在高程度的"或然性"联系，已接近"必然关系"。虽然，民俗体育符号中还存在"求雨""祖先崇拜""娱乐""男女交往""道德教化"等具体符号意向，但他们往往是基本意向"避祸祈福"的衍生性"需求"，并未超脱基本的意义诉求。"避祸"与"祈福"二者虽看似属于不同范畴，但两者之间几乎可为一体，避祸则意味着求福祉，祈福也意味着无祸事。因此，可将鄂乡鼓车文化的意义共识理解为：以祈求安存、祥和为基本价值观的民俗活动。

五　追求"秩序"的鼓车标识与文化禁忌

鼓车文化的符号学考察有助于我们较为全面系统地理解当地人对自

身文化的意义共识，但这样的符号学考察还是只能停留在文化认识的表浅层面，"三位一体"的逻辑考察将纷繁复杂且具有相互依存关系的符号人为地割裂开来，内中关系、深层结构等问题仍然不能得到很好的解释。比如鼓车文化为何能凸显身体间的竞争关系，而其他地方的民俗节庆中为何不曾多见这种突出的身体竞争关系？对于以上问题的追问当地人所给出的答案往往也类似"精神分析"而含糊不清，比如"军事战争的模拟""尚武精神的体现"等，但这种解释往往过于天马行空、放之四海而皆准，既挑不出什么解释的硬伤，也得不到什么具体的文化事实材料来使人信服。"那些仅满足于他者的诠释是单向度的，他们的文化分析框架和结构框架考察象征符号的方法本质上是静态的、无视社会关系中牵涉到的历史变化。应当关注那些最本土的诠释同时又不能仅仅依靠本土解释，当然，精神分析法的阐释也是单向度的，漠视最本土的解释是一种天真的研究路径，所以我们应该在田野作业和理论讨论中更为缜密地思考和行动，才不会让自信变成自负。"①

（一）"五常"的秩序教化——五鼓图案符号的整合性意义

鄂乡民众在文化表达上，始终接受着外界更广阔的人文环境渲染。最早开始关注山西民俗问题的是日本学者直江广治，他于 1942 年组成"山西学术考察团"在晋进行了为期三个月的田野考察，随后完成田野报告《山西学术探险记》以及专著《中国民俗文化》。②直江广治认为，华北地区的村落看似封闭，却始终与很远地方的外界不断地进行着各种各样的知识交流，本土居民外地为官、经商，外来商人、巡回艺人、云游地方的宗教者等文化因素均保持着村落社会的开放性。③通过对已有田野

---

① 维克多·特纳：《象征之林——恩登布人仪式散论》，赵玉燕、欧阳敏译，商务印书馆，2006，第 35~45 页。

② 侯振彤译编《山西历史辑览（1909~1943）》，山西省地方志编纂委员会办公室，1987，第 259 页。

③ 直江广治：《中国民俗文化》，王建朗等译，上海古籍出版社，1991，第 123 页。

文本进行梳理，我发现鄂乡受到了儒家、佛家、道家、方术、艺术、手工等文化的多个方面与不同层次的外来影响，并在漫长的历史变迁中逐渐累层叠加在了鼓车赛会之上，从中既能看到外来文化对鼓车赛会的影响，亦能查知鼓车赛会对外来文化的整合与诠释。由于文化影响方面繁多、累层叠加复杂，我们仅以鄂乡鼓车图案体系为对象来阐释村落对道德传统的整合性文化表达。

鄂乡有五辆鼓车，五鼓图案不同，具有现代比赛队与队之间的区分功能，也有院分自我认同的意涵；这与《武陵竞渡略》中所载，竞渡有花船、紫船、白船、乌船、红船五船的情形相似，五船分属不同片区，每船的亦有自己的庙神护佑。[1] 更重要的是，鼓车图案还有着表达不同至善道德的隐喻，我在与调查合作者交谈时，被一重要信息吸引。

我们在鼓车比赛时也会因为一些问题发生矛盾，如鼓车获胜一方，有权在"鼓车道"内"亮梢"一周，作为获胜的荣誉，但输了的一方有可能出于不服气或其他原因故意挡道阻拦。这样一来双方就会发生口角争执，甚至还有可能"动武"。解决纠纷时常常要由头人在场主持，双方说理前会将绘有八卦图的鼓车请到前面，指着八卦中的巽卦与震卦，念道"风（巽）雷（震）——益（卦）"！意思是先把你们自身的问题检讨后再说对方的不是。[2]

当地人将益卦理解为"自我检讨"的礼仪之意，倒与《易传》中将"益卦"释为"损而不已必益，故受之以益"[3] 之间有着解释逻辑上的一致性。众所周知，八卦意涵丰富且难解，而当地人对"益卦"却是"咏

---

① （明）杨嗣昌：《武陵竞渡略》，收录于（清）陈梦雷编《古今图书集成》"历象汇编·岁功典"，清雍正铜活字本，第 1705 页。

② 资讯人：毛武德；访谈地点：鄂乡吉祥饭店；访谈时间：2013 年 10 月 11 日。

③ （宋）程颐：《伊川易传》下经卷之六，元刻本，第 111 页。

礼"、"讲理"或"说理"的解释。①

东院鼓"角端"，系中国民间神话传说的神兽。《宋书·符瑞志》载："角端者，日行万八千里，又晓四夷之语，明君圣主在位，明达方外幽远之事，则奉书而至。"②其在民间常被百姓奉为祥瑞之物，可明辨是非曲直，理智且正直。"角端"在此有正直、理智之意涵。南院鼓"秦琼打虎"，暗示秦琼的人格魅力。秦琼为唐初名将，大唐凌烟阁二十四功臣之一，唐太宗册封其为胡国公。秦琼以其豪侠义勇的人格成为民间家喻户晓并推崇的对象，被民间多地敬为门神。该鼓则是义勇正气的道德表达。此鼓图案的形成既有历史真实人物的影响（秦琼、武松），又有民间门神信仰的传播，还有地方文化的再造。

西北院鼓的图案传说为"二龙戏珠"，虽当地民众由于另一层次的信仰而对其忌讳，但该图案在鄂乡的历史上被创造的真实美好的动机却是可信的。除了龙珠有辟水火之灾的象征之外，它还体现了中国传统文化对"龙"的尊崇，《说文解字》云："龙，灵虫之长，春分登天，秋分而潜渊。"③意在说明龙不仅是神话图腾，其实际上指的是中国天文"二十八星宿的四象之一：苍龙七宿"。《易传》乾卦中的六个爻辞也证明"龙星"一年中在天空运行的六个位置，春分时它如期从东方地平线上升起呈登天之势（或跃在渊），夏至时完全游弋在南方天际（飞龙在天），秋分后又逐渐隐没在西方地平线下（现群龙无首）。龙（星）年复如此从不"失信"，有信有节，是农耕社会民众确定时间的重要依据，重农（農）必须重时（辰），重时（辰）必然崇龙（星）。④因此，该鼓车标志隐喻着守时、守节、守信的物理、事理与人理。无独有偶，这样的习俗现象在山西多地均有存在，凡是能够按自然时间节律如期而至的物象，民众均可能将其赋予这样

① 鄂乡古堡北门至今留存的外匾额上镌刻"永礼门"三字，有关尚礼崇德的传统民风在此是一体现。
② （南朝梁）沈约：《宋书》卷二十九"志第十九·符瑞下"，中华书局，1974，第865页。
③ （汉）许慎：《说文解字》（卷十一下），（宋）徐铉校定，中华书局，1963，第245页。
④ 王若光、刘旻航：《飞龙在天——端午龙舟竞渡习俗考源》，《民俗研究》2013年第6期。

的意义，如山西传统婚俗聘礼中，雁是不可或缺的，原因在于它每年秋去春归如期而至，同样具有守时、守节、守信的文化符号意义。[①]

庙巷鼓图案为"和合二仙"，关于该鼓的来源有这样一则传说："相传在道光年间，鄂乡只有四辆鼓车，庙巷无鼓车，庙巷一大户人家的外孙在生日那天来了，闹着要看鼓车，但当时不是拉鼓车的日子，外婆出于对外孙的疼爱，便出钱请人制作了一辆小鼓车，让外孙自己拉着玩。"由此，庙巷逐渐有了自己鼓车，并在鼓上绘制了和合二仙的图案，图中两个可爱的仙童手捧荷花，头顶蝙蝠飞动。除此，与其他鼓车相比，庙巷的鼓车还增加悬挂了两串当地民间小孩子生日时特制的食品"车轮子"。庙巷的鼓车图案及传说在此有不同层次的解释，最表层的解释是外祖母对外孙的疼爱，亦可引申为长辈对晚辈的亲情之爱；还可以向内延伸理解为对该习俗的认同与热爱；再延伸至深层，鼓车习俗寄寓了家族对生命延续、血脉传承的永恒追求。"二人"合为"仁"，"仙童""二""荷花"所表达的是中国道德传统的"爱人"之"仁"。

鄂乡鼓车图案的文化意涵丰富，有关传说、口承故事及民众的解释中仍有很多尚未考察整理的一手材料，而目前从道德的视角来考察，五鼓标志分别蕴含着"五常"中的仁、义、礼、智、信。有宋以来，"三纲五常"已是规范社会生活基本秩序的"理论指南"，朱熹发展天理说，把"纲常"与"天理"连为一脉，认为三纲、五常是天理的展开，是"天理"体现在社会规范的当然产物，是永恒不变的协调社会关系的妙药。乡野农人虽不懂"读书人"的道德理论，但读书人却懂得如何将道德教化民俗化，受道德传统影响，人们通过鼓车赛会将"五常"图像化、符号化，使得民俗节庆成为教化传统纲常秩序的"鲜活教材"。

（二）秩序的象征——鼓车赛会的文化禁忌

鄂乡鼓车赛会中有很多文化禁忌。村人曾多次对鼓车文化内部的细

[①] 段友文：《黄河中下游流域家族村落民俗与社会现代化》，中华书局，2007，第72~82页。

节做过如是表述，大意是："'鼓车道'是个怪地方，有些事儿在这里做
不合适。"民间的文化禁忌是内隐的，我们通过一般的文化符号观察只能
了解文化中的"作为"现象，如行为、器物、仪式、语言等，对于"不
作为"的禁忌只有在深度访谈、参与观察的过程中才能获得一定的了解。
鼓车文化禁忌主要有以下四种："套辕尾巴子"、"鼓车进入他院地界"、
"女性参与"与"拉他院鼓车"。民俗禁忌研究专家万建中教授将民间
禁忌功能概括为协调人与自然、维护神圣时间、强化社会分类及族群
认定四个方面，[①]我们从鼓车文化禁忌中分析，这四个文化意涵间或有之，
但在我看来，鄂乡鼓车的文化禁忌依然指向的是"社会秩序"的稳定与
维护。

　　关于鼓车文化禁忌中的"套辕""入他院地界"，当地人常会将这些
忌讳解释为"那样不好""泼了运了""晦气""霉气"。用作禳灾的鼓车，
若与对方的鼓车接触则会将不好的灾祸等"传输"给对方，同样的道理，
两辆鼓车在"鏖战"或"溜腿"时，若一方主动认输，突然将鼓车从鼓
车道内拐入自己院分的地界，那么另一方的鼓车禁止跟入。有一年鼓车
鏖战中，西北院的鼓车在东南院鼓车紧跟其后的窘态下突然从官道北头
庙前拐进了西北院的街巷，后面跟着的东南院年轻小伙子们也毫无顾忌
地跟了进去，继续追。这时，西北院方的主事人站出来拦住鼓车后一顿
呵斥："这是你们的地界？！滚出去！""火药"味极浓，违禁者们也似乎
明白了自己行为的不合时宜，自觉地退了出来。这些禁忌与弗雷泽《金
枝——巫术与宗教之研究》[②]中所提及的"接触巫术"原理相似，凡具有
禳灾意味的民俗文化中均有接触污染的禁忌，如竞渡中，各村寨赛船除
了在公共竞渡水域外，各有各的领地归属，不允许外来者轻易通过，"凡
船所经，系其隶地，放爆竹黄烟，挥扇喝彩相和，否则群声合噪，以挪

---

① 万建中：《论民间禁忌的功能》，《民间文化论坛》2004 年第 3 期。

② J.G. 弗雷泽：《金枝——巫术与宗教之研究》（上册），汪培基等译，商务印书馆，
2013，第 68~82 页。

揄之。怒者掣屋瓦飞击如雨，船人亦横桡舞掌，作势相应……"[1] 清明风筝俗称"放晦"，如《红楼梦》第 70 回描绘放风筝的场景："一时风紧，众丫鬟都用绢子垫着手放。黛玉见风力紧了，过去将籰子一松，只听豁喇喇一阵响，登时线尽，风筝随风去了。黛玉因让众人来放。众人都说：'林姑娘的病根儿都放了去了，咱们大家都放了罢。'于是丫头们拿过一把剪子来，绞断了线……"所以民众也最忌讳别人的风筝落在自家的屋顶上或院中，[2] 认为这是别人的晦气被转移到了自己身上。[3] 类似的文化禁忌在国外一些地区也常出现，《体育史》[4] 教材中记录了一种英国古老的踢战俘头颅游戏，禁止对方将"球"踢入自己的生活领域。

虽然我们从本土解释以及相关学术解释中得到的答案均是禳灾信仰的观念，但值得我们注意的是"污染"背后其实还深藏着社会秩序问题，如前文所谈到的，民众还会认为鼓车鏖战时士可杀不可辱，"套辕"便是侮辱，还有鼓车"进入他院地界"时遭受呵斥（这是你们的地界？！）所强调的属地本意。在这里我们是否可以体味到一些鼓车规则之外，人人之间或群体之间的平等、尊重、冒犯、越界等社会关系的基本分殊意味？是否这种文化禁忌与我们当代法律意义上的非法入侵、领地意识也有很多相似之处？

进而，我们再来看另外两个文化禁忌，如禁止女性直接参与拉鼓车，想象的"合理"解释一般都是"传统社会男尊女卑的思想使然"；在文化人类学中有关"女性与污秽关系"的观点也可能伴随其中。但"女性直

---

[1] （明）杨嗣昌：《武陵竞渡略》，收录于（清）陈梦雷编《古今图书集成》"历象汇编·岁功典"，清雍正铜活字本，第 1706 页。

[2] 江绍原：《端午竞渡的本意》（续完），《晨报副刊》第 1441 号，1926 年，第 29~31 页。

[3] 20 世纪 80 年代末，我童年里也常放风筝，那时，自己能做好一只高飞的风筝并不易，也不懂"放晦"一说，在房屋密集的城市里风筝常被挂在电线上或落在别人屋顶上，心疼不已，只好冒险爬屋顶索回断线的风筝，每每被房主人发现，告之缘由后，房主人常懊恼不已，或暴跳如雷，或砖石相"赠"；那时我们将房主的暴躁行为懵懂地归结为怕踩坏屋顶……

[4] 谭华：《体育史》，高等教育出版社，2005。

接参与"及"拉他院鼓车"的文化禁忌更加接近强化社会分类或巩固社会正常秩序的意涵。2008 年，鄂乡鼓车文化"申遗"启动，村人允许女性也参与拉鼓车。但我们通过实地观察发现，似乎很有建设性的文化创造却无法真正落实，女性根本无法独立完成拉鼓车活动，庞大的鼓车对于一般女性而言无法驾驭，特别是挠辕、抱辕这两个位置仍需体力强大的男性来完成，这种游戏设计本身就排除了女性。民众中有不少明确反对女性拉鼓的声音："你看那帮女子、婆姨们，疯的，不争不争的，这就不是她们该干的事"；也有民众对不允许女性拉鼓车一事做出较为合理的分析的："传统上婆姨们也在参与鼓车，只是参与样法儿不一样，鼓车会时十里八村的亲戚朋友都来了，婆姨们得攒点亲戚礼数、烧火做饭，准备吃喝，鼓车会时也不能都拉鼓车吧，总得有后勤保障吧？"[1]2008 年虽然增添了女性拉鼓车活动，但村人的鼓车文化深处中仍是杜绝女性的，当时有一位 8 岁的小女孩要求踩辕，其父母也希望通过为鼓车出资捐款的方式满足孩子的心愿，但村人可懵了，历史上还没听说过有女人能踩上车辕的，就是威望一般的男性踩辕也没有村民会拉着他游行的。一帮拉鼓的汉子拉着个女人在鼓车道上踩辕游行的做法，村人断然不敢接受，经再三协商，勉强让小女孩佩戴红花走在鼓车前面绕鼓车道风光游行一周。[2]

玛丽·道格拉斯（Mary Douglas）的象征结构分析认为女人的污染物质如同象征的或社会秩序之异常，污染物质代表着对社会秩序的威胁，是危险的象征。[3] 她进而提出，属于禁忌范围的物体都是带有两义性因而无法明确归类的东西。所禁忌之物（事）并非在于它们本身是污秽的或圣洁的，而在于它们的"位置"。它们是混淆了人类采取分类体系或与之相矛盾的结果，也就是说禁忌物（事）是社会分类系统的产物。而分类活动又是使社会秩序合法化的主要途径，它不仅加强了社会实在的结构，

---

① 资讯人：赵光明；访谈地点：鄂乡坡上；访谈时间：2018 年 5 月 3 日。

② 资讯人：贾文瀛；访谈地点：鄂乡官道；访谈时间：2017 年 7 月 9 日。

③ Mary Douglas, *Purity and Danger: An Analysis of the Concepts of Pollution and Taboo*, London：Routledge，1966.

而且加强了道德情感的结构。[1] 家庭、亲属关系、家族是要靠对女人的交换而形成的，C. 列维 - 斯特劳斯建立的"亲属制度理论"中对"女性交换"的基本作用分析细致，虽然他的理论也在一些地区发现了一些反例[2]，如云南摩梭人的走亲制度，但众多地区的亲属制度大抵如此。作为交换的女性在婚前婚后的社会归属不同，处在模棱两可的状态，她既是自己家族的血脉延续又是出嫁后其他家族的成员，这是鼓车文化禁止女性参与的第一层意涵。然而，还有更为务实也是更为实际的第二层意涵，那就是性别分工的社会秩序意义，"集体化"之前，"性别分工原本将女性定位于家庭私领域中，村社的集体活动、公共事务主要由男性参与和掌握。"[3] 传统农村生活中"男主外，女主内"的社会分工规范非常明确，性别分工本就是农村地方约定俗成的社会基本秩序，村民都得依俗而行，若反其道而行之则定会是村落社会中的异类家户。村民对女性参与鼓车的解释，"不是她们干的事"或"后勤保障参与"，在深层意义上还是源自社会分工的秩序化思维方式。女性拉鼓车的文化禁忌其实是维护性别分工秩序的象征。

另外，禁止男性错拉对方的鼓车即更明显地在强调男性群体的地缘归属问题，不论单姓村落还是杂姓村落，地缘意义都是重大的，家族宗亲必须坐落在具有物理意义的地缘空间之内。这里关乎的是仪式联盟问题。一般情况下没有哪个男性会混淆他们自身的归属，归属标准很简单，依照宗亲关系，他祖辈的地缘归属是怎样的，他就一定是这一地缘范畴之内的成员，且终身不会改变，即使实际居住的地点可能已不在村内也会是这样的地缘归属划分。但在一种情形下这个问题就会变得非常尖锐了，如入赘、过继，有村民在说起鼓车赛会的严肃性时谈道："这鼓车鏖

---

①   M. 道格拉斯：《〈利未记〉的憎恶》，刘澎译，载史宗主编《20 世纪西方宗教人类学文
选》，上海三联书店，1995，第 326~330 页。

②   蔡华：《不可抗拒的反例——纳人亲属制度的意义，兼回应 C. 列维 - 斯特劳斯》，《云
南社会科学》2008 年第 5 期。

③   郭于华：《受苦人的讲述：骥村历史与一种文明的逻辑》，香港中文大学出版社，
2013，第 127 页。

战可讲究啦! 还有人因为拉错了鼓车离婚的!"究其原因,是某人从西北院入赘到东南院后,依然要坚持拉西北院的鼓车,这让女方家大为恼怒,逐以离异告终。入赘、过继是中国传统乡村的常见现象,但又常被地方精英或基层管理者们认为是一种浇风恶俗,[①] 它造就了一种"不正规家庭成员"[②] 的社会现象。鼓车赛会就像一把精确的卡尺,在仪式参与的过程中将个人、家庭、社会关系的问题再次廓清,可以说,鼓车赛会表达了村落共同体对秩序的追求,同时个人也常常会借用鼓车赛会来公开表达他自身认同的秩序感与归属感,如那位入赘的青年,他绝非分不清自己究竟该拉哪一方的鼓车,显然,他是在向村人昭告自身不接受赘婿身份的事实。

六 关乎村落政治的民俗竞技

(一)"鼓车赛会"的竞技结构与社区组织结构

村落组织结构的根本在于针对解决围绕村落整体生活的主要矛盾所形成的基本合作(认同)与竞争(区分)关系。一个社区内部,人人关系间既有合作也要竞争、既有认同也要区分,合作与竞争、认同与区分的关系会在不同的生活情境下发生微妙的变化,但作为一个社区的整体,内部总会存在一个相对稳定的合作(认同)与竞争(区分)关系,并在生活中反复实践。民俗文化的结构往往与社区组织相同,但有时,外在的文化细节会造成社区结构的假象,并不能反映出社区内真正的组织结构。鄂乡鼓车文化的外在结构,五辆鼓车、五个标志、五个院庙,与鄂乡内部地缘划分的五个院分相互吻合。但是,我们从鼓车文化的其他众多细节观察,会发现鼓车赛会所体现的核心——鏖战——并非与村落"五院"的组织结构相契合。

虽然鄂乡有五辆鼓车并分属五个不同的院分,每院鼓车均有独特的

---

① 参见(清)汤肇熙《出山草谱》卷三,清光绪昆阳县署刻本,第45页。
② 参见滋贺秀三《中国家族法原理》,张建国、李力译,商务印书馆,2013。

图案或标志，且分别供奉在各院的院庙之中，但五辆鼓车在真正的文化实践中并没有完全"派上用场"，[①] 特别是在文化运行的核心环节——鏖战过程中。前期有关鄂乡鼓车文化的研究成果多将鏖战过程草草描述为："鄂乡的鼓车共有五个，分别存放在村落的五个方位，村落中不同方位的人只能拉所属方位的鼓车，不能混拉。"[②] 或更有甚者将"赛制"描绘为"鼓车比赛规则是由古代延续而来，由各院的鼓车抓阄开始比赛，实行淘汰制，最后两辆鼓车参加决赛，直到一辆追上另一辆为止"。[③] "最早的跑鼓车，是四车比赛，实行淘汰制，最后进行决赛。……此五院明清时期各有分制，分属村内五大家族，五院分在村子的五个方向。比赛时由各院的鼓车抓阄开始比赛，实行淘汰制。"[④] 他们均肯定地将"鼓车文化与村落组织同构"问题予以陈述，把鼓车文化中"体现"出来的竞争关系鉴定为"五个单位"之间，而合作关系则框定在各单位之内。相关学术成果是我们后续研究的重要参考资料，具有引导进一步研究或为研究者提供问题线索，供后续研究者再次验证前期观点的学术价值。但我们根据田野工作获得的一手材料，发现事实与以上研究完全相悖，经过多次田野验证后，发现以上的研究多受"西方体育中心观"思想的左右，以致在研究过程中存在人为刻意的美化臆想。文化个案研究不论由怎样的方法论主导，均不应主观地改变文化事实来迎合自我预设的观念，"削足适履"严重违背了科学的根本精神，求真已荡然无存。在鄂乡历史上从来没有过五鼓之间相互鏖战的情况，鏖战向来是西北院、庙巷两院与东南三院之间的事情。[⑤] 这一行为现象与五个独立单位结构不相符。反常的现

---

① 没有完全派上用场并不是没有任何用处，他们在祭鼓、游鼓、溜腿环节中是发挥作用的，但主要的问题在于在鼓车文化的核心环节即鏖战过程中，并不是所有的鼓车都会参与的。

② 李博文：《山西襄汾尉村跑鼓车探析》，《山西师大学报》（社会科学版）2012 年第 S2 期。

③ 王兴一：《山西非物质文化遗产项目——跑鼓车》，《文物世界》2010 年第 1 期。

④ 暴丽霞、冯强：《晋南民俗——跑鼓车的文化传承与可持续发展》，《体育研究与教育》2011 年第 5 期。

⑤ 在田野工作中，当我首次发现获得信息与前期研究成果描述出现相悖后，反复验证"鏖战在哪些单位之间开展"这一问题，所有的受访者都坚定地给出了以上答案。

象背后自然有更深层的意味，若将"反常"仅归结为"特色"的解释则有神秘主义的嫌疑。只要是竞技运动就必然有相互对抗的组织与内部合作的机制，拥有五院五鼓的鄂乡由古至今始终只在两大单位间进行对抗，说明鄂乡内部的"五院"区分形态只是表面特征，内在真实的组织运作结构可能只有两个部分，也就是说认同与区分关系的主要划分边界在"西北"与"东南"两大区域之间。有关东南与西北两方对立的文化细节除了在鼓车鏖战单位本身的关系内予以表现，我们还可以在鼓车文化的外围找到很多相关信息，如每年鼓车赛会期间村落各院张贴的对联亦很能说明问题，以下是 20 世纪八九十年代留存下来的鄂乡鼓车赛会对联内容部分。

> 鼓车对联 1：车前后鼓低昂两军阵前看好汉，乾西北巽东南八卦炉中炼真金。
> 鼓车对联 2：拉鼓车才分东南西北两院，讲文明都是父老兄弟一家。
> 鼓车对联 3：友谊第一还分东南西北，比赛第二也看胜负高低。
> 鼓车对联 4：兵车方驰东南地，军鼓又鸣西北天。[①]

从这些对联内容反映出来的文化信息看，不论其文化表达意欲何往，均根本地表达了鄂乡东南、西北两院之间的区分性、竞争性。鼓车文化中合作与竞争的关系明显地折射出村落内在组织格局的实践问题。

（二）社区组织结构的文化细节

鼓车文化与社区组织同构的假设，在村中的其他方面也可以找到很多证据。第一，坐落在东院的关帝庙是该院院庙，关帝庙从古至今保存相对完整，庙宇中的"梁记板"、历代碑文信息均反映了明代以来鄂乡真实的组织结构，如梁记板上的古文字信息为"东南院合社人"，表明建庙并非东院民众独立完成，而是东院、后院、南院三社民众共同合作完

---

① 资料来源：贾文瀛《惜续集》，内部印刷品，2013 年 7 月 14 日。

成；明、清历代修葺时所刻碑文虽已字迹斑驳，但依然能看到三社共同捐资人的数量几乎相等。合社建庙，首先说明东南院确由三个不同的单位"社"组合而成，但也有力地证实三者之间的关系是认同（合作）的关系，所建的庙宇最初并非东院独有，而是东南三院共同的精神凝聚场所。第二，庙巷鼓车的来历在村中有个传说：清光绪年间，庙巷一大户人家出于对外孙的疼爱，专门出资自行制作了一辆鼓车作为外孙的生日礼物，后来该鼓车才逐渐成为庙巷公众的精神象征，但村人也始终认为该鼓车为私人所有，不属于鄂乡正式认可的鼓车。始终强调庙巷"私鼓"属性的民众多为西北院民众，在我们近 7 年的田野作业中，西北院人都会有意无意地强调"它是私鼓"。在具体的文化细节上庙巷鼓车的确与其他鼓车有所差异，在每年农历三月十四日为鼓车举行祭鼓仪式时，庙巷鼓在参加庙祭时必须由西北院的鼓在前面"领着"方能进入大庙祭祀；还有就是该鼓的尺寸要比其他各院的鼓略小。也有一些村民反映，庙巷的称谓确实是在指明具体的地理方位，但鄂乡历史上根本不存在"庙巷是独立的院"这种观念，只是 2008 年以来，申报国家级非物质文化遗产时，申请人将庙巷"书写"为院，以便在文化建构上有五院五鼓的对称审美效果。第三，除了以上的线索外，真实反映村落内部组织结构的例证还可以在村民选举、"申遗"争端等事件中找到，一位资讯人在我刨根问底"申遗"事件原委时，沉思数秒后郑重其事地对我道来。①

　　任建斌：你要知道，"申遗"时出现六个鼓的根本原因有两个，一个是选举，另一个就是经济利益。

　　调查者：哦，具体说说？

　　任建斌：如果申遗成功，国家是不是要拨款？五个鼓，五份钱，他们觉得亏了。

　　调查者：怎么会亏呢，平均一个院一份钱，都有份！这西北院

---

① 访谈地点：鄂乡吉祥饭店；访谈时间：2014 年 7 月 2 日。

一个院就要六分之二的钱，人家其他各院只有六分之一的钱，这不公平，难道其他院允许？

　　任建斌：你要知道，比赛时，可是东南院和西北院之间比啊！东南院比西北院多一份钱，他们就觉得不公平啊？

　　调查者：等等，你说的东南院是指东院、后院、南院这三个院？西北院（大）是指西北院和庙巷吗？

　　任建斌：是啊，我们一般都是这样来说的。还有就是村民（村委会换届）选举，那年正好赶上村民（村委会换届）选举，村主任换届，要投票哩。东南院的肯定会投东南院的人当村主任，西北院（大）的人也肯定会投西北院（大）的人。西北院内部想要多做一个鼓的人们，要是不允许他们有鼓，恐怕在内部闹下矛盾，在选举上出乱子！

　　在这次交谈中我们得到的不仅是"申遗"事件背后的原因，更重要的是形成这一原因的原因。在村人的习惯性思维中，各个院之间的独立性往往很弱，对于归属问题、日常生活中的竞争合作，他们更加无意识地偏向东南院或西北院（大）这两个更大的单位。

（三）原因解释——稀缺资源分配中的地缘、血亲、拟血缘及宗亲关系

　　鼓车鏖战将村落内部的认同（合作）与区分（竞争）关系真切的反映出来，它与贝特森《纳文——围绕一个新几内亚部落的一项仪式所开展的民族志实验》中所提出的"均匀"文化模式不同，纳文仪式的文化结构是将"劳啊"的合作与竞争关系均匀地分散在父亲与"沃"之间，具有"平均分配"的结构特征；[①] 而鼓车文化中所强调的是"非'P'则'Q'"的文化逻辑，认同与区分、合作与竞争的边界不在五院之间，而在

---

① 格雷戈里·贝特森：《纳文——围绕一个新几内亚部落的一项仪式所开展的民族志实验》，李霞译，商务印书馆，2008，第64页。

"西北"与"东南"之间，西北院（大）内部或东南院内部只有"认同与合作"，两大院间也只有"区分与竞争"。西北院（大）与东南院之间的鼓车鏖战是地缘关系认同与区分的结果，鼓车文化的合作与竞争有着明确的地缘边界，合作并不是一味的整合也不是一味的凝聚，相应的，竞争也有相同的边界，不可能降为五院之间的相互竞争更不可能降格至人人之间的竞争。之所以会出现如此的结构格局应该还是与鄂乡传统生活中稀缺资源的分配与家族关系的特殊性有关。

费孝通[①]等在中国乡村组织与家族模式研究中常常用血缘机制的差序格局来概括中国社会的人伦关系，中国乡村组织关系确以血缘机制为根本，并在血缘机制的基础上更进一步地叠加了地缘关系，因此血缘与地缘的有机叠加是中国村落组织的一般性机制。血缘是村落组织的根基，但血缘关系必然要坐落在特定的地缘空间内方能奏效。然而，差序格局的一般性理论还不足以说明每个具体村落的组织问题，血缘机制内部的差序分级、近端与远端，则有可能会被强大的地缘性阻隔或取代。中国乡村社会组织中更认同的是宗亲关系而不是单纯生物学意义上的血缘远近，如传统的亲属概念中，九族[②]、五服[③]等观念反映的是从父亲属体系，往往在具有同等生物性血缘关系的亲属中，从父血亲的关系要比从母血亲的关系近，如叔伯为二等亲，舅姨为四等亲；堂兄弟为二等亲，但表兄弟却为四等亲[④]，"堂""表"的称谓上也很清晰地区别了内外、表里的不同，还有很多民间俗谚往往会以夸张的表述方式说明外甥与舅舅之间的关系淡薄，如"外甥子是狗，吃了就走"，"外甥子哭舅舅，想起来一阵子"等均隐喻了"宗亲""表亲"关系的差别。在鄂乡，形容舅舅与外

---

① 费孝通：《乡土中国》，人民出版社，2008，第14~28页。

② "九族"指纵向与横向两方面的亲属关系，纵向为高祖父、曾祖父、祖父、父、"我"、子、孙、曾孙、玄孙；横向为"我"、兄弟姐妹、堂兄弟姐妹、从祖兄弟姐妹、族兄弟姐妹。

③ 五服指表示亲属关系远近的制度，用服丧时所着装的服饰规格及穿着期限长短所表示。

④ 金眉：《中西古代亲属制度比较研究——兼论当代中国亲属制度的建构》，《南京大学学报》（哲学·人文科学·社会科学）2010年第1期。

甥关系的语句常常会在鼓车文化的语境下产生，"鼓车鏖战不认亲，外甥子打舅舅"。鏖战中拉手们与父亲、叔伯、兄弟、堂兄弟之间不可能相互竞争，只有合作一致对外的情境，可以用"打仗亲兄弟，上阵父子兵"来形容。鼓车文化的历史上很多村民参与鏖战首先要动员的便是自己的儿子，十几岁的男孩常常被父亲拉去参加鏖战。相反，拉手们与舅舅们之间往往是竞争的关系，在两鼓车竞赛过程中，他们往往互不相让，舅舅与外甥之间因比赛胜负产生矛盾的可能性是存在的。

鄂乡组织关系中，血缘关系与地缘关系叠加后，宗亲关系仍然是村人认同与合作的基础。鄂乡系多姓杂居村落，共 52 个姓氏，根据 2013 年鄂乡户籍信息整理①，全村共 1267 户，尉姓 226 户、王姓 157 户、贾姓 156 户、李姓 92 户、赵姓 80 户、曹姓 63 户，其余姓氏均为小姓散户。其中，西北院（大）内聚居有四大姓氏，贾姓 116 户，尉姓 67 户，王姓 64 户，赵姓 61 户；东南院内也聚居有四大姓氏，尉姓 159 户，王姓 93 户，李姓 57 户，曹姓 60 户。在整个村落的地缘环境中，大姓家族往往坐拥村落权力、经济的先机。在鄂乡，尉姓人广泛地分布在村落的各个方位，除东南三院为尉姓人密集聚居地以外，西北二院中尉姓的居民亦不在少数，达到 67 户。鄂乡以尉姓著称也说明尉姓人口的优势在其他姓氏之上。但家户众多的尉姓人并非同宗，他们并不属于同一个家族谱系，鄂乡至今有着"十家尉"的说法，且历史上的宗族祠堂最起码有三个；相反，如鄂乡另一大家族贾氏却是同根同源，谱系清晰，他们是当地最早的居民，3/4 以上的贾姓都居住在被当地人称为"坡上"的位置，即鄂乡北门内外，这里是西北院最为核心的地理方位，拥有优质的农业耕地，三官峪口的洪灌水利沟渠优先通过上洑进入西北院的耕地。相反东南三院的耕地品质要略逊于西北院，他们通过三官峪口洪灌水利设施的下洑进行灌溉，自然在利用水资源上要滞后于前者。鄂乡的家族结构在建村以来有"拟制血缘产生的亲族"文化现象，拟造相同姓氏在多姓村落中

———————————

① 资料来源：鄂乡村委会；2015 年 4 月 27 日。

存有巨大的潜在优势，随着时间的推移，拟制血缘亲族之间可以通过婚姻、过继、收养、入赘等社会实践，使得拟制血缘关系逐渐变为真实的宗亲关系。[1] 尉姓的产生比较晚近，在唐前并没有尉（Yù）姓的记载[2]，其是在唐初开国大将尉迟恭受封"鄂国公"于河东一带后，由其复姓尉迟演化而来。以鄂建村，必然有国家官方的推动力在发挥作用，殆为尉迟恭当年不少部下在此负责耕作职分田或永业田，后定居，官方才会正式建村。尉姓人的不断增多自然会在村落权力、耕地、水利等经济方面危胁到原住家族。

在"以农为纲"且相对封闭的村落中，权力大小、家族强势与否的主旋律在于土地与水利资源的拥有水平，而地权与水权得以稳固的核心力量还在于家族"人丁兴旺"。"人丁兴旺"的意义在林耀华《金翼——中国家族制度的社会学研究》[3] 中以一个非常具体的"林木纠纷"体现出来，"冲突后，当时成为族长的欧阿水纠集了一帮同族人，他们手握长柄大刀，在欧阿水的率领下突然冲进东林的家。他们抓住东林，虽不敢伤害他，但炫耀武力，对他们进行恫吓，不许东林再派人到林地去，宣称那片林地是欧家的财产。东林只身面对外人，据理力争……然而他家的其他男人们都躲了起来……林木争端发生时，欧家正值人丁兴旺、财源茂盛……"，在中国乡村社会，人与人之间、家庭与家庭之间所产生的林林总总的矛盾，往往"人多"的一方会得到很大的主动权，所谓的通过诉讼途径获得公平对待根本不是中国传统的社会现实（有，但极少）。同样的，在金翼之家人丁兴旺、繁荣鼎盛之时，主人公东林在生意场上与外人发生争端，他本人亦是凭借子嗣的强势来解决争端的。

---

① 钱杭：《中国宗族制度新探》，中华书局（香港）有限公司，1994，第74~78页。

② 传说春秋时郑国掌管刑狱的官吏官名为尉（wèi）正，后世以其官名为姓，但在读音辨析、该地历史溯源及当地人的认同上皆说明他们的姓并非由春秋而来，而是尉迟复姓简化的结果。

③ 林耀华：《金翼——中国家族制度的社会学研究》，庄孔韶、林余成译，生活·读书·新知三联书店，1989，第24~33页。

宗亲体系完善的大姓家族成员在婚姻与子嗣方面自然要受"同姓不婚，异姓不养"的亲属制度制约。《春秋左传正义》注疏有"男女同姓，其生不番，同姓则同德，同德则同心，同心则同志，同志虽远，男女不相及；畏黩故也。黩则生怨，怨乱毓灾，灾毓灭姓。是故娶妻避同姓，畏乱灾也。"[1] 这一"规则"的限制并不仅是因为现代医学意义上的近亲遗传疾病问题，也是为了避免亲族内婚带来内部矛盾，产生分裂问题，可见传统中国对同族内的团结、统一、和谐多么重视。现代马林诺夫斯基在《文化论》中所提出的"外婚制，是为了有效防止族内分裂因素产生而普遍实施的婚姻制度"，[2] 与这一古老的思想如出一辙。"异姓不养"是指没有子嗣的家庭通过过继的方式进行子嗣延续，本质功能在于维持祖先的祭祀，然而，过继必须要同姓，若家立异姓即使改姓也被认为不能完成祭祀，并且还会遇到后世"同姓而婚"的危险。"同姓不婚，异姓不养"二者是相互表里的一对关系。[3] 然而鄂乡"男女不同姓"的婚规具体到婚姻实践中便要起码跳出"五服"亲属之外，女性的出嫁与迎娶需多与外族（姓）间交流；而过继方面仍是要在同姓内完成。相反，尉姓人的婚姻与过继则受传统限制比较松范，"十家尉"之间本就在"五服"之外，女性的交流或后代的过继可在同姓内完成，人丁增长的速度优势不仅大于其他姓氏，而且同姓间的婚姻交流及过继也将会通过姻亲纽带将尉姓"同姓不同宗"的血缘隔阂消除。在以整个村落为地缘观念的村落组织发展中，尉姓家族的潜在优势会很快显露并超越原居民的大姓家族。要在组织结构上实现制衡便只有阻止这种"拟宗亲"关系的融合步伐，而唯一的办法只能是在原有的宗亲体系上强化或区分地缘关系，即强化稀缺资源（水利资源）分配与竞争的关系。对于"拟宗亲"关系的尉姓家族们，同姓是他们的潜在优势，但不同宗也是他们的最大弊端，毕竟

①（晋）杜预：《春秋左传正义》卷十五，清嘉庆二十年南昌府学重刊宋本十三经注疏本，第234页。

② 马林诺夫斯基：《文化论》，费孝通译，中国民间文艺出版社，1987，第30~33页。

③ 滋贺秀三：《中国家族法原理》，张建国、李力译，商务印书馆，2013，第35~43页。

对于生存资源的分配与争取更为现实，"拟宗亲"的关系融合是个缓慢过程，谱系不一的尉姓家族其整合程度亦不统一，他们在多姓杂居的村落里，宗族与宗族之间以地缘就近联合来争取生存资源最大化也是一种必要的生存策略。

（四）原因的再解释——生存资源的嵌套性合作与相邻性竞争

当地缘、水利资源、宗亲、拟宗亲、多姓家族、权力制衡、认同方式等一系列的村落生存要素糅合在一起，以水为中心的地缘观念的进一步划分似乎成了村落组织平衡的折中策略，它既强化了次级地缘内部原有真正宗族的地位，又加强了次级地缘内部多姓家族间的联合认同，同时也隔断了家族间非宗亲关系跨越次级地缘边界的认同（包括尉姓间的拟血缘融合）。地缘观念的内部分化并不会分裂真正的宗族关系，真正的宗族子嗣延续居住点不大可能超出祖辈父辈生活的地缘范围，如兄弟、父子、堂兄弟等宗亲体系往往仍会在同一区域内生活，一般情况下不会随意改变居住地点。相反，姻亲、过继、入赘关系会跨出次级地缘的边界，如姻亲关系中舅甥、表兄弟等则会进入地缘区分的关系范畴。我们在考察中遇到了一个典型事例，某尉姓男子在婚育年龄从东南院入赘到西北院的另一户尉姓人家，入赘之后他本人在鼓车习俗的参与中遭受了巨大的尴尬情境，如他口述："婚后我就不怎么拉鼓了，我以前一直都是拉那边（东南院）的鼓，可我到（入赘）了这边（西北院）后，拉这边的鼓那边的人会骂我，还继续拉以前的就更不行了。"在中国亲属关系中赘婿本就被认为是一种"不正规的家庭成员"，[1] 入赘行为虽然将南、北两尉姓家族之间的关系融合起来，但鼓车鏖战的竞争结构已有效地将这种关系在次级地缘的边界上斩断，他们之间的关系处在了两难的境地，并再次强化了"不正规家庭成员"的"不正规"性。

"五院"的现象确实客观存在，或许这种地缘观念早在次级地缘划分

---

① 滋贺秀三：《中国家族法原理》，张建国、李力译，商务印书馆，2013，第 619~626 页。

强化之前就已经按照自然的家族聚落方位形成，但现实中"五院"的区分并不是村落组织运行所需要的。鄂乡组织结构的实践格局仅需要强化"西北"与"东南"的地缘关系，这种关系并不需要每一个社区成员清晰地意识到，只需要在他们的行为惯习中不断重复实践，鼓车文化中合作与竞争的行为结构也许就是村人对村落组织结构格局的集体无意识表达，同时，这种集体无意识的表达也在无意识地作用于鄂乡生活世界的方方面面。

1. 合作与竞争——鼓车"外援"与地缘结构的进一步强化

鼓车文化的竞争结构与村落结构相同，南北地缘关系的认同与区分对于村落的平衡稳定至关重要。貌似原始粗劣的民俗文化并不是我们常规想象的那般毫无逻辑，它们的每个文化细节均是与现实生活环境百般调适的结果。在鼓车文化的参与方面我们更容易看到鄂乡人对维系地缘关系的"处心积虑"。

鄂乡鼓车与外村之间有过竞赛对抗的情形，如 20 世纪 90 年代初鄂乡 200 名村民亲赴临汾西沙公园与南辛店乡中陈村鏖战，每年清明后溜腿环节中鄂乡村人与外村人相互开展非正式的挑战案例亦有不少，但鄂乡鼓车在与外村交流时更多的还是要围绕本村内部南北之间的地缘区分进行鏖战，即请外村人加入本村南北之间的对抗中。不仅如此，外村人也被"强加"以严格的地缘区分，如历史上常来鄂乡拉鼓的公村、腴村、岗村三村民众，鄂乡人并不与他们之间展开鏖战，而是要求三个村的民众也按照他们在本村居住的地理方位划分为南北两方，对应地加入鄂乡的竞争格局中。如西北院（大）只接纳南腴村人，东南院只与北腴村人为伍。若外村人搞不清楚方位，拉错了队伍，村人不但不为他们免费提供食物，而且还有可能将他们撵出村子。这种严格的加盟方式继续维护了原有的地缘区分与竞争边界。而且邻村的组织结构中也存在南北关系的区分理念。据说，在旧时，南北腴村之间每年也进行鼓车鏖战，南北之间村人的情绪长期对立，甚至都到了两个区域间互不结亲的地步。的确，在这种如此强化地缘关系的文化氛围下，血缘关系所造成的差序格局中的地缘性强势地将宗亲与姻亲之间的关系割裂，如西北院的外孙居住在北腴村则无法参与西北院的鼓车队伍，只能参与到东南院的阵营中与他外祖父所属的院分竞争对抗。这种具体的情形在鄂乡内部也很多见，村南北间的婚姻交流非常频繁，但姻亲关系起码在鼓车文化中是被抹杀掉的，有的村民回忆，在他们年轻时，每逢鼓车会前后都不太敢去同村的外祖父或舅舅家里，因鏖战在即，要避免言语不当带来不必要的尴尬。

那么，这种鼓车鏖战"外援"的结盟与竞争的依据又是什么呢？为什么会是"东南拉西北，西北拉东南"的外援格局？当地人也说不清楚，只说这是祖上定下来的传统。我们通过观察鄂乡三官峪水利系统的布局发现了其中的秘密，这种格局的形成依然与水利资源的分配有直接关系。洪灌型水利资源的季节性极强，所以在围绕洪灌型水利资源进行分配时，其竞争性要远大于泉域型或流域型水利资源的分配。因此每当雨季来临，山洪泻出三官峪口时，处在三官峪下汧的东南院会时刻"盯着"西北院上汧的用水程度，以此类推，在水利系统下游的公村、黄村、腴村等村亦会"盯着"上游土地的用水程度，因此，上下游之间的水资源竞争往往要大于合作，由此"嵌套性"合作与"相邻性"竞争的模式便自然而然地形成了。鼓车鏖战中的关系就是水利资源关系的"复制体"。

2. 绑定"二重关系"——鼓车内部参与及地缘合作的逻辑

鄂乡内部居民对鼓车的参与要求则体现了对地缘边界内部认同与合作关系的进一步加强。它的参与要求是具有软暴力性质的强制手段，习俗要求凡十四五岁以上的男性必须参加鏖战，即使是上了年纪的男性也应该参与到鏖战相应的位置中，比如操鼓、辕尾巴子或拨辕等。若有谁家不积极参与则会遭到其他民众的鄙视，村人一般会将砖石块掷入他家的院儿中，这对不参与者全家来说是一种极大的侮辱，说明你已经被别人看不起了。关于"扔砖"的行为我在众多受访者那里得到了证实，"扔砖倒无所谓，关键是丢人得不行啊"①，我的一位受访者神情复杂地这样回答了他对"扔砖"行为的认知，似乎连他这个文化持有者都无法想象如何能承受这种被侮辱的压力。这位受访者还给我讲了一个关于他儿时参与鼓车的轶事。

> 我就挨过打嘛！也就是我十五六岁的时候，那年三月鼓车会，我正好那天感冒了，难受地在家里躺着，就没有出去拉鼓。我爸也是大个子，抱辕咧，也是当时有人问他，"你家孩儿怎么没出来！"丢人啊，我爸就回来找我，看我在床上，过来直接就给我来了一耳刮子，"干×甚了，啥也干不了！"他觉得丢人呐……那时候要是谁家不出来拉鼓车村人有可能会往你家院子里扔砖头进来，扔砖倒无所谓，关键是丢人得不行啊，你家以后在村里会被看不起。

我的这位受访者今年已 75 岁高龄，身材高大，干瘦，特别是他的脸显得很长，他的体貌特征在村中少有。他的这段往事不少村人都很清楚，有一次，我在采访另一位村人时，听到旁边有人小声调侃道："老毛的脸为什么那么长？就是那次让他爸给打的！"调侃也是一种社会叙事，叙事中正隐含着家庭关系与鼓车参与的真实成分。有关反映鼓车参与及社会关系的还有一些访谈信息。

> 自打我记事起就开始拉鼓车，有时候"鏖战"会到夜晚才举行，有好几次，我晚上都睡着了，我父亲跑进来把我弄醒，说："和对方谈成了（规则确定），赶紧去拉鼓车。"我们每年拉鼓车时，有谁来没来我们都很清楚，我们经常会这样问："这孙子跑哪了？"②

地缘关系内部的认同与合作的核心基础还在于以父子关系为核心纽

---

① 受访者：毛武德；访谈地点：鄂乡毛武德住所；访谈时间：2014 年 4 月 14 日。
② 资讯人：曹文庆；访谈地点：鄂乡曹文庆住所；访谈时间：2014 年 4 月 20 日。

带的具体家庭，家庭内部的一致参与会赢得社会关系的优势，家庭内部的不一致参与会导致家长（父亲）社会关系的尴尬，进而引发家庭关系的紧张，家庭内部的一致不参与则会导致社会关系的严重危机，家庭—社会关系优劣的"同步绑定"及民众个体对优劣关系的权衡使得次级地缘内部的关系始终保持认同与合作。

3. 人丁兴旺——鼓车参与人数规则与社会结构的主要焦点

鼓车鏖战的两种方法"紧跟紧"和"叠半圈"均没有如我们现代体育中竞速类项目那样有精确的距离限定，直到鏖战结束前人们是无法确定竞速距离的。在固定的"鼓车道"内，鼓车可以无限地逆时针循环相互追逐。每次鏖战的距离则在两辆鼓车相互追上或被落开时方能确定。除竞速距离无法确定外，鼓车参与人数的多寡也没有限定，村人仅是对性别与地缘归属的限定相当严格。以现代体育的眼光看，鄂乡鼓车文化中尚有很多"粗糙"的成分值得改进，但"不限定"本身也是一种精巧的"限定"，它限定了鼓车鏖战中的核心竞争力——地缘关系内人丁总量的集合水平。鼓车鏖战的不仅是速度，而且是人丁的数量。鏖战获胜的关键首先在于个体体能水平，在个体体能的基础上进而又要求团队内不同个体间有机协调的配合质量，当这两个基本要素在双方经历数十年或数百年的文化濡化过程后基本趋于平衡的状态下（当然个体间的生物性差异不可能完全消除），人丁数量则会成为获胜的关键要素。

跑鼓车时，拉手们不同位置的称谓也颇有意味，在鼓车最前面的两个拎梢绳的拉手被称呼为"丁梢头子"，这两个人跑在鼓车的最前面，对整个鼓车的速度起着决定性作用，其后面的拎梢绳者被称为"拎梢"，或也称为"丁梢"，梢绳的牵拉力度是整个鼓车速度的关键，"丁梢"则意味着胜负的关键在于"丁"。可见"丁"在中国乡村生活中是多么重要，鼓车鏖战竞技能力的强弱已完全和村落人丁的数量多寡、壮盛与否同步一致起来。在中国汉族社会中，"丁财两旺"是所有家庭、家族追求的基本维度，这两个维度常常体现在汉族村庄中的各种民俗实践中，丁、财关系的相互辩证问题在潘光旦[①]及费孝通[②]等学者那里均被给予了重视，在固定的耕作环境中，子嗣繁盛则代表着有更多的劳动力开发土地，土地耕作面积在人口数量增长到一定程度时受到限制，之后进而转为精耕细作以维系食物与人口的平衡，但固定的土地随着不断翻种，土地肥力下降，又进而危胁到家族人丁数量的保持，或导致家族分裂，或导致子嗣缩减。鄂乡的生计环境有其稍微特殊之处，该地土地肥力减弱的现象几乎不会发生，每年雨季姑射山中都会有富含大量腐殖土的洪水冲击到耕地上，使其保持高品质的耕作环境，因此，丁、财之间的辩证限制对鄂乡显得比较迟缓，"丁"促进财的效应更大于"丁"限制财的效应。鼓车文化的规则设置并不是简单的粗糙之作，而是具有严格的人口学发生逻辑的文化创造，规则不限定人数是要更大限度地与社会生存实践相互对接，换句话说就是要通过鼓车文化现象更真实地反映或改良社会结构的主要焦点：两大地缘范围之间的人丁兴旺与否。我们在采访中遇到了这么一则有趣的信息互动，我的资讯人说：

> 我们村里一般家里面生下男孩，首先想到的就是家里又多了个拉鼓车的人。[③]

这时，与我不期而遇的一位在成都上学（也前来考察）的女孩极富想象力的接话说：

> 那就是，拉鼓车的理想是要被好女孩子在鼓车道内看上，结婚，而结婚的理想是生个男孩，生男孩的理想是让他长大以后继续拉鼓车！

————————————

① 潘光旦：《人文史观》，上海三联书店，2008，第125页。
② 费孝通：《乡土中国》，人民出版社，2008，第45页。
③ 资讯人：曹文庆；访谈地点：鄂乡曹文庆住所；访谈时间：2014年4月20日。

资讯人听后也憨笑不止，似乎也非常认同"放羊娃的生活逻辑"①，广大中国民众的生活理想似乎低级、简单或略显愚笨，但这再简单不过的生活诉求却隐含着深刻的生活智慧，拉鼓车只不过是一个生活中表显的文化事象，其背后则隐喻着一个家庭或家族延续的生气②与村落生存的竞争力水平。

小结　在信仰与世俗之间的"参通"

通过鼓车赛会显性的文化符号阐释、隐性的文化禁忌探讨以及鄂乡生活实践与鼓车竞技结构关系的论证可以发现，鼓车文化的创生"参通"于民众日常生活与理想追求之间，它既是民众共同的信仰表达，又是社区生活竞争合作的真实写照。

涂尔干认为宗教信仰是社会生活的复制体，"宗教产生于生活，同时又表现了生活，世间秩序好似神圣秩序复制的主体，宗教是以象征语言书写下来的生活，是观念和行为的隐喻"。③就鄂乡鼓车习俗而言，它本就是民众对现实生活形式化的表达与复制，民众将世俗中人人关系、家族关系、地缘关系的矛盾"直译"为仪式性或形式化的体能对抗。鼓车鏖战既可以理解为强化现实矛盾关系的文化创造，亦可以理解成格尔茨式的"社会地位关系的戏剧化过程"④。国内学者刘晓春通过客家村落游灯仪式个案研究认为，仪式的秩序并不完全是对现实生活秩序的复制，人

---

① 某记者来到陕北一农村，看到一个放羊的娃娃。问："为啥放羊？"答："攒钱，将来娶媳妇。"问："娶了媳妇干啥？"答："生娃。"问："那打算让娃将来干啥？"答："放羊。"按：看似放羊娃的故事与鄂乡人的理想甚是短浅，没有一点对生活的追求，但是生命的延续何尝不是如此，只是每个人所放的"羊"不同罢了，生命的延续就是人生最大的意义。

② 生气，生机勃勃之意。

③ 罗伯特·F.墨菲：《文化与社会人类学引论》，王卓君、吕迺基译，商务印书馆，1991，第210~215页。

④ 克利福德·格尔茨：《文化的解释》，韩莉译，译林出版社，1999，第513~515页。

们所展演的仪式反映在现实生活层面上，可能只是对某种理想生活状态的想象。"在客家富东村，来自上层的文化在仪式层面创造了村落人际关系的理想状态，而现实的生存状态却使村落中的人们在仪式之外实践着自己的生活，对于仪式与上层文化的规定采取诸多变通的方式以适应现实的生存变故。"① 的确，鼓车赛会不仅隐喻了鄂乡的生活实践，而且对于当地民众来说，拉鼓车的共识性意义在于他们对生活共同关注的焦点——对大有之年、家族兴旺等生活理想的一种追求或信仰。中国民众，特别是传统农业生活方式背景下的广大农民，他们的生活理想往往务实，所以，他们信仰神灵、地祇或者祖先等均是希望某种超自然力量能直接为现实生活"服务"。鄂乡鼓车常常被民众称为"神鼓"，人们希望以"神鼓"作为一种灵介，沟通天人，禳灾祈福；取悦后土之神，五谷丰登。这种信仰其实并不是严格意义上宗教所追求的"彼岸世界"，也不是现世生活中无法企及的"虚无缥缈"，只要天时、地利、人和三者相互协调，大有之年、人丁兴旺的生活理想便是可以实现的。

　　鄂乡的鼓车文化参通于世俗竞争与生活信仰之间，它将鄂乡日常生活中的矛盾关系调节至相对平衡的状态，在日常生活与民俗信仰之间形成了适恰的张力。

---

① 刘晓春：《仪式与象征的秩序——一个客家村落的历史、权力与记忆》，商务印书馆，2004，第230~234页。

第三章
神鼓记忆：
鼓车赛会的文化变奏

CHAPTER 3

　　任何真正的信仰，都不应该被历史透析，就像再精确的尺子也度量不了夜色的月光。[①]

一　文化变奏中的集体记忆

　　创造精妙的鄂乡鼓车文化，让我们感受到它那独立的体育气质及深入民众生活世界腠理的文化能力。在我们审视鼓车文化之美的同时，它也会带给我们应如何继承或保护它等诸多现实思考。鄂乡鼓车习俗有其自身的运行规律，独一无二的山川自然、地理区位及人文环境造就了民俗个案的个性，因而借鉴他者已形成的保护、改进、继承方案或理论似乎会囿于"隔靴挠痒"的方法论窘境，远不如通过对文化事实自身演化脉络的梳理，从中发现规律问题更具有信服力，即使采用比较的方法，也得在这一主导研究的基础上间或采用。

　　"河东"是中国文明的发祥地之一，在这里有铁证如山的文化遗存，

---

① 余秋雨：《黔东南考察记》（一），余秋雨新浪博客 2007-09-08，http://blog.sina.com.cn/u/1189695230

陶寺帝尧观象台距今 4000 余年，它是国家"观象以授农时"的物证；遗址中发现的鳄鱼骨板及鼓身亦应证了历史典籍中鼍鼓的真实存在，并确立了河东鼓在中国鼓乐文化历史中的鼻祖地位。"黄帝制鼓""尧制历法""鄂地养鳄"等民间传说看来并非无中生有。鼍鼓、晋鼓、鼓车之间的时空阻隔亦似有了种种"臆想"关联。商周以降，河东地区长期处在京畿要地，政治、经济、军事兴盛，文运昌明，隋唐之际的"河汾之学""河东文学"曾显赫一时。有宋以来"河东道统"确立，"耕读文化"兴起，不少河东学子金榜题名，走出河东在朝为官。仅我们考察的鄂乡及其周边便有皇家御赐的匾额、表坊等历史遗存，古时皇帝的圣旨也曾在"文革"期间鄂乡某大户人家的房梁上得以现身。可见，鼓车赛会习俗在漫长的封建时代，长期处在一种物质、精神品质极高的文化生态环境中。然而，令人疑惑不解的是，有关鼓车文化的文献典籍记载却尚未发现。我们为了证实有无明确的文字留存一事，通过"中国基本古籍库"①进行了长达一年的文献检索，随后在 2014 年 7 月专程前往襄汾县县志办公室查阅了嘉靖、康熙、道光、光绪四个时期的《太平县志》藏本，均无所收获。文字缺位让我们的研究很没有"底气"，这一现象引发的思考有三：第一，该文化的历史不应该很久远，且文化影响力不够大；第二，即使该文化的历史要比所查"方志"形成的时间要早，也是最底层的民俗创造（具有争、斗特征），官方层面（禁民争）未对其予以认可；第三，与"方志"书写规范有关，根据不同版本"县志"间的对照，志书撰写体例自明以来基本无太大变化，特别是我关注的"节气""风俗""集会"条例，文字内容几无变化。承袭旧志主体撰写，新增国朝地方功绩是中国地方志书最大的特点之一。

———————————

① 中国基本古籍库，北京爱如生数字化技术研制中心研制，许可证号：GNSW101105，许可证持有人：南京师范大学。

　　文字的缺位虽限制了我们对其进行史学的考察，[①]但并不能代表习俗的历史是虚构的，现今保存相对完好的明代[②]鼓车工艺精良，拥有梅花纹的车辐铁箍、水波纹的车厢铁佩、传统的大漆涂装，以及其精湛的车轮辋毂工艺将左右车轮严格区分（与现代汽车前轮的机械原理相同）。科技含量与审美价值皆高的鼓车文物，有力地说明鼓车文化的历史不仅存在，而且在文物的形成之前已具有漫长的文化孕育期。

　　近百年来的民俗学术史中始终存在一种"偏重起源"的研究倾向，"一些学者误以为学问之要点在于探求某个事实之发端，所以虚耗时间于相关辩论，最终也许才勉强弄个明白，如此这般，我们学问之中本应回答的问题和亟待解决的疑问最为繁多的近代史被搁置不论，而古代研究却日渐隆盛，实为其流弊所致。我最不希望的就是乡土史研究也彷徨于如此悠长的境界之上"。[③]越是看似历史悠久的传统文化，其真正形成的时期恰恰相对晚近，对于传统来说，当没有马时，骑兵军官礼服上的踢马刺才显得更为重要；律师的假发也只有在其他人都不戴假发后，才获得了它的现代意义。[④]我们所考察的鼓车赛会即便有着久远历史，但以田野考察的实证性研究为主要范式则应更加注重真实的证据、晚近的问题。

　　1925年法国学者莫里斯·哈布瓦赫在涂尔干社会学理论的基础上提

---

① 在后续的研究过程中，我们始终没有放弃对早期文献记载的寻找，2017年我们终于发现了有关鼓车赛会的民国时期文献记载。民国《新绛县志》（卷三·礼俗）中有这样一段记载："姑射山前一带民情刚悍，于阴历正月间以大鼓置于车上，以人拽车，周巡邻村，极力赛跑以禳瘟气。至正月十六日二十余村均至北社坞村外之野寺，并驾齐驱，人声沸腾，争先恐后，两时之久始止。噫，尚武时代首重体育，吾邑边鄙小民亦知角材较技，倘能加以节制，运动有方，安见不能施之实地，以保我北方强者之风耶。"参见徐昭俭修，杨兆泰纂《新绛县志》，太原崇实印刷所印，民国18年（1929）铅印本，第230~231页。

② 当地现存最早的鼓车在距鄂乡10公里的北岗村，该鼓车制成的年代尚未得到考古专家的权威鉴定，只是村人世代相传的年代判断。村落集体的年代记忆具有一定的可信度。

③ 柳田国男：《民间传承论与乡土生活研究法》，王晓葵、王京、何彬译，学苑出版社，2010，第192页。

④ E.霍布斯鲍姆、T.格兰：《传统的发明》，顾杭、庞冠群译，译林出版社，2004，第4页。

出"集体记忆"概念，用于研究人的过去如何在家庭、宗教或社会等级
的影响下被纳入记忆的链条。涂尔干在《社会分工论》一书中提出"有
机社会"概念后继而提出"集体意识"，"集体意识"即社会成员比较一
致的信仰及情感体系。涂尔干认为"集体意识"超越个体存在，因为思
维与语言要通过社会互动才能完成意义的建构，其中社会群体的欢庆活
动、典礼仪式、音乐舞蹈、假日聚餐等"集体欢腾"的活动系人类集体
意识变为文化传承或创造的能力。哈布瓦赫的"集体记忆"就是对涂尔
干理论的一种继承或补充，他认为集体欢腾与仪式化的历史追溯需要人
们对过去的追思以集体记忆的形态活在日常生活之中，集体记忆是集体
欢腾在每隔一段时间后可迸发出激情的源泉。[1] "语言习俗构成了集体记
忆最基本同时又是最稳定的框架"，人们往往通过语言习俗、身体行为、
象征物三者之间的不断互动来保持集体记忆的连续性，当记忆出现部分
遗忘或受意识形态干扰时人们则会对其重新建构，集体记忆既拥有连续
性又存在建构性。[2] 文化持有者往往会将自身的情感意识加入某事件的叙
述中，并认为他们是在讲述历史事实，鄂乡鼓车在缺乏文字记载的情形
下，其集体记忆的建构性常常更加突出，但不论过去被如何建构，它们
均要在集体的语言互动下，固定的象征物参照下及社会道德的监视下完
成，鼓车文化变迁的基本脉络仍会在集体记忆的考察下清晰显现。

二　明清盛世的五鼓"登场"

鄂乡鼓车赛会在当地的主观历史中源于唐初，其时尉迟恭受封地于
此，尉迟恭的部下在此耕战合一，将军事之车的鼓车用于民俗活动；更

---

[1]　景军：《神堂记忆——一个中国乡村的历史、权力与道德》，吴飞译，福建教育出版
社，2013，第16页。

[2]　莫里斯·哈布瓦赫：《论集体记忆》，毕然、郭金华译，上海人民出版社，2002，第
80页。

有甚者①，认为该习俗有可能来自 2700 年前的晋鄂侯时期，是晋鄂侯政治逃亡时从鄂乡入乡邑时的军事文化遗存。这两个历史事件确实发生在鄂乡，如史籍记载、当地相关地名及传说均相互印证了历史事件的真实，但它们与鼓车习俗之间的直接相关证据却无从可考。就鼓车实物本身考证，它确与军事有关，习俗中锣鼓的信号释放也与古代军事信号"鸣金收兵，击鼓而进"吻合。所有文化变迁的起点都是文化创新，即在群体内部被广泛接受的新做法、工具及原理。对一个原理的发现或偶然发现的活动叫作"首次创新"；而对已知原理进行有意义应用而进行的活动为"二次创新"。②唐尧之时，民众便知道历法，农历三月是重要的农时节点，于是他们将文化活动设立于此以强化时间意识，调节生活节奏。受军事文化影响，将军事器具、行为模式引入节俗创造出鼓车文化则属于"二次创新"。一般而言，民俗节庆文化的生成均是文化创新中的"二次创新"，而常与民俗相关的具体器物、工艺、历法等则来自"首次创新"，其并不能直接产生于民俗节庆，但往往会通过文化接触被具体民俗采纳。鼓车文化与晋鄂侯或尉迟恭的历史关联也应该是地方文化的再次创新。

五院、五鼓的鼓车赛会形态至少在清朝后期形成，也正是这一时期鄂乡鼓车文化达至顶峰。从鼓车赛会的"赛制"来看，鼓车竞逐至今仍是西北两院与东南三院两个阵营间的对决，尚未形成五院五队之间的相互竞逐形式，这说明村中只需有两辆鼓车即可满足赛会的基本物质条件。明清之际，五院间各自的庙宇均已形成，信仰体系近至完善，与之相配套的鼓车

---

① 自鄂乡鼓车"申遗"成功以来，不少村人均按"申请标书"的范式为作者自豪地讲述鼓车历史："我们的鼓车拉了好几千年了！""几千年来我们的鼓车不知道拉坏了多少！"作者问何以见得千年以上，却无一人能为我们细致说出"千年"的证据。2008年村人对鼓车的集体记忆受到了申遗者们"教科书"式的控制。唯有一位老人实诚："现在的村里人都吹得很硬，2700 年，怎么可能，鄂乡建村才几百年，没村子怎么有鼓车？村最早住人的地方是在'坡上'，那小块地方，地势又陡，怎么拉啊！唐代前还没有尉姓人呢！"

② 哈维兰：《文化人类学》（第十版），瞿铁鹏等译，上海社会科学院出版社，2006，第457 页。

赛会的文化意涵也丰富累加，其鼓已被奉之如神，可保一方平安，即使无竞逐的实际需求，无鼓的院分也自然向往拥有自己的鼓车。五鼓中形成最晚的是庙巷"和合二仙"鼓，该鼓的起源有一则传说，相传在清光绪年间鄂乡只有四辆鼓车，庙巷无鼓车，庙巷一大户人家的外孙在生日那天闹着要看鼓车，但当时不是拉鼓车的日子，外婆出于对外孙的疼爱，便出钱请人制作了一辆小鼓车，让外孙自己拉着玩。由是，庙巷逐渐有了自己的鼓车，并在鼓上绘制了和合二仙的图案。除此，与其他鼓车相比，庙巷鼓车还增加悬挂了两串当地民间小孩子生日时特制的车轮形"蛋糕"──"车轮子"。在新中国成立之前，鄂乡人还普遍认为庙巷的鼓车属于私鼓，并不是村子正式认可的鼓车。另考据东院"角端"鼓，其形成年代可能不会早于东院关帝庙建成年代（明永乐三年），根据关帝庙梁记板内容"东南院合社人"分析，该庙在清康熙七年前仍属于东南三院共有的庙宇，东南三院共事"八卦"鼓，东院"角端"鼓图案则来源于关帝庙门前石柱下方的角端石刻图案，殆关帝庙转为"东院"所有后，东院鼓才逐渐形成并祭于关帝庙。同理，南院"秦琼打虎"鼓也应在此时段之后，若南院鼓在此前形成，则南院不会再为作为东院院庙的关帝庙合社重修。

（一）鼓车赛会的传统形态

　　五鼓登场，鄂乡赛会的物质保障体系形成。鄂乡各院宗族是村落管理的主要力量，村中各大家族留有族田，主要用于家族祠堂、庙宇祭祀等公共事务。族田制度是传统中国社会中普遍存在的文化现象，从中原腹地到江南水乡再到少数民族广大地区，族山、族田的公共经济模式始终支撑着村落的公益活动[①]。然而在鄂乡，族田中还会有部分用作每年清明节后的鼓车赛会，每辆鼓车 3 亩到 4 亩，被称为"鼓车田"。每年的鼓车赛会组织者负责耕作"鼓车田"，与操办赛会相关的费用开销也由其负

─────────────────

[①]　参见谭广鑫、涂传飞、万义等学者分别对广西、江西、湘西等地的田野考察报告类学术论文。

责。"鼓车田"的制度设置为鄂乡跑鼓车习俗的延续提供了最基本的物质保障，即使在新中国成立后"大队生产"模式出现，土地归大队集体所有，大队的划分仍以历史上的院分划分为重要依据[①]，"鼓车田"的名义虽不复存在，但鼓车赛会的费用仍由集体共同承担。除以"鼓车田"作为赛会的基本保障外，村中各院的士绅、头人、善人等亦会捐资辅助，对于热心村中公益事务，特别如修缮家谱、重修庙宇、支持社火、举办赛会等行为，当地人视之为行善积德[②]，这是中国传统社会普遍认同的价值观。为此，每年鼓车赛会期间特有的"踩辕仪式"主要用于表彰为村中做了巨大贡献的人物，届时会请"踩辕人"踩上鼓车，身披大红绶带，在众人的簇拥下被鼓车拉着游行。"踩辕"不仅增添了赛会的气氛，而且夯实了赛会运行的物质保障，同时也发挥了民间道德教化的作用。据襄汾县志办公室的王建刚回忆[③]，他太祖父是北膂村人，廪生[④]，在村中行医，看病不收钱不卖药，只开药方，很受村人尊重。村人每年都会请他太祖父踩辕，踩辕并不需要出钱，也不需要请人吃饭，只需备好自家酿制的酒请人来喝。他的太祖父也很积极，每年都会提前酿制几大缸酒水供村民们享用，当年景不佳，家里人不愿意继续耗费粮食酿酒时，老先生也要坚持备酒，因为踩辕不是花钱就能办成的事儿，而是人品德行被公认的一种仪式表述。在鄂乡村人记忆中，民国期间好踩辕的有两位标志性人物，一位是村里的私塾先生，号为青莲老人。另一位是大财主曹栖楠。历史上，踩辕与有钱没钱之间并不存在必然的关系。

（二）鼓车赛会的管理组织结构

鼓车赛会的管理组织由鼓车会会长、各院院鼓鼓长组成。鼓车会

---

① "生产大队"形成的方式明显受到了人类学家萨林斯所谓的"亲属的社会距离"的影响。

② 有些地区将此举称为积阴功、积阴德。

③ 访谈地点：襄汾县县志办公室；访谈时间：2014 年 7 月 11 日。

④ 清代科举制度时秀才分三等，依次为廪生、增生、附生；廪生为成绩最好者，由国家按月发给粮食，增生、附生不供给粮食。

会长一人，负责赛会全面事务，统一协调。如大庙的公祭、祭鼓文的撰写与宣读、游鼓时的出场顺序、鏖战时比赛方法的确定、裁判人员的选派等。鼓长五人，分别负责各自院分的鼓车院祭、踩辕人选安排、拉鼓人员的组织及技术的规范等问题。清末鼓车会会长"大汉长祥"的故事，至今在村人的记忆中仍鲜活动人。与鼓车明确的管理组织结构相应的还有民俗的组织规范，这种习惯的组织力量往往是鼓车赛会得以稳定维系的关键，如村中要求凡十四五岁以上的男子必须参与拉鼓，若违反了这一规矩会被风俗认定为"耻辱"，父母都会在村中抬不起头，父母们往往迫于风俗的压力会通过"家庭教育"的方式对此行为予以杜绝，若对于这种不作为的现象家庭教育不成功，或无家庭教育，村人还常会以"扔砖"行为予以警告，赛会期间若有谁"猫"在家中，常会有飞来的砖石块"嘭"的一声掷入院中，虽不一定会发生什么伤害性事件，但这种"无言的表示"说明："你家小心点，村人对你家极度不满与瞧不起！""风俗习惯并未要求民众必须这么去做，也并没有明确的规范或法律的应对，而只是通过让其产生不悦或不适的心理感受来依俗行事。"①

（三）鼓车赛会的综合功能体系

村落的盛大节俗往往是一个综合的功能体系，它将种种生活问题整合在一起，予以"解决"，民众以赛会为载体、为由头满足各自的需求。"百日之蜡，一日之泽"的鼓车赛会满足了村人的精神信仰、社会规范、情感交往、婚姻制度、身心娱乐等种种需求。

首先，鼓车赛会是祭祖、祭神、求雨、襄灾的重要媒介。每年清明上午祭祖后民众便开始溜鼓，意即让祖上的先人们娱乐，"检阅"家族的香火，慰藉先人之灵。农历三月十三在村中大庙（后土庙）公祭，宣读祭鼓文，向后土神祈报昭格，公祭后的各院院祭在院庙中举行，祈求院庙神灵保佑各院民众平安。在村民的意识中，擂鼓声、鼓车轮滚动之音

---

① 马克斯·韦伯：《社会学的基本概念》，胡景北译，上海人民出版社，2000，第 42 页。

皆与天上的雷声同源，拉鼓车既可以感应上苍雷神行雨，又可以震动山川大地攘除不祥之气，去病清灾。并且古代民众谙熟风水方术，鼓车习俗的形式及理念创造也在很大程度上要通过阴阳五行、周易八卦等传统对村落聚居的风水意向进行调和，与之配伍。

其次，三月春分时节，惠风和畅，密集劳作即将开始，人们通过拉鼓车的娱乐方式不仅满足了身体的需求，也强化了勤恳稼穑的心理，这是对劳作士气的鼓舞。活动中院分间在相互竞争中加深了彼此了解，获得了彼此尊重，届时外村人也会被允许来观看、参加鼓车鏖战，其为村村之间的友谊团结也提供了场域。踩辕仪式的参与者或成为年轻人膜拜的榜样，为他们提供积极向上的价值观动力。

最后，鼓车赛会还发挥着一项非常关键的作用，它是当地人相亲择偶的重要场所。拉鼓车是未婚男性募集婚姻资本的重要方式，乡土社会中择偶标准朴实，身体健康是家庭发展的基础，当地人选择在赛会期间择偶极富有地方性智慧，处在激烈身体对抗中的青年男子，身体健壮与否及脾气秉性异常真实。所以有未婚男子的家庭也常鼓励孩子要多参与拉鼓车，否则在提亲时常常会很被动。

（四）民众自我编织的生活意义之网

明清时期，鄂乡鼓车文化处于鼎盛饱满的状态，其风俗尚浓、淳朴且厚重。相传，在清道光年间，鄂乡的两辆鼓车鏖战正酣，达到了忘我的境界，两车相持不下，一直从村内"战"到村外，从村外竟然一直拉出省界，入河南洛阳白马寺。村民将鼓车滞留于寺中方换取了盘缠归村。据传洛阳当地逢天旱时在寺中击打此鼓，便甘露降至，每每灵验。美好的传说故事说明不了事件的真实，但突出了鄂乡极高的文化自信，其地方文化开始膨胀：我们的文化影响了东都洛阳！民俗体育跑鼓车在封建中国的文化生态下不仅形成了自为的节俗体系，将村落社会巧妙地编织在这张结构精致的意义之网上，为当地人的生活规划了生活节律且注入了活力，而且以"活态古史"的方式诠释着地方历史，从上古时期的尧制历法，鼍鼓创制，至三晋世家的鄂侯霸业，再至尉迟敬德的"凌烟阁"辉煌，最后再到明清时"人文化成"的荣耀，统统一以贯之地融合于鼓车赛会，鄂乡人在用拉鼓车的行为"书写"着历史。"讲故事的人把自己头脑中的东西加进叙述中，却以为自己只是在描述客观的历史。"① 鼓车记忆虽不是客观的史实，但却一直在客观地影响着民众的行为及未来的文化发展走向，有关文化记忆如何影响未来的生活，我们将在下一章中探讨，现在还是应该再看看客观的历史事实如何造就他们的鼓车记忆。在鼓车文化的"历史书写"中有两条历史主线始终编织着村人的历史记忆，一是国家政治区位环境的历史效应，二是村落生活环境的历史效应。

民俗体育种类繁多，事象各异。仅中国较为统一的岁时民俗体育就多达 10 余项，而地方性民俗体育则数以千计。但真正具有明确身体竞争的民俗体育在中国却为数不多，多以鼓舞狂欢、休闲娱乐、仪式展演为主要内容特征，而鄂乡鼓车赛会便是这"为数不多"中的典型。鼓车赛会那强烈的身体暴力对抗是中国尚武尚勇民风的具体表达，武、勇的民风在安土重迁的中国农业社会并不多见，特别是山西地区，明代以来的众多"山西方志"对晋地民风多描述为："晋地土瘠民贫，勤俭质朴，忧深思远；勤农织之事，善治生，多藏蓄……"② 汉学人类学家施雅坚认为："中国村落的基本生活依靠的是以城镇为中心的社会空间单位，而不是村庄。"③ 中国村落与传统人类学的考察对象，如非洲土著、印第安原始居民等不同，他们在文化形成的漫长历史中始终与外界保持着沟通与联系，村落风俗的形成受外界环境的影响与制约。对于鄂乡"尚武"特质的文化生态解释，我们不得不将其置于村落以外更大的区域背景下考察。考古学家苏秉琦指出，河东地区是中华民族的"直根"，他说："小

---

① 景军：《神堂记忆——一个中国乡村的历史、权力与道德》，吴飞译，福建教育出版社，2013，第 37 页。

② （明）胡谧：《山西通志》卷二，民国 22 年（1933）景钞明成化十一年刻本，第 34~37 页。

③ 见王铭铭《我所了解的历史人类学》，《西北民族研究》2007 年第 2 期。

小的河东一地保留远自七千年前到距今二千余年前的文化传统。"① 可以说"中国"的区域概念最早就是从河东地区逐渐扩大至我们今天的 960 万平方公里，因此中国的政治区位问题也最早由此开始。中国第一个具有国家意义的时期是唐尧时代，帝尧建都平阳②，鄂乡即在古唐国的西北边陲，系唐尧之畿地，其西北后方为绵延百里的吕梁山脉及黄河。紧邻吕梁山脉的鄂乡，耕作便利又可兼得山中资源，但也要面临山中的危险。鄂乡人除了有被野兽袭击的风险，更多的风险还在于外敌对文明的掠夺。可以说，鄂乡及相邻的村落在唐尧时期便具有军事战略意义；国家、部落为保护文明的成果，必须在此派遣具有武装实力的民众"镇守"边陲。

另外，河东地区自商周以来仍长期处在国家意义的京畿要地，它与古都长安、东都洛阳仅一河之隔，西北的军事力量往往可以通过西北山区进入河东地区，蓄积力量后渡河直逼国家的政治中心。所以，河东地区的西北沿山地带（包括鄂乡）始终是国家的军事要地，需安插重兵把守。河东地区耕战合一的政策思想早在春秋时期便已被政治家们采纳实施。③ 从鄂乡历史沿袭来看，有明确历史依据且当地人历史记忆深刻的则是唐初大将尉迟敬德封地于此，建敬德堡，帅府即在村东 8 公里处的汾城镇（古太平县）。鄂乡是尉迟敬德的"职分田"所在地，尉迟敬德的部下在此亦耕亦战，实行耕战合一政策，保留了古代军队尚武的文化性格。鄂乡历史上曾有过的四个村名（职田庄、鄂公堡、敬德堡、战马坑）均与军事文化密切相关。暴力是人的本能，军事行动是国家暴力垄断的集中体现，在"刀枪入库马放南山"的太平时期，暴力便会以规制的、形式的、佯装的方式得到宣泄，④ 这一点在具有战争意味的鼓车习俗上尤为明显。鄂乡民众认同他们是古代战士的后裔，每年的鼓车赛会对联中总

---

① 见李元庆《论河东文化的历史地位》，《晋阳学刊》1990 年第 1 期。

② "平阳"在今山西临汾境内。

③ 降大任：《试论晋文化的源流与特征》，《山西社会主义学院学报》2003 年第 3 期。

④ 诺贝特·埃利亚斯：《文明的进程：文明的社会起源和心理起源研究》，王佩莉、袁志英译，上海译文出版社，2009，第 214 页。

少不了类似"身在英雄堡，恨不为晋侯麾下百战勇士；耳闻鼓车声，似已是尉帅帐前一名先锋"的撰文题材。

军事文化对鄂乡民众不仅有文化基因的习得，必然也有着血缘关系与家族传承，敢于倚靠大山生活即使在天下太平的日子里也需要有强大的勇气与尚武风尚。根据《太平县志》，"太平"地区常常会遭受流寇土匪们的暴力抢夺，当地人为保护家园只能建堡防御，自我组织武装抵抗。我通过清光绪版《太平县志》统计，历代以来抗击土匪的记载多达五十余处，"人物条"中的"行义""节烈""贞烈"绝大多数都是捻匪、土贼入村扰民反抗而死。太平县西北的沿山村落是最容易受到土贼侵扰的地带，"太平，弹丸邑耳。姑山西逼，黐都，三官诸峪口，为贼出没之地，贼渡河即入山，出山即扰县，势所必然也。……贼至县界，焚掠诸村，庐舍灰烬，人民逃亡……"[①] 鄂乡、公村、腴村、道村等村人常有为抗击土贼而殉难的风险，"张曹语，北腴人，流贼犯境，率乡兵迎敌鄂乡三官峪，所杀敌甚多。后贼众，兵溃，与弟思让同奋斗而死。奉院道申请准建祠，春秋祭之"[②]。封建时期，国家政治一经衰微时，军事力量往往衰退而无暇保证广大地区民众的生命财产安全，特别是地域环境复杂的山西区域向来是兵家必争、土贼流寇藏身之地，对于当地的老百姓来说，在生活实践中保持一定的暴力形式、拥有一些地域武装也是他们长期生活实践中的"必修课程"，否则在特殊情境下家乡的父老乡亲、家庭的妻儿老小，包括自身均有可能遭遇悲惨的命运。

三　民国时期鼓车赛会的命运

1911年辛亥革命爆发，1912年中华民国成立，稳定了千余年的封建社会开始动荡。1937年，抗日战争全面爆发前，鄂乡的民俗几乎未受到

<hr>

① （清）魏公韩：《详请修城文》，载清光绪《太平县志》"艺文上"，第690页。
② （清）劳文庆、朱光绥：《太平县志》卷一"物产"，清光绪刻本，第495页。

太大的扰动，国家在村落管理组织方面仍旧沿袭了传统社会的宗族模式，纵然有些新思想、现代性变革也仅处在村落的外围，并未直接干预人们的现实生活。生活质量尚可的鄂乡村民还于民国5年（1917）兴建了后院观音庙，村落秩序井然，公益事务照例行事，鼓车文化仍旧前行。

（一）民国后公历的影响与传统民俗的坚韧

人类得以生存延续，必须顺应自然物候的基本变化节律。时间意识来源于自然，服务于社会，强化于信仰。任何民族的时间观念都具有自然依据在其中，任何民族的节庆信仰既是对时间规律的认知强化，又是对时间赋予社会属性、政治属性的方法或手段。人类生存所处的自然环境，如地理区位、地势地貌、矿藏水文、土壤土质等的作用会随着文明进程不断发生影响或变更，而自然物候最基本的变化节奏——时间——亘古不变。"万物并作，吾以观复"，人类"观复万物"首先悟到的应是时间的存在，即历法。根据现有考古实证材料，鄂乡东18公里的陶寺乡存有龙山文化遗址一处，遗址中发掘出观测日出方位的大型夯土台，在夯土墙基面上，有被人工挖出的12道观测缝，每缝大约10厘米宽，所有12道观测缝都可以站在一个观测点上望出去，看到太阳从它东边的塔儿山升起的不同位置。中国科学院考古人员为此做了一年多的实地观测，发现该观测台所观测到的一年时间变化与我们现今的夏历节气基本吻合，如"二分二至"的时间节点都可通过观测台清晰准确的测量。[1] 通过对遗址出土的陶器、人骨、兽骨等进行碳十四测年，该遗址距今4000年左右，结合古文献、传说及地名的考证，该遗址应是五帝之一——帝尧的都城。鄂乡属古唐尧之畿地，时间观念受"帝王所都"的影响合乎情理，村民不仅准确地把握了自然变化的规律，亦在时间流逝的过程中做了"标注"，赋予其社会、祭祀信仰等意义，跑鼓车习俗便是其对时间

---

[1] 江晓原、陈晓中、伊世同等：《山西襄汾陶寺城址天文观测遗迹功能讨论》，《考古》2006年第11期。

所做的"标注"之一。

固定于每年清明至农历三月十六的"跑鼓车"与自然、社会、民众身心均得到了适当的融合。"三月惠风和畅，清明前后最喜雨，麦于是发生，高粱由是可种。"[1] "鼓车"节俗的时间规定有两层地方生活的知识蕴含。一是它顺应了年周期农业作物生产规律，当地俗语："雨打坟头钱，一年好种田""清明前后，安瓜点豆"，意味着一年中农业劳作最为密集的时期即将开始。利用密集劳作前最后的闲暇开展节庆活动既是对闲暇安逸的眷恋，也是对未来身心的鼓舞或集体劳作的士气集结；二是三月气候宜人，万物始发，是民众户外活动的上佳时机，符合民众在漫长冬季久居简出的身心需要，即顺应身体的自然。自然的变化规律——"时间"——规定了社会民众创造节俗文化的时机与形式，节庆时机的选择一般会规律性地集中在春耕前、秋收后时段，节庆形式往往会随气温升高逐渐由"展演"形式向"户外游戏竞技"形式过渡，再随气温回落转向"展演"。这个规律性现象在中国汉文化区显得尤为明显，民俗体育活动诸如踏青、登高、蹴鞠、秋千、纸鸢、竞渡等均相对集中在春分、秋分前后的节俗中；竞渡活动在水上开展，所以开展的时间相对集中在夏至左右的端午时节，当然竞渡并不局限于端午，从历史上看，春分到秋分之间的其他节俗中也有竞渡。而诸如社火狂欢、鼓舞喧闹、红火之类的"展演"活动则相对集中在腊八、元旦、元宵节期间。

不少西方学者意识到不同政治制度利用历法改革、公共仪式、娱乐节目、历史课本、国家节庆等机制控制民众；[2] 民俗学的一般观点认为，中华民国推出新历，即公历以革除旧历是中国传统民俗（时间意识）遭受的第一波打击。1928 年北洋军阀时代结束，南京国民政府统一全国，励精图治建设现代化中国，其文化政策中最为鲜明的便是要求破除迷信

---

[1] （清）劳文庆、朱光绶：《太平县志》卷一"气候"，清光绪刻本，第 24 页。

[2] 参见 E.霍布斯鲍姆、T.格兰《传统的发明》，顾杭、庞冠群译，译林出版社，2004，第 7 页；Hunt Lynn, *Politics, Culture, and Class in the French Revolution*, Berklery：University of California Press，1984。

等传统落后之物。是年5月7日内政部呈文国民政府，要求"实行废除旧历，普用国历"，原因是"考社会日常状况，十余年来，依然沿用旧历，罔知改正……一般民众之赛会、休沐，益复寻朔计望，蒙昧如故，与一国行政制度之下，百度维新之际，而政令与社会现状，如此悬殊，若不根本改革，早正新元，非惟贻笑列邦，抵牾国体，核与吾人革命之旨，方属极端背驰"①。其具体措施为：第一，禁止销售农历、公历对照表；第二，国家机构、团体、学校依公历放假，农历岁时节日不准放假；第三，一切农历节俗娱乐活动均加以"改良指导"并按公历日期举行。如年节元旦民俗活动被移至公历一月一日。"启用新历"对中国社会确有不小的影响，如高丙中通过鲁迅、巴金等人在20世纪30年代的日记，管窥到国家公职人员生活时间意识的转变，②谭新喜等人记录了宿迁民间力量反抗国家禁止民俗赛会的一场民变。③然而，在山西地区，民国时期的"新历"政策虽也影响到国家机构，但对民间基层来说还是仅停留于思想层面的扰动。根据山西太原赤桥村考录的乡绅民国日记，民国时期官方的政治权力尚未渗入民众的生活行为。"1929年2月10日，国民政府勒令人民实行国历，严禁人们再行阴历，乃言者谆谆听者藐藐，官界皆行国历，民界仍行阴历。"④至今，鄂乡的时间意识始终是农历主导，公历的时间意识在村子的日常生活中几乎不发挥任何作用，甚至官方的通知、外来商家的广告、集会的预告等所涉及的时间信息均是以农历时间为标准。激进的民国时期的时间革新历史在鄂乡并未留下相关的历史记忆，也即说明鄂乡受到民国时期"公历"的时间扰动微乎其微。据鄂乡1924年生人的尉树旺口述，20世纪30年代，鼓车习俗尤盛，但绘有图案的鼓

① 谭新喜、李明磊：《南京国民政府一次失败的文化现代化举措——以1929年宿迁小刀会民变为例》，载《中国文化现代化的新探索》，科学出版社，2010，第83页。
② 高丙中：《中国人的生活世界：民俗学的路径》，北京大学出版社，2010。
③ 谭新喜、李明磊：《南京国民政府一次失败的文化现代化举措——以1929年宿迁小刀会民变为例》，载《中国文化现代化的新探索》，科学出版社，2010，第83页。
④ 刘大鹏：《退想斋日记》，乔志强标注，山西人民出版社，1990，第380页。

车他仅见过四个，并且在老人的记忆中，图案鼓常在擂坏后被搁置，而以书写有"西北院"或"后院"文字标志的新鼓替代，甚至有的时期会出现鼓车留白不做任何绘饰处理，无字无图的现象。皮实耐用的牛皮大鼓被擂坏，说明村人对习俗的开展始终保持着高度热情；同时，鼓车绘饰的忽略也隐射了当时民众对国家政治动荡的一种不安。当时鄂乡有很多尚不能拉鼓车的儿童们也常常会效仿大人们拉着一种叫作"踩车子"的木制玩具较量高下，嬉戏玩耍。

四　新中国成立后鼓车赛会的变奏

（一）"困难期"的文化坚守

新中国成立前夕，鄂乡鼓车赛会的举办受到了一些新兴思想的阻碍，但并没有停滞，时值农协会土地改革，农村铲除鸦片、赌博恶习，破除封建迷信，反对旧礼教，反对歧视妇女，大力兴办小学。古老的鼓车文化也自然被"进步"人士认定为封建势力的具体形式。据村民回忆[①]，1948年农历三月鼓车会时，老百姓拉鼓车的热情依然高涨，当时在村里的农协会主席跟娃禁止拉鼓车，并用身体挡在鼓车道上。但地方百姓根本不理会他的"命令"，好几个民众上前将其强行架起抬走，继续拉鼓车。新中国成立伊始，为庆祝全国解放，鄂乡鼓车习俗开展得红红火火，土改后实行公有制经济，"大队"生产模式出现，村落"公"的性质极强，作为村中公共事务的鼓车习俗自然可以受到礼遇，村民们往往对集体事务持有很高的热情。1958年"大跃进"运动开始，村西山中有铁矿，汾城中学的师生在入驻鄂乡"大炼钢铁"之余亦加入拉鼓车的行列，村人为了展示鼓车文化的魅力，这一年的鼓车鏖战相当激烈。新中国成立后的鼓车文化在此时掀起了一个小高峰。

---

① 信息提供者：尉邵刚；访谈地点：北膢村信息提供者女婿家中；访谈时间：2014年4月20日。

1958 年后的三年间，全国遇上了百年不遇的旱情，全国粮食严重减产。"三年困难时期"对全国的影响甚大，但对山西地区的影响相对较小。鄂乡民众虽在这三年间亦受到了一些影响，如粮食减产，生活质量下降，需勒紧裤腰带过活，然而鼓车习俗却仍坚持开展。现年 69 岁的村民尉邵强清晰地记得他平生第一次拉鼓车即在 1960 年，那时他刚好 15 岁。"文革"之前的鼓车活动在文化形式、文化信仰、文化功能等方面基本保持了传统的文化风貌，唯在文化物质层面上受经济影响进一步发生了萎缩。新中国成立以来村落经济长期处在发展低迷的状态，社会动荡后的村落出现与鼓车相关的画工、制车艺人消失的情况，始终延续而未曾停滞的鼓车活动必然会出现鼓车破损，拉坏了的仿古战车及擂坏的图案鼓无法继续使用的情况。但村人对习俗的延续职责从未改变，他们在困难时期对传统进行了变通，将用于农业生产或交通运输的"大车"（牲口车）替代原有的鼓车。由于"大车"的双辕光秃，无法把控，村人还将牛犁地时牛肩上使用的牛轭斗拴绑在大车车辕间供人用肩膀扛着挠辕，鏖战时常常会将挠辕者肩膀上压出淤血，严重者还会将皮肉碾破。一位当年挠辕者的老伴儿向我诉说："那时候他好挠辕，每次回来，衣服上浸得满是血，也不觉得疼，就这他还是要挠辕。"[1] 虽然鼓车器具落后，但村人们依然在坚守着他们的文化核心。一般的文化发展理论常常认为文化变迁是持续进步的，而具体的民间传统文化常常受到大文化环境的变迁影响而时起时落，社会环境变化后的鄂乡鼓车文化变迁虽在精神、制度层面未有所变化，但在物质文化层面却客观上有所下降，这属于文化变迁中物质层面的"文化遗失"。

（二）"文革"中的鼓车

1966 年，"破四旧""反资本""反修正"等也蔓延至鄂乡。照理说

---

[1] 信息提供者：沈进财妻子；访谈地点：鄂乡信息提供者家中；访谈时间：2013 年 7 月 11 日。

"跑鼓车"文化属于"四旧"的范畴，中国传统体育、民俗、传统工艺等均在这十年间被破坏，一般的社会沿革类著述只要涉及"文革"十年这段儿，普遍会以"全面破坏""全面停滞"等观点作为陈述。"文革"中鄂乡的确受到了影响，村落各处被刷上了红色标语，各家族祠堂被毁弃，各院庙中的神龛不再，庙堂四壁写满了毛主席语录，供村民学习反思。大庙戏台"古乐府"两旁刷上了"团结紧张，严肃活泼"的红色字样，原为"鉴古绳今"的古老戏台也成了开批斗大会的地方。然而，作为祈报、昭格、求雨、固土的"封建迷信"活动"跑鼓车"，非但未被冠以"四旧"的帽子革除打倒，永不翻身，反而在"革命"中完成了文化的"升级"。

"文革"十年间，鄂乡"跑鼓车"如期进行，唯1968年正月十五，本作为红火助兴的鼓车活动没有开展，其余时期，如每年的鼓车正日为农历三月十六，其他九年的正月十五村民们均照旧"拉鼓"。这一事实在众多村民的访谈过程中得到了证实。1968年农历三月十六，时在"文革"宣传队工作的村民尉邵强在准备鼓车活动时，负责将鼓车的鼓面贴上了毛主席头像，用作宣传。

2014年我参与观察鼓车赛会时，后院的游行队伍手捧毛泽东画像，持毛主席语录、横幅，还有一位胸前别满了毛泽东徽章的村民在游行的过程中激情背诵毛主席语录，仿佛将我们带回了红色岁月。如今他们所用的红色道具（如毛主席语录、毛主席画像、毛主席徽章等）并非新近置办，全都是当年留存下来的历史文物。

集、会是中国农村传统的生活方式，"文革"以来国家命令"打击投机主义""割资本主义尾巴"，禁止民间自行组织集、会。1975年农历三月，"打击投机主义""反资活动"愈加热烈，鄂乡所在的汾城镇举行"社会主义大集"活动，要求各村民众统一组织"赶社会主义的大集"，并且还为配合宣传、造声势，要求各乡、村动员力量在"大集"上开展文艺活动。鄂乡的鼓车在这里又派上了用场，村人带领小学生在集会上进行风筝比赛、武术表演后，将鼓车赛会作为压轴大戏在镇上展示。当时鄂乡的鼓车在镇上露了脸，群众欢迎，领导好评。夜晚归村后的村民依然热情不减，情绪高涨，遂在院分间的商讨下，悬挂灯笼于鼓车道，再次开展他们的院分间鏖战。时年 9 岁的村民任建斌对此事记忆忧新，当年他也因学校组织参加了"大集"中的文艺活动，归村早早入睡后又被夜里"挑灯夜战"的隆隆鼓车声与咚咚擂鼓声震醒。

"文革"初期，鄂乡鼓车文化被动地进入了革命之中，1968 年正月十五鼓车在停拉一次后，随即在当年的农历三月便显示出极强的文化调适能力。鄂乡民众的文化创造能力再次发挥了作用，他们在"学习反思"中将红色要素纳入"鼓车赛会"，将"革命中的鼓车"状态迅速扭转为"鼓车中的革命"，也即创造了独具特色的"文革"形式。

（三）改革春风急，鼓车荣又枯

1978 年，家庭联产承包责任制在全国开始推行，鄂乡生产力得以解放，本身坐拥肥沃土壤与水利资源优势的鄂乡民众生活质量稳步回升。与此同时，1980 年，鄂乡人向仍保存有鼓的村子公村（或腴村）借鼓，[①]在鄂乡三月鼓车会上开始了正式的"起鼓"。当时请村中七位肯出资捐款的人物"踩辕"，鄂乡在获得资金后并请当时深谙鼓车之事的老人亲临鼓车制作现场，凭借着记忆、对传统鼓车的感觉确定鼓车的形制及尺寸，新制了两乘传统鼓车及"西北院"与"八卦"二鼓。20 世纪 80 年代的鼓车文化在物质层面上仍不及明、清盛世，不少文化信息缺失，但基本上恢复了传统的"跑鼓车"文化风貌。此时的踩辕仪式已与新中国成立前有了很大的意涵上的差异，七位踩辕者虽均是乡村精英，但经过改革开放，村中已不再有传统的文化道德楷模，当然旧时的地主老财们对传统宗族的权威也不再重现。一来出现了新兴的精英模式，如村主任、村支书等，二来还有转农从商的村办企业家，这二者之间虽有差异，但亦有

---

① 此时，鄂乡的鼓车器物从民国开始后就再没有维护过，加之鼓车文化始终延续开展，多有旧损，有的部件（如鼓）不能正常使用。相反邻村在特殊动荡年代便不再延续鼓车习俗，使用鼓车的频率较低，器物保存较好。

交糅一体的主导趋势。另外，穷苦怕了的村人在"开放"时代，一时间也只顾得了"馒头"，旧时的礼仪追求、咏礼之风已干枯殆尽，对于传统的崇贤、敬德等价值观念也不曾延续，这一切的传统都受到过严重的损害，村人已再无礼德的榜样可树了。

踏着改革的春风，鄂乡鼓车习俗开始了一些新的变化，之前很少听说过的村际鼓车比赛出现。1992 年清明，鄂乡接受中陈村挑战，在临汾西沙公园的一个长约 420 米的长方形场地，以"三局两胜"每局 30 分钟计时的"追逐赛"为赛制，开展了新中国成立以来第一次真正意义上的鼓车村际比赛。时任临汾市药材公司党委书记的崔慧明出资赞助，并有不少县、乡、镇领导出席比赛。经多位当年亲历这场"村际之战"的村民回忆：

> 第一局我们赢了，获胜优势很大；第二局当地很多维护治安的人也加入对方的鼓车队伍，他们整齐划一，体力好，人又多，虽然人数不限，但当时我们村只去了 200 人参加，都是乡野村夫（自嘲，笑），输了。第三局我们本来输不了，"鏖战"时对方使坏，有个对方的人在我们"换梢"时故意向外拽了我们鼓车的梢绳两三次，非常影响速度，还是输了，但双方差距很小。所以我们当时很不服气，结束后和他们理论并起了争执，幸好当时人多拦着，村主任、村支书都在，不然非打起来不可。[①]

历史上河东地区西北依山一带普遍有鼓车习俗，但随着现代以来的一系列文化震荡，不少地区均出现了"文化遗失"的变迁现象。当然这些地区历史记忆中的文化的"象"还在，亦有恢复遗失文化的意向，如北腴村便已将鼓车文化的"事"恢复。距离鄂乡 30 公里的中陈村于 1992年的"村际之战"中亦显示了他们恢复传统的意向，只是也许这种美好

---

① 信息提供者：毛武德；访谈地点：鄂乡果园；访谈时间：2013 年 10 月 30 日。

的意向仅存于少数人的思维之中，绝大多数村民已没有了对鼓车的情感，而"乡野村夫"们在败北后那种不服判罚的蛮劲儿更显得他们有对自我传统的迷恋。鄂乡人对他们鼓车传统的迷恋似乎总有一种"显摆"的文化心理，每当有"他者"关注时，他们的鼓车习俗便会愈加隆重，1989年省水利厅扶贫工作队入驻鄂乡一年，开展农业水利指导，村人为了表示感谢，更多的还是为了向"他者"展示自己的标志性文化，那年农历三月，村子被装点一新，张灯结彩，搭柏叶楼，并且邀请村中文化能人书写了不少有关鼓车文化的对联，贴满全村的重要街巷，在"鼓车会"的尾声，村人组织了正规的"鏖战"，将其精湛的技艺、彪悍的竞逐及其惊心动魄一并呈献于"他者"。鄂乡人对"跑鼓车"有着极高的文化自信，并用他们认定的种种事实（如其他村落的文化遗失，鄂乡古村名鄂公堡、职田庄、战马坑与晋鄂侯、尉迟恭、古代军事等有亲缘关系等）表达了他们的"文化正统"。

20世纪90年代开始，全国经济在"满足人民群众日益增长的物质文化需求"的大政方针下逐渐提速，作为能源大省的山西煤炭先行，着手"物质文化的满足"。鄂乡紧邻的吕梁山中煤铁矿藏丰富，且鄂乡是连接吕梁山区与河东平原的咽喉要道，20世纪末已有不少鄂乡民众参与到煤铁矿行业中，工业经济要素开始注入鄂乡的经济结构。村子在山口处开办了洗煤厂、选煤厂、铁厂、石料厂等村企业，还有不少村民集资买来了大型卡车，靠着"养大车"的途径参与煤炭运输，鄂乡的经济日益见好，也带动了村中饭店、商店等相关行业的发展。人口众多的鄂乡虽农业环境甚好，但人均耕地仅有1亩左右，工业经济一时间使鄂乡更加富裕，周围十里八村的未婚女性都向往嫁到鄂乡，其原因是耕地少、农活轻，男人又可从事煤炭等相关行业保障物质需求，生活安逸。

> 咱村常被人说成是"旱码头"，就是物资集散地的意思，村里每月都有两次集，是乡宁（吕梁山区）和襄汾（临汾盆地）两地老百

姓买卖货物的重要地方。

　　山里矿多，村里人开始用农用小三轮到山里拉铁矿石卖给下面县里的铁厂赚差价，你看吧，到了日子，村口能有几十辆小三轮成群结队的……再后来，人们有钱了，有的就买了卡车，运煤、运铁，挣钱更快！我也是啥都干过，我本是村里学校的语文老师，带的是初三毕业班兼班主任；家里还有6亩地，种麦，主要我一个人种，那时候年轻，不服啊！记得80年代初有一年我麦收4000多斤。90年代开始流行照相，我买了相机在村里给人们照相，满月、过寿、结婚、学生毕业等都找我照相，我教我老婆做海蜇丝出售，后来还买了电影放映机，去乡宁村子里面放电影，山里挣钱啊。再后来，因为老跑乡宁放电影，认下了矿上的人，他们又让我到矿上做管理干了几年！

　　我记得有一年，应该是在1995年或1996年鼓车会时，我在矿上，村支书李玉虎特意给我打电话，让我回去帮他写《祭鼓文》，村里鼓车会找不下人写。那时候村里人就基本上没啥心思拉鼓车了……①

诚如余秋雨先生所感慨的那样，"任何真正的信仰，都不应该被历史透析，就像再精确的尺子也度量不了夜色的月光"，② 开始富足的鄂乡，"鼓车"传统的延续出乎意料，在20世纪90年代中后期出现了"断续"开展的枯败现象，直至2003年，鼓车之事彻底"停歇"。坚韧的民俗文化鼓车赛会绝缘了公历，扛过了日侵战火，坚守了"三年困难时期"，经

———————————————

① 资讯人：任建斌；访谈地点：太原清徐县某技工学校；访谈时间：2018年9月1日。精力充沛且多才多艺的任建斌在2014年前还在村口开了饭店，生意如意，记得2013年在他家饭店与他交谈时，他迎来送往，忙得很。2015年后，每次去鄂乡总见饭店关门，生意不景气，任建斌也去了村外。后来得知他又受聘太原清徐县某技工学校当起了副校长，兼语文等课程教师。后期访谈任建斌时我们只能"追踪"到清徐与他会面。

② 余秋雨：《黔东南考察记》（一），余秋雨新浪博客2007-09-08，http://blog.sina.com.cn/u/1189695230

历了"文革"，在"改革春风"的滋润下本该有更进一步的文化繁荣，然而"物质需求满足后有更高层次的精神需求"的需要层次理论未能在此验证，鄂乡民众的行为出现了"反常"。"鼓车"传统的莫名中断在村落历史记忆中是尚未有过的情形。村人对此现象的解释是："那几年，村里的年轻人都忙着去挣钱了，打工的打工，贩煤的贩煤，跑运输的跑运输，村里没人顾得上组织拉鼓喽。"[1]"忙"而放弃了自己的文化习惯似乎不足以说明鼓车枯败的原因，农业社会的春耕、夏耘、秋收、冬藏等事务终年忙碌。工业经济做活的"忙"不仅没有了农业生活的周期性节律，而且还会有超越农业的收益周期，且存在收益额度巨大的诱惑。巨大的经济诱惑才是改变鄂乡文化习惯及文化心态的关键因素。

2003 年到 2007 年，"鼓车"习俗消失，这恰恰是鄂乡村办企业兴起，经济发展甚好的阶段；这一事实也能洞见当地民众的致命弱点——"超越性病态"[2]。鄂乡背靠"金山"，2002 年左右中国煤炭价格骤然升温，煤炭行业"受益匪浅"。[3] 由是，大量鄂乡人开始涉足煤炭行业，发展升华了他们"赶炭""拦炭"的传统。村中开办了两个洗煤厂，将深山中煤矿的煤"赶"至鄂乡，进行煤炭的筛选分类，加价后等待全国顾客来"拦

---

[1] 资讯人：贾文瀛；访谈地点：渤海批发部；访谈时间：2014 年 2 月 13 日。

[2] 马斯洛等：《人的潜能和价值——人本主义心理学译文集》，林方译，华夏出版社，1987，第 25 页。马斯洛曾提到"超越性病态"，指的是生活中缺乏价值感、意义感和充实感，全部基本需求满足之后不能自动产生新的高等级需求。需求的满足既是一个结果也是一个过程，二者不可分。如果一个人的需求是由外部因素满足的，对这个人而言，由于其未参与满足的过程，而只是获得满足的结果，那么这个需求的满足对他而言是不完整的，甚至可以说他只获得了一个满足的形式而没有得到满足的实质。那么自然，这个不完整的满足无法使他产生新的更高级的需求。更大的问题是，没有对过程的参与，使其丧失了在过程中选择的自由，没有自由则产生厌弃，也就是说，这个需求看似满足其实却没有满足。

[3] 粗略来看山西煤炭行情，煤炭在 2002 年前后的平均价格已相当可观，每吨价格欲达百元，彼时的相关煤炭从业人员已惊喜万分；然而煤炭价格的提升只是刚刚开始，在 2007 年每吨煤炭价格竟然已达到 1000 元以上。据业内人士透露，当年的煤炭买卖情形是，许多买煤客户必须揣着巨额现金到达煤矿现场交付后才能装煤运出，概不存在货后付款赊账等情形。

炭"。现代吕梁山中的煤炭交易与历史上鄂乡人入山获取燃料资源的形式大同小异,山路崎岖狭窄,大型的运煤车进入山中很不安全;并且在煤炭价格飞涨的"季节",货源供不应求,即使冒险进入山中,也不一定能"赶炭"成功。2007年,煤炭价格达至顶峰,在鄂乡进山口排队等候拉煤的大型重卡延绵至数公里外的公村,等候数日都不见得能有货源。工业经济的新生态要素影响了鄂乡生活,涉足煤炭行业的收益回报远远大于农业经济。据说,当时参与煤炭行业的一个普通村民一年至少会有二三十万元的收入。农业收入相对平稳的民众怎能经得住如此巨大的诱惑,于是村中绝大多数青壮年劳力均投身于山中捞"金"!

小结 民俗体育鼓车赛会中断的反思

"实用理性"是中国文化心理结构的主要特点,民众虽有信仰,但众多的民间信仰仍归旨在现实的功用、眼下的利益。[①]"以经济建设为中心"的国家发展战略本无可非议,但在解决经济问题的过程中提速过猛,社会民众如同"一夜暴富";加之"实用理性"文化心理结构的特点与改革开放前的种种束缚,彻底打破了民众仅有的民间信仰,使其转而只关注物质追求。"鼓车赛会"的停滞时间与鄂乡"集中"参与煤炭行业的时段吻合,与煤炭价格飙升的时段对接,亦与全国经济过热发展的时段呼应。影响民俗体育文化安全的关键要素是社会经济的过热发展,它不以政策指令的形式直接干预,而是通过物质经济的刺激方式,间接、隐晦地破坏着传统民俗。鄂乡鼓车赛会的枯败现象,绝非偶然的社会特例,该规律的发现与新近社会学研究中所发现的社会变迁规律高度吻合;致力于乡村社会学研究的学者谭同学在《桥村有道》《双面人》等经典作品中均深刻揭示了20世纪90年代中期这个关键的时间节点(社会转型期),村落社会结构、社会心态、民间信仰等均在此时段经历了一个看似静默但

---

① 李泽厚:《中国现代思想史论》,天津社会科学院出版社,2004,第241页。

却深刻的"转型"。① 这是民众疯狂追逐经济利益的病态结果、是主动的民俗放弃，根据古奥运史新近研究观点，古代奥运会的消亡并非由于狄奥多西一世于公元393年颁布法令禁止，它只是随着宗教生活方式的缓慢变革逐渐没落衰亡。② 政治的动荡对中国民俗文化的负面影响往往不是直接性的，中国众多宝贵的文化遗产在政治动荡中虽有损失，但远不及其在近40年来"经济建设"中的消失速度。

让我们欣慰的是，鼓车文化的历史并没有"寿终正寝"，其文化的生命力依然旺盛，一旦杀伤文化的关键生态要素有所收敛时，它便会"枯木逢春犹再发"。鄂乡所遭遇的"经济过热"并未长久，2008年其文化生态的经济结构发生了重大震荡。一方面，山西整个煤炭行业迅速萎缩，煤炭价格大幅度下跌，众多小型煤企破产，鄂乡也不例外，"赶炭"至山口处的煤炭、铁矿石堆积如山，无人问津；另一方面，"屋漏偏逢连夜雨"，鄂乡所在的襄汾县于同年9月发生特别重大尾矿溃坝事故，煤矿全面停产整顿。襄汾县开始转向文化、旅游等产业并寻求出路。随着经济发展，国家文化保护意识开始升温。2007年国家非物质文化遗产政策出台，"非遗"政策系后现代发展中的新生态要素，其指导方向、政策要求、保护对象与后现代理论的个性化、多元化、非商品化、返乡性以及祛魅的科学观等价值取向同一。③

2008年春节，在省城文化部门工作的鄂乡人归乡过年，将"鼓车赛会"申报"非物质文化遗产"的初步构想提出，鼓车习俗虽已中断，但不少村人对它仍充满情感，特别是村中长者或年轻时拉过鼓车的民众。"申遗"的构想与村人一拍即合，村人为迎接"申遗"将停歇了五六年的

① 参见谭同学《桥村有道：转型乡村社会的道德、权力与社会结构》，生活·读书·新知三联书店，2010；《双面人：转型乡村中的人生、欲望与社会心态》，社会科学文献出版社，2016。

② 约勒·法略莉、赵毅：《论古代奥运会之"无声消亡"》，《体育与科学》2014年第1期。

③ 王若光、啜静、刘旻航：《我国民俗体育现代化演进问题研究》，《南京体育学院学报》（社会科学版）2012年第6期。

习俗又重新恢复。鄂乡有个"老年挚友团"，由 7 人组成，其中多为退休村干部、教师等人员，"老年挚友团"平时在一起娱乐、消遣、养老，同时也常充当村中大事的顾问角色，热心于公益事务。"老年挚友团"欣然接受了鼓车恢复、申遗的任务，还立下了规矩，"不吃集体一顿饭，不花集体一分钱"，要动员发展民间力量办大事。"跑鼓车"文化在这七位长者的精心策划、积极动员与组织安排下，当年农历三月便得以全面恢复，这也随即拉开了鼓车"申遗"的序幕。这是鼓车文化近年来的第一次大繁荣，"跑鼓车"在物质层面上恢复了传统"五院、五鼓、五图案"的面貌。此时鼓车制作是最大的困难，其中鼓车轮的制作工艺现已失传，村人只能奔走于周边村落寻找收购历史上遗留下来的木制镶铁车轮，之后再请外村艺人修复制成鼓车轮。可以说鄂乡现恢复的五辆鼓车均仍是历史文物。在经费方面，历史上的"鼓车田"不再，鄂乡人未向村政府伸手，坚持民间办活动原则，靠民间赞助的方式筹措，他们主要利用传统鼓车习俗中的"踩辕"仪式寻求赞助。历史上村人选定踩辕者的标准是"德高望重"，踩辕是树立楷模的方式，对踩辕者也意味着来年的好运；所以很多人都梦想在鼓车游行时能被选中争踩第一辕。为顺应市场经济，搞活鼓车活动，"踩辕"选人已不再像传统社会那样对"德行"要求苛刻，赞助资金成了踩辕选人的重要标准。在文化形式方面，鄂乡人不仅恢复并完善了传统鼓车习俗的祭鼓（村祭、院祭以及撰写并宣读祭鼓文）、游鼓、踩辕、溜腿、鏖战、亮梢等各种环节；而且还创造出一些新的文化形式，如在溜腿环节增加了女性拉鼓表演活动，村中大庙祭鼓时，请山西乡村歌王赵仰瑞豪迈演唱村人贾文瀛自创的《鼓车歌》，这些确是鄂乡文化的历史突破，显示了传统文化发展的现代意识。

2009 年，鼓车赛会在民间的积极组织与当地政府的大力支持下顺利地进入省级"非物质文化遗产名录"，次年又成功入选国家级"非物质文化遗产名录"。"非遗"保护的政策资源禀赋成为"跑鼓车"文化复归的一剂良药，近几年的鼓车文化发展规模甚至已超越了 2003 年之前。民俗体育的发展迎来了前所未有的良好机遇。但在"非遗"政策的护佑下，

"鼓车赛会"的文化性质也发生了一些微妙的变化，这些看似有利于保障"鼓车"文化安全的新生态要素也极有可能会在微观的环境下酝酿发酵成另一种安全隐患。成为国家级"非物质文化遗产"的鄂乡鼓车赛会，最根本的一个变化是组织经费由传统的民间募集进而转为"非遗"经费，国家每年会有 20 多万元的经费下达，国家经费的大力支持为鼓车习俗提供了前所未有的物质资源，但引发了鼓车组织者由民间向政府过渡。组织角色的转换使民众自发组织的积极性降低，遭遇了"超越性病态"的鄂乡民众，其信仰体系已被撼动，若政策要素消失或国家经费中断是否还会造成鼓车赛会的消亡？除此之外，我在田野现场体验到的"细枝末节"，如民众间的言语、行为，院分间产生的矛盾、隔阂，组织上的怠慢、疑虑等微观现象均与"非遗"之事有着直接或间接的内在关联，并预示着鄂乡鼓车文化的另一种潜在危机。"非遗"政策是国家"文化自觉"的体现，亦是现阶段中国民俗发展的关键性要素，但政策要素是否能稳定、持久、适恰的与既有生态结构相融合，会是中国民俗未来所面临的重大问题。

鄂乡鼓车历经千百年来的文化调适，成就了中国一项不可多得的"赛会"，其体育、文化、历史价值巨大。鼓车赛会的孕育发展离不开自身所处的文化生态，自然、经济、组织、岁时观念、政治区位、历史人文等各生态要素跨越时空、纵横交织，俨然已编织成一张复杂多维的意义之网；它既是社会民众在文化生态结构下的意义创造，也是强化文化生态结构的重要主体。文化生态永远无法抗拒新生要素介入，过热过猛的经济要素介入会无声消解文化持有者的心理防线；文化政策的资源禀赋促使鼓车赛会得以复兴延续，但其中的种种微观事实又新生了众多潜在危机。民俗的形成本是民众依据自身特有的文化生态自行调适且缓慢为之的，无论过猛的经济发展还是立竿见影的政策支持，往往会为民俗带来措手不及的伤害。"拉"了千百年的鄂乡鼓车，还能再"拉"多久？对此我们应该能从 2008 年"鼓车申遗"后的这段"详细史"中体会得更加深刻些。

第四章
"申遗"记忆：
鼓车赛会的文化保护实践

CHAPTER 4

> 三十辐，共一毂，当其无，有车之用。埏埴以为器，当其无，有器之用。凿户牖以为室，当其无，有室之用。故有之以为利，无之以为用。

——《道德经·十一章》

"后土迷茫天浩茫，辉煌过后怕灰黄。流云奔走英雄气，去路牵缠志士肠。攘袂长怀千载愿，扪心能有几多狂？大功未毕鄂乡事，竟为申遗鼙鼓殇。"这首名为《鼙鼓殇》的七律是鄂乡退休语文教师在 2008 年参与家乡民俗鼓车赛会"申遗"过程中遭遇了复杂的文化纠纷，黯然神伤后所作，他将该诗发布在自己的博客上，引发了不少网友的关注。我第一次见到这首诗是在 2012 年，当时，我正计划将已经进入"国家级非物质文化遗产保护名录"的鼓车赛会文化作为研究的考察对象，而诗中所流露的"鼙鼓之殇"及作者的悲怨情感，更加强烈地促使我尽快深入文化现场，将其中原委一探分明。

我们最初将研究视野锁定为"鼓车赛会"习俗的原因是"鼓车赛会"的体育性质极强，可以说是中国本土体育自身进化发展最为完美的项目之一，它对研究中国本土体育文化来说有着极高的典范性。在前期田野作业中，关键资讯人总会愤愤不平地向我诉说起这段不为外界所知的事件，他们或委屈，或气愤，或真诚，或掩饰，或激辩地将"事件"呈现给我们。当我们进行了四次田野工作后发现，当前鄂乡鼓车赛会文化所面临的最大问题是在"遗产化"过程中引发的文化持有者之间的文化纠纷，这凸显出"鼓车赛会"文化安全问题。日本学者柳田国男针对民俗研究"溯源偏好"的倾向提出，"追踪起源的努力往往徒劳，很多人事无巨细地探索历史起源过程却忽视了现实的、离我们最近的、材料最为翔实且最具问题意识的当下"。"民俗学是具有历史意味的现代学"，不论什么研究倾向均要立足当下。然而与当下最具决定关系的仍应是即将成为过去的"历史"。鄂乡人的鼓车"申遗"始于2008年春节，十多年间"鼓车赛会"习俗却经历了村落百年记忆中未曾有过的重大变迁。"遗产化"必将成为鼓车赛会文化变迁史上的重要一环。我于2014年7月再次深入田野，将"鄂乡鼓车赛会遗产化"作为此次考察的主题，开始了为期一个月左右的现场考察。由于此次考察所涉及相关方较多，大体可分为四个相关方，这四个相关方彼此间又"你中有我，我中有你"地相互交织于一体；为保证研究获得客观、翔实的"文本"，我有意避免了原初关键资讯人的"在场"干扰，并在访谈过程中避免采用录音、摄像等技术手段，仅采用田野速记的现场工作方式，其中很多重要信息均在访谈结束后的第一时间完成记录。"我欲托之空言，不如载之行事之深切著明也"，本章研究的基本思路仍承接"鼓车赛会的文化变奏"，以历时性叙事为主，在凸显情境性与经验性研究的前提下呈现鼓车赛会文化变奏中"申遗事件"演化、升级的基本过程，在事实陈述的基础上揭示各方立场的深层意向及结果形成的复杂原因，并希望能以个案实证的视角来思考"非物质文化遗产保护"的实践及政策。文本初成后课题组成员仍然持续围绕核心议题展开田野回访，2015年、2017年、2018年均坚持追踪调查，进入田野与地方民众进行交谈，观察鄂乡鼓车赛会的文化保护发展问题。

一 鼓车赛会"申遗"事件发生的文化生态

社会事件的发生总会受制于其所处的文化生态环境。21 世纪以来,中国经济迅速增长,山西煤炭行业骤然升温,地处吕梁山脉矿区与河东平原咽喉命脉的鄂乡人自然不会错过这一大好形势,据说凡在这段时间参与煤炭生意的村人年均至少会有二三十万元的收入,鄂乡所开办的洗煤厂、铁厂等企业收益则更是可观。相反,忙于"捞金"的村人自然再也无法坚守自己的文化传统,2003 年前后鄂乡鼓车赛会经历了短暂的"文化遗失"。

中国乡村的文化变迁向来不是封闭自为的,它始终受外部文化影响。外部文化变迁往往会对村落文化变迁具有决定性作用,鄂乡传统的文化遗失就是国家经济环境骤然升温所导致的结果。然而,就在鄂乡人开始富足的同时,国家文化发展政策开始逐年升温,非物质文化遗产保护工作在全国影响越来越大,"非遗"政策成为鄂乡鼓车申遗、文化复兴的关键要素。单一关键要素的产生当然不足以引发"申遗"事件的发生,对于投身于煤炭行业的村人而言,一是物质利益的诱惑难以抗拒,二是根本没有闲暇的时间去反思自我的文化传统。据村民贾惠山回忆,2008 年之前的两三年时间里,他的中学同学,在省城文化部门任职的赵维民便向村人提出过鼓车申遗的事情,[①] 只是村中无暇理会。2007 年,许多中小煤炭企业停业,这在客观上为鄂乡申遗、复兴鼓车文化创造了另一个关键要素。经济富足后的鄂乡人获得了闲暇,虽然是经济放缓所造成的被动闲暇,但终归可以在紧张的"经济超越"之余思考生活,追求精神的慰藉。经济冷却与文化政策升温两个关键性生态要素在同一时间的对接是鼓车赛会文化申遗事件发生的主要原因。除此之外,还有两个次相关要素为事件的发生起到了促动作用,一是 2008 年鄂乡所在的县发生特别

———————

① 访谈地点:毛武德果园;访谈时间:2014 年 7 月 8 日。

重大工业生产安全事故，[①] 事故的发生也可以看作国家经济过热发展负面效应的具体缩影，县工业经济受挫，国家要求停业整顿，县政府不得不开始向文化、旅游等第三产业寻求出路；二是 2008 年北京奥运会盛事已深入群众，人心振奋，在"迈向体育强国"之际，本土体育理应跟进复兴的逻辑为鄂乡民众提供了不少"暗示"。

"文化政策升温""经济过热后冷却""安全事故""奥运盛事"四者共同形成了与鄂乡"申遗"事件发生适恰的文化生态环境。其中，"文化政策"与"经济形势"是文化生态的关键要素也是事件发生的主要原因；"奥运盛事"与"安全事故"是文化生态的次相关要素，也是事件发生的次要原因；"文化政策"与"奥运盛事"对事件的发生存在行为意向性，而"经济形势"与"安全事故"虽与事件的发生并无意向关联，但客观上却是促动或助推的因素，"无意向的事物可以成为人类行为的诱因、结果、促动或障碍，人类都在自己的各种行为中，以不同的方式考虑到这些事实，他们对社会学具有头等重要的意义"[②]。

二 民间文化力量推动鼓车赛会"申遗"

适恰的文化生态环境决定了鄂乡鼓车赛会习俗"申遗"的可行性，但绝不会确保"申遗"之事一定发生，如同"地理只吩咐如此如此的事情是不可能的，如彼如彼的事情是可以有的，它（地理）不规定哪些事情非有不可"[③]，鄂乡鼓车赛会能否复兴还要取决于当地人的主观能动性，若他们的传统习俗已被现代习俗完全替代，以往的文化情感、文化记忆业已消失，纵然有"文化政策""经济形式"等文化生态要素刺激也无济于事。鄂乡"申遗"主要来自两股民间力量，一是土生土长于当地，后

---

① 王晓宇：《山西襄汾 9.8 尾矿库溃坝事故查处情况公布》，中国广播网，2010 年 1 月 21 日，http：//news.cnr.cn/gnxw/201001/t20100121_505929270.shtml。

② 马克斯·韦伯：《社会学的基本概念》，胡景北译，上海人民出版社，2000，第 5~6 页。

③ 罗伯特·路威：《文明与野蛮》，吕叔湘译，香港三联书店有限公司，2008，第 27 页。

任职于国家文化、教育等部门的工作人员，他们对中国文化发展形势谙熟，对文化政策有较高的敏感性，是申遗的"外援力量"。二是鄂乡"老年挚友团"，这是由村镇退休干部、教师七人自发组成的友谊联盟，他们平日交好，常喜欢聚集在一起饮酒、品茶、谈心、旅游，也热心于村中公益事务。"老年挚友团"可以说是鄂乡的"乡村精英"，他们是此次申遗的中坚力量。

2008 年春节，在省城文化部门工作的赵维民回乡过年，他在正月初二专程来到他曾经的老师、"老年挚友团"成员之一的贾文瀛家。他再一次带着"为家乡办点实事"的心情，将鄂乡民俗鼓车赛会申报"非物质文化遗产"的个人构想与贾文瀛和盘托出。贾文瀛曾是县中学语文教师，善作诗词七律，他不仅对鄂乡当地的历史文化很有见地，还常为本村及周边村落撰写碑文、墓志、楹联等，在十里八村可算是不折不扣的"文化精英"。"申遗"，首先得将鼓车习俗恢复起来，同时还得撰写相关文字材料，贾文瀛在村中的文化资本最多，"申遗"工作非他莫属。赵维民的构想当即得到了贾文瀛的赞同，他表示愿意承担"申遗"工作。正月初七，贾文瀛便召集"老年挚友团"成员（贾文瀛、贾世泉、王仁贵、殷天元、李云福、毛武德、卢欲和）在毛武德家的果园聚会，酒桌上他将"申遗"之事正式提出，大家认可并初步商定了相关事宜。"老年挚友团"组成成员实力雄厚，在村中有较高的威望，其中 5 人曾担任村镇干部，现在村中还开办企业，1 人为"文化精英"，另 1 人毛武德年轻时久习鼓车之事，痴爱鼓车，年迈后还常常负责鼓车赛会的组织事宜。"权力资本""文化资本""实践资本"三者合力恢复鼓车文化并非难事，在此次非正式会议上，"老年挚友团"便定下了一条规矩："不吃集体一顿饭、不花集体一分钱"。靠民间力量动员民众、筹集经费来"办大事"。"申遗"在村中也绝非小事，虽由民间自发，但也要与村主任、村支书汇报通气，数日后"老年挚友团"向村支书李玉虎汇报"申遗计划"，村支书对此非常支持并表示个人愿意加入"申遗"工作，愿为"申遗"先垫付四到五万元的启动资金。民间积极、村干部支持，正月十八，"老年挚友

团"正式改组为"鄂乡鼓车协会",会长由原村支部书记卢欲和担任,并
于当日在村中大庙小学的东教室召开全村动员大会。此次动员大会有各
院代表、现任村干部以及往日喜好参与鼓车赛会的爱鼓人士前来参加,
在会上,"文化精英"贾文瀛为民众讲述了鄂乡鼓车文化的重要性及鼓车
的历史文化;老支书卢欲和对"申遗"工作的初步计划、组织、安排等
作了汇报。此次会议上,群众热情高涨、争相发言、献言建策。会后,
正月廿二,村支书李玉虎许诺的启动经费款项兑现,鼓车协会成员组成
及具体分工也以书面的形式确定下来(见表4-1)。

表 4-1 鄂乡鼓车协会成员组成暨"申遗"分工一览

职务	成员	具体分工
会长	卢欲和	组织管理鼓车"申遗"全面工作
副会长	王仁贵	安排、组织动员群众;鼓车制作、修复
	贾世泉	负责宣传、对外联络、募集资金
	赵光明	安排各院人员,形成院鼓车分会组织
秘书长	殷天元	负责联系画家,绘制鼓车图案
副秘书长	贾文瀛	负责撰写鄂乡跑鼓车"申遗"相关文字材料及宣传、简介材料
	任建斌	负责对外联系,网络宣传鄂乡跑鼓车文化,扩大文化影响力
后勤主任	李玉虎	安排部署鼓车赛会期间的后勤保障工作
后勤副主任	王添冠	具体执行鼓车赛会期间的接待、安保、物资供给
总顾问	毛武德	提出文化建议,向民众传授"跑鼓车"相关技术
顾问	尉建功 贾久成	提供有关鼓车赛会的历史依据、文化原貌等具体意见

传统上,鄂乡鼓车赛会在每年清明至农历三月十六期间举行,鼓车
协会成员必须加快工作进度,充分利用好50多天的时间将赛会复兴。成
员组成及分工确定后,鼓车协会将办公地点定在了殷天元家的大客厅
里,在鼓车赛会开幕之前的50多天里他们几乎天天在此工作,每天都要

汇报工作进展,交换意见。"申遗"工作进行得快而有序,正月三十,贾文瀛撰写完成的"非物质文化遗产"申报材料得到了大家认可,并予以通过;当日,鼓车协会根据贾文瀛申报材料中所确定的五辆鼓车的历史图案结合前期会议研究总结方案,敲定五辆鼓车图案为"二龙戏珠""和合二仙""角端""先天八卦""秦琼打虎"。如前文所说,鄂乡在数百年的历史变迁中村落内部发展出次级单位与三级单位,次级单位由"西北院"(大)与"东南院"两个单位组成。"东南院"内部由"南院""东院""后院"组成;"西北院"(大)内部由"西北院"与"庙巷"两个院分组成。五个院分是鄂乡的三级单位,每个院分拥有一辆自己的鼓车,各院鼓车的鼓面上都有不同的图案或文字标志。鼓车图案由殷天元负责联系当地画家赵国喜完成绘制;年久毁损的鼓车均为传统制车工艺,卢欲和、王仁贵等已同县南辛店乡的工艺作坊取得联系,下了鼓车修复订单。在"鼓车赛会"文化复兴的物质基础有所保障后,会长卢欲和、副秘书长贾文瀛、任建斌随即赶赴太原,同在省城工作的赵维民、尉永福二人会面,商讨鼓车赛会开幕的相关事宜,拟定邀请评审专家、采访媒体、出席领导等各界名人的参会名单。赵维民、尉永福二人在省城文化、教育部门各任要职,与文化学者、专家,媒体,文化部门领导等常有工作往来,为扩大鼓车文化影响力,取得"申遗"成功,他们二人参与的重要性不可小觑。

鄂乡鼓车文化复兴在即,负责网络宣传的鼓车协会成员早已将消息扩散至全国各地甚至海外,在外地发展的众多鄂乡籍人士纷纷与村人取得联系,或带着自豪喜悦,或带着浓浓乡愁关心鼓车"申遗"大事。现已定居美国的鄂乡人,美籍医学人类学家贾清华特意发来邮件慰问,并针对"申遗"提出了宝贵的意见。一个没有行政级别的自然村落,万万不会想到他们的生活即将与国家称号挂钩。这份荣誉在"老年挚友团"成员当中从未有过,他们人生的辉煌在"退休无事"后才刚刚开始;情绪高涨的鄂乡民众凡遇到外村人总三句不离拉鼓车,似乎人人都在表达:"我们这是文化,这是国家将要保护的文化!"

三 "申遗事件"中的未预结局现象

未预结局（unintended consequence）是社会学家莫顿（Robert Merton）提出的有关社会行动理论的一个中观理论，旨在弥合无视理论的经验实证主义与无视实证的抽象理论主义两种极端倾向间的鸿沟。[1] 诺贝特·埃利亚斯（Norbert Elias）将未预结局解释为："许多个人利益和预想的缠绕过程中——无论他们是一致的，互驳的，还是敌对的——最终产生出来的某种并没有经过某一人物策划过或预想过，但同时又恰恰是许多个人化的行动和预想所导致的后果。"[2] 景军在使用未预结局理论分析三峡移民问题时将其理解为，社会行动者既没有刻意制造也根本没有预想到的社会行动后果，这种后果不应简单地被解释为意外事件所致，因为它与行动者的具体意图和行动方式有着直接或间接的因果关系。[3] 凡事预则立，不预则废，社会事件发展的现实过程中类似以上理论所示的未预现象不在少数，就鄂乡鼓车"申遗"的过程及其结果而言，我们试图从未预结局的理论框架来进行分析，力图清晰地勾勒出社会行动与结果之间的因果关联。

（一）"申遗事件"的未预结局过程

"鼓车申遗"工作全村上下通力配合，正当五辆鼓车的鼓面图案由当地画家赵国喜绘制完成时，文化纠纷出现，人们对鼓车图案标志产生了重大分歧。原先已在会议上讨论敲定的鼓车图案现如今又产生了分歧，确有很多吊诡之处。

2008 年农历三月初三，画家赵国喜绘制成的鼓车图案送到鄂乡，鼓

---

① K.Robert Merton，"The Unanticipated Consequences of Purposive Social Action，" *Sociological Ambivalence and Other Essays*，New York：Free Press，1976，pp.145–155.

② Norbert Elias，*Uber den Prozess der Zivilisation: Soziogenetische und psychogenetiche Untersuchungen*（Second edition，Second volume），Bern：Francke，1976，p.221.

③ 景军：《移民、媒体与一位农村老年妇女的自杀》，载黄宗智主编《中国乡村研究》（第二辑），商务印书馆，2003，第 173~196 页。

车会成员立刻召开扩大会议，请关心鼓车的村民来为画作提提意见，特别是需要那些年长的村民来比对一下画作是否与他们儿时所见的历史图案吻合。由此，足见鼓车协会成员对文化传统的重视与尊重。扩大会议当日无果，次日，西北院两位长者尉建功、贾尚山再次来到"申遗"办公地点，提出抗议。他们认为，西北院民众从来就没有见过绘有"二龙戏珠"图案的鼓车；虽有民间传说，西北院的"二龙戏珠"鼓被拉到了洛阳白马寺，或栽到了村东大泊池内，但传说并不代表就是真事。二位长者强烈抗议用"二龙戏珠"鼓车取代西北院民众一直沿用至今的书有"西北院"三字的鼓车。此时，负责文字工作及文化规划的贾文瀛起身发言，讲解图案来源要尊重历史传说，既然有传说就要以传说为依据；副会长王仁贵也从"申遗"的立场劝说，"申遗"要保证历史原貌，注重文化整合，其他四院都是"画鼓"就西北院为"字鼓"显然不好看，更不符合国家文化遗产的政策要求。无论鼓车协会成员如何劝解，西北院的二位长者就是不同意去掉"字鼓"，甚至还威胁要躺在"鼓车道"上，以身捍卫西北院"字鼓"。

　　"字""画"分歧出现数日后，矛盾进一步深化，之前的矛盾仅出现在鼓车协会与西北院民众之间，协会成员内部自鼓车图案敲定后到图案绘制完成意见始终一致，即"五鼓五图"。而在第三天的会议上，贾文瀛提议协会成员举手表决，探查协会内部的意见是否统一，这次表决结果为6人赞同之前的"五鼓五图"计划，2人反对。持反对态度的2位协会成员是西北院民众，副会长贾世泉与秘书长殷天元，他们通过两天的了解沟通后开始倾向保留"字鼓"。虽意见分歧已深入协会内部，但坚持"五鼓五图"的态度仍占上峰，不至于影响到6天以后的鼓车赛会。农历三月初八，持反对态度的鼓车协会副会长贾世泉、秘书长殷天元专程与贾文瀛协商可否在"二龙戏珠"鼓的鼓边上写上"西北院"三字，贾文瀛说："这样能行！"第二天贾世泉与殷天元再次来找贾文瀛协商，希望能多做一辆鼓车！在"五鼓五图"的基础上将原有的西北院"字鼓"保留下来。若成了六辆鼓车显然违反了"五院五鼓五图"的"文化原则"，贾文瀛坚定地回答："不行！"要求被拒绝，二人无语离去。无言的离去并不代表对贾文瀛"文化原则"的认同,乡村精英与民众之间并没有明确的界限,^①致密的亲情血缘、复杂的利益纠葛使得精英与民众浑然一体,"申遗"之事不可能完全理想化地摒弃现实利益与人情关系来纯粹地考虑"文化原则"。

贾文瀛的"文化原则"无法突破,并不代表其他成员的思想态度不会转变,反对"文化原则"的势力在暗中增加,协会内部成员开始倒戈。在农历三月初八、初九两天的时间里一定已经出现了第三方文化态度或利益诉求,否则,本是出于维护西北院"字鼓"意愿的两位协会成员不可能在两天内态度发生如此的转变。协会副会长王仁贵在分歧相持不下时,及时给在省城工作的尉永福致电汇报情况,"永福,以后'西北院'鼓没有了,要被'二龙戏珠'替代了"。尉永福也是西北院人,从儿时看着、拉着"西北院"鼓长大,对"字鼓"的感情至深,耳闻"没有了",气愤之极。回话道:"没有'西北院'鼓的话,那'申遗'的事儿我就不管了!"副会长王仁贵接话后马上向会长卢欲和老支书反映:"老支书,要是没'西北院'鼓,人家永福可就不管咱了!"尉永福在教育部门任职,是正处级干部,不仅与县级领导平级,而且还和本县县长、书记等领导交情甚好,若没他的支持,别说"申遗"出县上报有困难,就是几天后的鼓车赛会连领导嘉宾们都请不来。"事态严重,顾全大局,只要鼓车赛会能如期举办,按贾世泉、殷天元等人的意见,六鼓也罢。"会长卢欲和本着和谐理念终于拍板,同意多加一辆鼓车。贾文瀛等持有"五鼓五图"文化原则的人们得知此事后极度不满会长搞"一言堂",私自做主决定,"鄂乡五个院分,每院一鼓,西北院现在成了两辆鼓车,分明是欺负人!"但"木已成车",5日后便要开始鼓车赛会,他们只好忍气接受事实,等着赛会结束后再说。

2008年农历三月十三鄂乡鼓车文化复兴暨"申遗"启动仪式如期举行,应邀前来参加评审、采访、祝贺的专家、记者、领导等社会各界人士多达42位,摄影爱好者、游客有二三万人,当天鄂乡商店的食品、饮

---

① 施爱东:《学术与生活:分道扬镳的合作者》,载王霄冰、邱国珍主编《传统的复兴与发明》,知识产权出版社,2011,第102~121页。

料等几乎全部脱销。文化盛会的成功预示着"申遗"道路的开始，此后鄂乡鼓车赛会的申遗之路不断前行，2008年9月5日临汾市公布首批市级"非遗保护名录"，鄂乡鼓车赛会入选；[①]2009年3月2日山西省公布第二批省级"非遗保护名录"，鄂乡鼓车赛会又名列其中；[②]2010年5月，"鄂乡鼓车赛会"赫然出现在文化部公示的"第三批国家级非物质文化遗产名录"之中，[③]鄂乡人的"申遗"之路终获成功。

　　鄂乡从2008年开始至2010年，三年间自下而上地获得了所有"非遗"荣誉，在文化荣誉的背后，那段不为人知的"申遗事件"并没有解决，矛盾双方还在激烈地"搏杀"。负责"申遗"材料与文化规划工作的鼓车协会副秘书长贾文瀛亦是西北院人，但老先生曾是中学语文教师，又是村里的"文化精英"，他始终如一地坚持"五院五鼓五图"文化原则，严格恪守国家文化政策中所提出的"保证文化遗产的历史性、真实性、完整性，恢复历史原貌"（2013年7月10日上午，贾文瀛家中，贾文瀛的原话表述）。而有的协会成员却略显"骑墙"，在"六鼓"形成的过程中态度不够坚定。"申遗七老"本是一辈子的好朋友，却因为鼓车之事红了脸、势不两立，"老年挚友团"分崩离析。2009年的鼓车赛会前夕，为了使分歧得到解决，村支书李玉虎组织鼓车协会成员正式民主投票，裁夺"五鼓五图"还是"六鼓"，这次民主投票，关键人物贾文瀛未前来参加，因为他似乎已经感觉到大多数人的态度观点已背离原初。这次投票人数仍为8人，结果与2008年那次的举手表决恰恰相反，支持"五鼓五图"仅有2票，6票反对。鼓车会成员没有忘记贾文瀛，会长等人亲自去贾文瀛家将投票结果告知。贾文瀛当即气愤地提出，要退出鼓车协会，以后不再参与鼓车相关的一切事宜。

———————————

① 《关于临汾市第一批市级非物质文化遗产名录项目的公示》，临汾文化网，2008年9月5日，http：//www.lfwh.gov.cn/html/tzgg/2008-9/5/19_34_33_949_2.html。

② 《山西省人民政府关于公布第二批省级非物质文化遗产名录的通知》（晋政发〔2009〕12号），山西省人民政府网站，2009年06月23日，http：//www.shanxi.gov.cn/sxszfxxgk/sxsrmzfzcbm/sxszfbgt/flfg_7203/szfgfxwj_7205/200906/t20090623_146023.shtml。

③ 访谈时贾文瀛的原话表述。访谈地点：贾文瀛家中；访谈时间：2013年7月10日上午。实为"第三批国家级非物质文化遗产名录推荐项目名单"，正式获批为2011年6月。

民主投票似乎并没有解决文化纠纷，反倒使得文化纠纷上升至人际关系纠纷。协会成员关系恶化，各院民众不满情绪仍旧持续。老支书卢欲和也不想再担任会长一职，让自己一心为民众办事却陷入备受指责的境地。此时，"申遗事件"的解决似乎又出现了转机，鄂乡鼓车赛会已成为"省级非物质文化遗产"，随着国家经费资助，村委会不得不介入鼓车管理。鼓车协会不能散，需要新的会长，村委会希望由原副会长贾世泉担任。贾世泉在促成"六鼓"问题上是核心人物，协会成员、民众等对其都存有看法，由他担任会长，得先把之前的矛盾给个说法或解决了，这样他才能得到众人的拥护。贾文瀛、毛武德等老资格人物要求："你当选会长可以，但必须得同意合鼓，六个鼓出来后与文化传统偏离得太远，并引发了更大的基层矛盾，这样对谁都没有好处！"贾世泉倒也爽快答应合鼓。2009年农历三月，贾世泉被正式推选为鼓车协会会长，他升任会长后召开的第一次会议便是安排合鼓事宜。合鼓会议结束后协会立即与村主任汇报，贾文瀛又在村委会为村主任讲述鼓车的历史渊源，合鼓的利害关系等，村主任听取意见后决定次日在村中大庙主持召开合鼓扩大会议。次日，村主任主持会议，仍由贾文瀛讲解，这次会议上坚持不要"二龙戏珠"鼓的西北院村民几乎没有一人到场，唯有负责掌管"二龙戏珠"鼓的相关人员到场。无论贾文瀛如何讲解文化、历史，西北院民众的集体缺席便是无言的抗议，即使负责"二龙戏珠"鼓的相关人员也持反对态度，会上有人提出，"这'孩子'都生出来了，你们还能把他给捏死"，这句话的分量远比贾文瀛的历史讲解要重得多，合鼓仍注定失败。会议结束后协会即刻要求举行合鼓仪式，会长要求将"二龙戏珠"鼓供放于西北院北头庙中，"字鼓"从北头庙中请出并陈放于村中大庙，仪式过程中还放了鞭炮，烧香，很是庄重。但"合鼓"后十天左右西北院人又将鼓车各归其位，传说有重要人物发话："西北院人杰地灵，几十年来我们出人才、办企业、没了'西北院'鼓保佑，出了问题谁来负责？""合鼓"事件也仅是一场闹剧而已，也许是出于对文化精英贾文瀛等人的尊重，也许是新会长想摆脱不合鼓的骂名，总之，合不合鼓是一码事，能不能合鼓成功又是一码事，新会长已经尽力。

（二）未预结局的成因分析

　　莫顿根据未预结局的基本特征认为在目标明确的社会行动中主要有五种成因可以导致该社会现象的出现，他们分别是"认知的有限""判断失误""急迫的利益""不同价值取向""预言暗示"。① 我们通过鄂乡鼓车赛会在文化形态上成为"六鼓"的事实梗概，大致上可以将其理解为"急迫的利益"与"不同价值取向"共同作用所促成的未预结局。"事件"前后村落内部的历史效应、文化信仰、利益博弈、权力争斗、文化威望等多种深层次因素在每个文化当事人身上变化、权衡且调整着，"六鼓"局面是多种深层因素交织在一起的结果。

　　"申遗"分歧的产生最初源自鼓车协会"文化重建"与百年来西北院民众对"字鼓"的信仰情感间的矛盾。民俗信仰与"文化重建"的分歧是这段事件的根源，但在具体处理这一矛盾的过程中权力、利益、历史效应、文化威望等多种因素不可避免地夹杂进来。鄂乡历史上有"五鼓"的文化事实无疑，但在鼓车赛会期间，鼓车"鏖战"向来是村落内部次级单位"东南院"与"西北院（大）"之间的对抗。每年的鼓车竞逐均是在这两个"大院"间展开，从未有过东南三院或西北二院内部鼓车之间相互竞逐的历史情形。民俗赛会的文化形态在很大程度上与村落生活中的权力与利益竞争格局统一，它既是现实权力与利益竞争长期运行的形式化体现，亦是实现或强化权、利竞争获得的具体手段。西北院民众坚持"字鼓"的文化态度着实可赞，民俗或民间信仰的真实情感怎能为迎合"非遗"随意改变！但乡村精英们不可能仅关注信仰的真实问题，还会全方位地综合考量事件发生后"申遗"能否成功，村落权、利、信仰等关系能否相互兼顾。20 世纪 50 年代开始，"人民公社"的大队生产模式出现，鄂乡生产大队被划分为 6 个生产队，"队"的划分主要还是以村落传统的三级单位──

────────────

① Jon Elster, "Merton's Functionalism and the Unintended Consequences of Action," in Jon Clark, Celia Modgil and Sohan Modgil eds., *Robert Merton: Consensus and Controversy*, New York: Falmer Press, pp. 129–135.

"院"为依据,各院人数相差不多,唯西北院人数众多,因此西北院被划分为东西两个"队"。"队"的历史效应对其他四个院并无太大影响,院就是"队","队"就是院;但对西北院来说确有影响,西北院被分裂为"十字道(西边)"与"北头庙(东边)"两个"队"单位,虽在20世纪80年代后生产大队体制解散,但"生产队"的历史效应犹在。

乡村精英们在思考信仰与"文化重建"的矛盾分歧时,西北院民众的态度亦不完全一致,北头庙是西北院的院庙,位于院东,鼓车便供放于庙中,说来也很神奇,鄂乡历史上大学生、研究生、科学家、企业家、政府领导干部等人才多出自西北院,而这些有出息的人物又多出自西北院北头庙(东边)附近的家庭。因此,坚持保留"字鼓"的民众主要是"北头庙生产队"居民,他们笃信这是鼓车的护佑。"十字道"连队的民众亦赞同保留"字鼓",但参与鼓车"申遗"的"十字道"精英们,则更多地从"连队"角度考虑未来的利益问题,若村中只有五辆鼓车,"申遗"成功后国家资助经费时东南三院会比西北两院多得到一份经费,明明三比三的"生产队"划分,经费分配却不均,不如在此基础上增加一辆鼓车更好,既能保证西北院东边民众的信仰,又能为西北两院争得一份现实的利益。这种动机的出现,也许还来自数百年间鼓车竞赛两大院间实力比拼形成的集体心理结构定势。原本是维护民俗信仰的争端又滋生出了以"生产队"历史为由的利益诉求,诉求一旦形成则矛盾方进一步增加,并进而危及村落权力的正常竞争。权力竞争的核心是村主任选举,历届村主任选举的支持主体是本"大院"民众,与鼓车竞逐格局同构,东南三院或西北两院鼓车比赛时民众只能拉本大院的鼓车,否则会被视为民俗大忌。但村主任选举公开民主,则不可能像拉鼓车那样有什么民俗禁忌!2008年刚好赶上三年一次的村委会换届,西北院的精英们自然拥护本院人当选,若这一新形成的利益诉求得不到满足,很有可能会造成西北院内部东、西矛盾,导致权力竞争的失败。

文化精英贾文瀛的文化建设虽看似合乎"申遗"规范,但一方面伤害了西北院(特别是北头庙生产队)民众信仰的真实情感,另一方面则制约了西北院(特别是十字道连队)现实利益的诉求。西北院两"生产队"的乡村精英们若不相互"合作"，必将遭到文化精英贾文瀛的"三杀"，"合作"既能满足双方诉求，还不会导致权力竞争混乱。并且真正的"申遗"力量外援团还均是西北院人士，分属两个"生产队"，他们亦赞同"六鼓"的方案；因为这并不会为"申遗"带来太多的负面影响，适当的发展、改变也属于情理之中。当然，贾文瀛作为村中的文化精英，申遗文字工作、鼓车文化规划全由他一手负责，村中确实无人能替代他的位置，贾老常常与我念叨着一句话："没有我，他们搞不成！"他自身文化威望的树立需求，也在客观上促成了"六鼓"的形成。"五院五鼓五图"的鼓车文化形式是贾文瀛始终钟情的"杰作"，他本人从未冷静思考过西北院民众拒绝"二龙戏珠"的深层原因，总以"封建迷信""无知"的眼光鄙视民众的真实情感，总以文化权威的姿态坚决反对"字鼓"。对于"六鼓"的出现他更加反对的是"字鼓"的留存。贾文瀛在不满"六鼓"格局的同时，行为上更加促成了"六院六鼓"的形成。2008 年鼓车赛会祭鼓仪式中，六辆鼓车同时进入村中大庙祭鼓，主持者贾文瀛当众宣读了由他亲自撰写的祭鼓文，文中对六鼓一一点到。大庙公祭后各院分别举行鼓车院祭，贾文瀛还亲自参加了他钟情的"二龙戏珠"鼓的祭鼓仪式。各院鼓车历来是鼓庙合一的，祭鼓的地点即在院庙，而多出的"二龙戏珠"鼓无庙可依，亦无院依托，显然处于习俗的蹩脚地位，但贾文瀛仍在"二龙戏珠"前祭拜，虽然他心中坚信这才是"西北院"的文化正统，但现实的情形已很明显，北头庙门前的"西北院"字鼓世代相传、鼓庙合一，名正言顺。

　　鄂乡"申遗事件"形成过程体现出鄂乡鼓车赛会真正的体育性质，民俗体育文化的形态必然有形式上的竞争主体对立。不同竞争主体间自然会有自我独立的习俗维护方式及文化个性，它牵扯着每个民众的生活信仰，同时也波及民众的现实利益及权力竞争，矛盾的多方面纠纷博弈恰恰说明了民众对自身文化的珍视。"六鼓"的文化格局要说是"错误的"则是鼓车协会每个成员共同惹下的乱子，要说是"正确的"则还是每位文化当事人共同酝酿的杰作。其中，每个文化当事人，每个为民众做决策的"申遗"参与者均摆脱不了干系。

鼓车道
乡愁记忆与传承保护

（三）民众的情感真实与"二龙戏珠"图案的历史真相

"非遗"保护的基本原则应注重其真实性、整体性和传承性。[①] 田野调查时，关键资讯人之一的贾文瀛总会向我灌输，目前鄂乡鼓车文化格局严重背离"非遗"政策的基本精神。"他们违反了'非遗'保护法，我真想有一天和他们打一场官司！"贾文瀛等人还请我看了一张出版在书籍[②] 上的老照片（见图 4-1），正是"二龙戏珠"与"八卦"两辆鼓车在比赛前的场景，鼓车图案及相关人物都很清晰，经调查询问，村人普遍认为照片上的人物是本村西北院人贾久成和南院人王晓松。

图 4-1　拍摄于 1980 年前后的"鼓车赛会"习俗照片书影

资料来源：张铁锁、傅惠成、刘玉太《丁村鼓乐文化》，山西人民出版社，2005，第 100 页。

照片的出现让我开始相信，不论西北院民众目前意愿如何，"二龙戏珠"的图案在鄂乡历史上终归是真实存在过的。并且贾文瀛等人解释"字鼓"之所以产生是由于鼓车比赛在鄂乡历史上相当频繁，鼓面常在被擂坏后找不着画工，因此常以"字"代替。我亦深信这一解释的合理性。我虽已大体形成对这一问题的基本认识，但贾文瀛所提供的材料信息总是一个立场方的代表，2014 年农历三月鼓车赛会期间，我在进行参与性观察时，北头庙门前的两位老者交谈："五辆鼓车本来就挺好！"我上前细致打听，老者笑道："我

---

① 《中华人民共和国非物质文化遗产法》，2011 年 2 月 25 日通过公布。

② 张铁锁、傅惠成、刘玉太：《丁村鼓乐文化》，山西人民出版社，2005，第 100~101 页。

不能和你们说,你们是记者,让你们知道了对鼓车影响不好。"经再三引导,老者说出原委:"我们都 80 多岁了,从未离开过村子,特别是每年的鼓车赛会更不可能不参与,由小到大从未见过有'二龙戏珠',现在西北院多出个'二龙戏珠',这不相当于一个家庭里面有两个爷爷啊!"此时,我针对他们"从未见过'二龙戏珠'"的说法,拿出老照片请他们辨认,他们亦认出照片中人物为贾久成与王晓松,但询问他们为何鼓车图案有"二龙戏珠"时,他们的回答仍是否定的,并说这绝不是鄂乡的,应该是拟造。20 世纪 80 年代左右的照片被修改的可能性极小,并且照片来源的书籍是 2005 年出版,在"申遗事件"事发之前,并没有什么拟造动机。当然,照片拍摄地点值得重新论证,贾文瀛等人强化"这是鄂乡拍摄"的说法也提醒了我,关键"资讯人"会有意隐藏不利于他们观点立场的一些信息,存在主观误导研究者的可能。

　　我持着对"资讯人"的怀疑态度,在第四次进入田野时有意选择居住在另一位关键资讯人毛武德家中。毛武德那年 76 岁高龄,身体健硕,性格刚毅、直爽;他年轻时对鼓车痴狂,对鼓车文化的理解感悟深刻,每每谈起鼓车总是滔滔不绝。之前,他在"申遗事件"问题上态度虽与贾文瀛基本一致,但常常也会在有关鼓车文化的细节上与贾文瀛争论不休,老先生的这种"较真儿"精神很有学者风范。入驻毛家的当天晚上,毛武德便郑重其事地为我们讲述了一段令我反思前期田野工作的事情。

　　　　上次你们走时,我一直有些话想对你私下说说,但总没机会,我觉得在我死之前应该把我的真实想法告诉你们,要不然怕以后再没机会了。这一事,你一定得知道,至于你的研究如何做,那是你自己的事情。关于贾文瀛坚持的"五鼓五图"也好,还是西北院那些有势力的人坚持"六鼓"也好,这我都是不同意的,你们的调查也触动了我,你们走后我又细致地到西北院做了一番询问,询问后我觉得这多出来的"二龙"[1]鼓能存在的时间长不了。

————————————

① 以下所提到的"二龙"均指"二龙戏珠"。

第一，西北院历史上确实没有"二龙"，至少这一百多年来是没有出现过的，我父亲是清末鄂乡鼓车协会会长，爱鼓如命，但我从没听他提起过他见过"二龙"。另外，我很早就在西北院询问过，有几位爱鼓的老人生前也和我说过此事，他们同样自己没见过也没有听他们的父亲或爷爷说见过"二龙"。

第二，有关"二龙"的传说确实有，这两个传说你也都知道。但"二龙"留在白马寺或栽到泊池里与西北院没有"二龙"没有关系啊，就算放在了河南，重画一个鼓不就行了嘛，栽到水里鼓又不会沉，直接捞上来就行了嘛？西北院人不要"二龙"最根本的原因其实是它"溜溜的臭"，不好。当地老百姓非常忌讳"二龙"，这是代代相传的，他们认为要是出"二龙"就有可能接二连三地出问题（灾祸）[①]。

毛武德的一番话，让我们这些城市里从小读"唯物"书长大的人觉得不可思议，难道事件真如此邪乎？但这首先证实了我原先的顾虑并非多余，关键资讯人的"真实"永远无法摆脱其自身的利益诉求，不要妄想从一个关键资讯人身上取得文化的真实全景；另外，初次短暂的"田野"根本不可能获得文化真实，真实往往会在你感觉已对田野了如指掌时再次蹦出来否定你的自足感。与毛武德交谈后的感触就像在古董店里，你若不是真买家，店主是不会将真货拿出一样，并且毛武德对"申遗事件"的态度也发生了"转变"，[②] 之前与他进行田野接触时他亦维护"二龙"鼓，原因

---

① 访谈地点：毛武德果园；访谈时间：2014 年 7 月 8 日夜晚。

② 毛武德对鼓车"申遗"的态度，严格说来并不是转变，只是出于他对鄂乡鼓车文化的热爱及与贾文瀛甚好的私人关系。由于顾及事件真相被外界宣传后对鄂乡鼓车文化的发展不利，所以他对一般的来访者口径与贾文瀛基本上一致。在这次访谈中我也印证了之前对贾文瀛的疑虑，"感觉贾文瀛并不是非常谙熟鼓车习俗"，由于贾文瀛早年在村外工作，本无深入了解鼓车的机会；而且还有一个自身原因，即他本人天生就不喜欢拉鼓车，诚如一次访谈中，他亲自对我所言："我就没拉过鼓车。"他是村里男性中屈指可数的从未拉过鼓车的人。一个不喜欢拉鼓车的人当然不会去关心鼓车文化中的种种细节问题，因此贾文瀛发展鼓车文化的落脚点耐人寻味。

是毛武德对外界说法要与贾文瀛口径统一，所谓"家丑不外扬"，但这却不是他内心真正所想，这回他的立场已完全公开地站到了北头庙民众一边。

　　有关"二龙"鼓不吉利一说，我在随后的调查中再次获得了很多民众的证实，特别是西北院民众对"二龙"更是心有余悸，甚至有好多民众因为不吉利都刻意回避"二龙""不吉利"等字眼。在对尉林芝老人的访谈中他再次说起那些不幸的事件。

　　"二龙戏珠"鼓车与不幸事件的发生之间并没有因果关系，更谈不上科学依据，从科学的角度来说这纯然是迷信之说。而"不吉利"的传说、"二龙"的出现，以及不幸的事件三者却又在同一个时空范围内出现，科学也无法证明这三者之间就一定没有关系。本是追求祥和、安宁、吉利的民俗活动在一系列不愉快的"建构"矛盾之后，又突然生出许多人命关天的非正常意外，群体固有的禁忌传统会进一步得到强化或逆袭。信仰、宗教、巫术并不一定是在自然环境恶劣的地区才能形成，也不一定是在科学与技术低下时才有市场，而是民众对自然敬畏的情感延伸。"依靠耕种为生的民族对农业的知识没有不发达的。他们知道土质，知道垦犁耕耘，知道用肥料，知道选择种子。但是即在选的极好的土地，种的极好的田亩，不幸的事件一样发生……晴雨丰歉好像是天意，和人类经验及知识是无涉的。于是人们又有求于巫术。"[1] 事件之间科学的因果关系根本不存在，但民众的情感态度却异常真实。民俗乃民众的生活，生活的意义不可能仅是冷冰冰的科学原理，更多的还应该是民众们鲜活真实的情感；民俗文化的建设、保护首先要尊重的便是民众的真实情感，否则，便失去了民俗的意义。理性与感性，科学与信仰同等重要，任何一方都不能以压倒性优势的姿态来自居。特别在民俗文化中，永远不要低估民众的智慧，民俗的禁忌、习惯、信仰等形成并不是一蹴而就的，那是千百年来民众对现实生活经验的总结归纳，对人、社会、环境之间的不断调适所形成的结晶。民俗的那些非理性情感直接建立在世代生存经验的基础之上。即使没有那些不幸的事件作

---

① 马林诺夫斯基：《文化论》，费孝通译，中国民间文艺出版社，1987，第50页。

强化，民众的情感意愿仍是第一位的，民俗文化之所以要加以保护，是因为这本身就是在保护一种特殊的文化信仰、文化态度或情感记忆，因为保护而拒绝民众的真实情感则可能是在破坏"非物质文化遗产"的根基。

我们在证实了民众对"二龙"忌讳和对"字鼓"拥护的情感事实后，再次调查了"西北院"鼓车的真实情况，得到的结论是："字鼓"才是鄂乡鼓车文化发展的历史原貌。2008年汾城镇宣传鄂乡鼓车文化，将鄂乡鼓车"申遗"材料中提供的鼓面图案在镇公路边展出，赫然将"二龙戏珠"鼓归为西北院；后来，鄂乡精英们在国家申报材料中为了使事件圆满，将西北院"字鼓"表述为"解放后，鄂乡又发展出了一辆'西北院'鼓车"[1]。鄂乡民众，特别是西北院民众得知此事后气愤至极，认为有些人不尊重历史，胡乱篡改，颠倒黑白。祖祖辈辈延续下来的"西北院"鼓成了配角，反倒是新出来的"二龙戏珠"成了正宗，这分明是老子变儿子！儿子成老子！我们进行了多次访谈，其中年龄最大的访谈对象已是93岁高龄，受访过的所有民众中没有一个说见过"二龙戏珠"的，只有"西北院"字鼓的记忆。进一步启发："有没有听过您的长辈生前说他们见过'二龙'？"得到的答案仍是否定的。但仍有一个问题与访谈结果相悖，那就是20世纪80年代照片中的"二龙戏珠"与人物，若人物确定是鄂乡的人，怎能会没有见过"二龙"？毛武德也为照片的事实提供了一些新的信息。

> 那张照片的事情，当时人们在争论"二龙戏珠"究竟历史上出现过没有时，我就与贾文瀛说，要好好证实下拍照的地点、人物、时间是不是在鄂乡三月鼓车会上，还有人物，都说是贾久成和王晓松，但长得像的人也有，一定要证明清楚才行！书上写得很清楚，是县文化馆馆长提供的照片，贾文瀛和他很熟悉，打个电话问问就清楚了嘛！可有两三次贾文瀛却私下里和我说"不要问了，这样对'二龙'不利！"你说，

---

① 鄂乡"鼓车赛会"申报"第三批国家级非物质文化遗产"申报书。资料来源：襄汾县文化馆；提供者：范静。

这"对'二龙'不利"是什么意思? 小伙子(贾文瀛)是个好人,但就是太固执了,他到现在还坚持他的"五院五鼓五图"! ①

毛武德对照片的态度也较为激进,他认为照片中的时间、人物、地点全与鄂乡无关,仅人物长得像而已,而我认为是鄂乡人的可能性极大,因为二人同时被认为是鄂乡人贾久成和王晓松,出错的概率很小。基于前期的田野教训,我们决定找其本人或家人证实。很幸运,随后我见到了南院王晓松本人及西北院贾久成的妻子,经核实确定是本人无疑。综合考虑照片的时间、地点、人物与民众访谈情况,很有可能照片拍摄地点不是鄂乡,贾久成已去世,询问王晓松本人时,他本人也记不太清是否在鄂乡拍摄,但本人的确有过在外村参与拉鼓车的经历。根据照片提供的信息比对,照片拍摄地点背景空旷,而鄂乡鼓车道两侧房屋密集,应该不是在鄂乡鼓车道内;照片中人物穿着亦不是清明时节中的应季服饰,人物均穿着厚重的棉裤、棉袄还戴着棉帽,极有可能是在正月元宵节期间。我再次询问文化精英贾文瀛本人是否核实过照片的拍摄地点,贾文瀛回应含糊:"嗯,那就是鄂乡的人,鄂乡的鼓车,在鄂乡拍的。"答非所问。再试探性问:"您和照片提供者是否熟悉? 应该去找找原文化馆馆长张铁锁便能清楚。"贾文瀛以"不认识"将话题打住。

鼓车赛会习俗在历史上不为鄂乡独有,公村、腴村、岗村以及更远的中陈、西毛等村均很流行,20 世纪 50 年代村际的鼓车比赛活动仍很频繁,80 年代、90 年代村人到外村参与拉鼓车的情况也时有发生,鄂乡没有"二龙",其他村落也可能有。本次田野工作结束后,我的关键资讯人毛武德对这件事高度关心,76 岁的他特意到县城拜访了书籍照片提供者张铁锁,回程路上见了当年负责鼓车活动的北腴村人王忠祥,回村之后还将照片再一次请村人确认。张铁锁当时是襄汾县文化馆馆长,照片是已经去世的文化馆工作人员王惠民拍摄,具体拍摄地点张铁锁本人也不敢确定;北腴村

—————————————

① 访谈地点:毛武德果园;访谈时间:2014 年 7 月 8 日夜晚。

人王忠祥今年 84 岁，见到照片后很确定地认为照片上的那个"二龙戏珠"鼓是他们村的；①回到鄂乡后毛武德再次请众多上了年纪的村人确认拍摄地点，最后村人通过集体回忆基本认定是在 1980 年左右的元宵节期间，每年正月十六镇上会组织大型的社火活动，拍摄地点应是汾城镇大街鼓楼以北的宽阔地段。② 近百年来，"二龙"鼓未在鄂乡出现过的历史事实应是可信的。按"非遗"政策则更应该坚持西北院"字鼓"的传统，"二龙"则可能与鄂乡历史不符。即使传说是真实事件的演化，那么这二则传说的深层意向也是在解释"字鼓"的合法性。"龙"在中国是王权的象征，民间对其很爱戴亦很惧怕，随意滥用的情形不多见，其往往是皇家或大型寺院的标志性图案。盛行于南方水乡的竞渡习俗也并非我们常常想象的必然是龙舟，龙舟最早也是源自皇家宫廷内部。③ 鄂乡人对"二龙戏珠""不合适"的表述是很到位的，其意即，"二龙"本身是好的，但安放在西北院却"不合适"，其他地方也许合适！如传说中供放在白马寺为逢旱灾的河南带来甘露的表述。"二龙戏珠"鼓留在洛阳白马寺或遁入水中的传说或许是在表达"龙"的归宿不应在西北院之意！民俗文化复兴的主旨不是让我们复古，或必须追溯到多么久远的历史，而是要重视其传承延续，为现代服务。"非遗"保护的出发点不论是文化认同还是文化产业，先要确保的是尊重"文化持有者"自身的文化情感。文化情感必然也会与习俗的历史真实相互一致，无论从西北院鼓车标志的客观历史还是民众对鼓车标志的信仰来看，贾文瀛所宣称的尊重"非遗"政策、尊重历史、尊重事实、尊重文化与其实际坚守的文化主张之间存在很大分歧。西方管理学中常常用考察组织中的"宣称目标"与"真实目标"是否一致来判断组织绩效的高低，④ 贾文瀛的文化坚守招来了协会成员、西北院民众的共同反对，也许正在于他自身的目标管理

---

① 信息来源于电话交流；来源地点：北腴村王忠祥家中；时间：2014 年 8 月 15 日 11 时。

② 信息来源于电话交流；来源地点：鄂乡官道；时间：2014 年 8 月 17 日 15 时。

③ "龙"在中国民间是很威严的神物，民间对其既爱戴又很惧怕，在山西民间常流传着"被龙抓"的传说，若有人不孝、不忠或干了有悖伦理道德的事情则会遭到"龙抓"的报应。

④ 罗宾斯等：《管理学》（第 9 版），孙健敏等译，中国人民大学出版社，2008，第 165 页。

出了问题。而与贾文瀛观点对立，主张"六鼓"的"申遗"参与者们却走向了另一个极端，可以说前者是文化权威主义的代表，而后者则是现实权利主义的崇尚者，后者如此重视当下现实利益的配置，未将尊重"文化持有者"作为第一原则，同样忽视了民众的情感真实与民俗的生活本质。

"申遗事件"中多方代表"各怀心腹事"的历史演绎过程，让我想起了克利福德·格尔茨在其著作《文化的解释》开篇所讲述的摩洛哥故事①，其中当事人各有各的文化背景及做事风格，他们在特定的时空场景中"碰撞"，"事件"接二连三地发生了令人意想不到的戏剧性变化。"摩洛哥故事"无疑给中国的《易经》做了脚注：人世间出人意料的事儿，原因大抵不外乎行事主体之"多"与事件环境之"变"，再有就是人欲有所为而结构场景令其无能为力的尴尬。②鄂乡人无疑又结结实实地回应了格尔茨，并将中国哲学的抽象思维又拉回到了现象。

四　非物质文化遗产保护中的实践误差

鄂乡人获得了"非遗"的各项桂冠，"申遗事件"的产生似乎并未对"非遗"申请产生什么负面影响，但也许村人们都还没有意识到，"申遗"除了为他们带来了那段不愉快的文化纠纷外，已开始从根本上腐蚀他们千百年来演化完美的"鼓车赛会"习俗。民俗学者施爱东认为"非遗"系国家文化发展的一种"运动"或"革命"，"非物质文化遗产保护却是一项由政府职能部门操持的，亟须拿出成绩来邀功请赏的急活儿。急活儿容不得细致讨论与论证，运动机器一旦开动，马上就得投入实践"③。

---

①　故事发生在法国殖民统治后期的摩洛哥，是一场由柏柏尔人、犹太人、法国人三者共同演绎的社会闹剧。参见克利福德·格尔茨《文化的解释》，韩莉译，译林出版社，1999，第 9~11 页。

②　参见张海洋《〈好想的摩洛哥与难说的拉比诺〉译序》，载保罗·拉比诺《摩洛哥田野作业反思》，高丙中、康敏译，商务印书馆，2008。

③　施爱东：《中国现代民俗学检讨》，社会科学文献出版社，2010，第 191 页。

鄂乡鼓车"申遗"的事实过程确实印证了施爱东的"运动"理论论断，2008 年春节至当年农历三月的鼓车文化复兴，历时仅 50 多天。从常规角度理解，这是鄂乡人同心协力、高效办事、完成伟业；但换一种冷静的思考立场来看，50 天内的文化变迁超越了村落百年记忆中的任何一次文化变迁。这种文化变迁的强度着实已不再是民俗文化的变迁节奏。

（一）民俗"铜臭化"——民俗参与动机的变质

2008 年，鄂乡人持着民俗信仰的纯朴情感反对"二龙戏珠"鼓的出现，"字画之争"相持不下时为解决民俗与"申遗"的矛盾又派生出了"五鼓"与"六鼓"之争，再次远离民俗原貌，情绪不满的民众由西北院范围扩散至整个村落。"六鼓"格局既定，遭受了民俗情感伤害的西北院民众参与鼓车活动的积极性原本就不甚高涨，而且原本"共侍一鼓"的西北院民众又被一分为二，分侍"字鼓"及"二龙"，因而在鼓车活动开展时出现了人员不足问题。人员不足又不得不促使"六鼓"格局的决策者们再次决策："凡参与鼓车活动人员均明码标价，打旗的 20 元、乐手 50 元、拉鼓 100 元，费用由决策者中的村办企业家承担。"2014 年农历三月的鼓车会上，我便听说有这一现象，并在随后的参与观察时窥到了"出钱雇人"的一斑。"西北院"鼓车开始游鼓前专门有位村民负责记录参与人员的姓名、职务；举旗的妇女们争先恐后，要求被记录，显然很享受这一被记录的过程。我随访了一位"拉鼓车"成员，问及此事，外表敦厚的他说"没钱"，遂又补充："就是图个高兴，给不给钱都无所谓，大家高兴就行了。"他的话语显然在掩饰实情，"没钱"的回答是应激地掩饰自我也认为不光彩的问题，补充的回答似乎又是察觉到对方已略知此事，要再次表明他的内心想法："不管给不给钱我本都会参与其中的。"

"花钱雇人"开展民俗活动已严重违背了民俗的发展逻辑，"铜臭化"必将导致民俗变质。20 世纪 80 年代以来，当代社会出现"超越性病态"现象，道德缺失、信仰唯金、传统遗弃等宏观社会问题均与其有关，包括 2003 年后鄂乡鼓车赛会文化的短暂遗失均是因为民众太过迷失于对物质的追求。恢复鄂乡文化传统本身即在弥补以往"经济超越"的过失,可这一切的努力似乎又跌回了"物质利益胜于一切"的怪圈之中。事态若进一步发展,则鄂乡各院民众均会感染,鼓车习俗的参与动机一旦"铜臭化",祖辈相袭的民俗则会成为经济追逐的出演工具,民俗不再。

(二)"民"的危机——"为民做主"的文化保护机制

2009 年,鄂乡"鼓车赛会"成为省级非物质文化遗产后,村委会开始接管"鼓车赛会"事宜,其中,最主要的原因是国家资助经费开始下发,必须由相应的法人代表负责经费使用、管理及承担相应的责任。文化发展力量由民间向官方转换也标志着民俗主体"民"的危机出现,虽然具体办事人员仍由鼓车协会成员担任,参与主体仍是民众,但民众开展活动的形式、规模、样法等均由村委会统一安排、指挥、决策。"鼓车赛会"习俗与中国大多数社会展演的习俗大不相同,它真正的宝贵之处在于除一般社火表演、祈报仪式外鼓车之间还要进行激烈的竞速比赛——"鏖战"。"鏖战"时需数百村民轮换接力,拉着庞大的鼓车奔跑,具有一定的危险性,若有不慎可能会出现伤害事故。在鄂乡民间可是"鼓车道内碾死人不偿命"的,因为这是勇敢者的游戏,村民参与其中自觉自愿,当地人的脾气秉性似乎有些许西方国家的冒险精神或决斗风范。民众均很认同这一看似有失人性的规矩。但村委会管理民俗后,责任主体亦由"民"转向村委会,村委会担心若出问题会承担相应的责任,由此在"鏖战"问题上采取不支持态度,只是负责"祭鼓""游鼓"展演活动。

非物质文化遗产保护一定要做到民主,而不是"为民做主"。文化保护过程中官方可以为地方文化的开展提供资金创造更好的生态环境,亦可以直接为文化开展提供资助,但对有些活动不应该直接参与到规则、设计、改进、调整中去。"鼓车赛会"习俗是目前为止在汉族村庄发现的唯一现存的陆上竞速类本土体育,它与竞渡习俗形成了鲜明的南北对照,其历史、文化、体育、审美等价值极高,对其完整保护的意义重大。

（三）"文化传承"——"非遗"传承人的选定及近况

鄂乡"鼓车赛会"成为国家级"非物质文化遗产"后，"非遗"传承人的选定、待遇、义务等制定亦存在很大漏洞。2008 年民间组织"申遗"时，鼓车协会成员一致推举清末鼓车协会会长的后人毛武德为"文化传承人"。我通过三年来的田野接触，发现毛武德虽年逾七旬但身体健硕，他不仅能在鼓车前为我们娴熟地示范各种鼓车赛会的技术动作，而且还对鼓车制作工艺、鼓与车的结合技术、梢绳绑定等均烂熟于心、从容上手。从 2008 年起，外界媒体采访、制作纪录片等，村人都需请他来做主角，因村中像他这样既懂得拉鼓车技术又懂得鼓车制作、组装，还通晓鼓车相关文化、历史的村民几乎都已仙逝。毛武德可谓鼓车习俗的"活化石"，但鄂乡鼓车文化登顶"国家级非遗"后却没有将其列为"非遗传承人"，国家的相关经费补贴就更无从谈起。据说，村委会控制鼓车赛会文化的管理权后，又重新选定了六位传承人，每辆鼓车分配了一个名额。对于此事的变更村人并不知情，选定过程、时间、标准等事宜均由村委会自行操作。村人甚至都不知道现在的传承人具体是哪六个人。

访谈中，毛武德似乎对这个问题也无所谓，并不在乎经费的资助，只是有些不满意村委会不够民主、公开的做法。这种现象在目前国内"非遗保护"中也似乎并不鲜见，马知遥在田野调查中发现，山东某地布老虎制作工艺，真正具有传统手工制作技艺的人常常得不到重视，而一些被确定为"非遗传承人"的人技艺却令人生疑；明显的事实是，当地政府推荐的"非遗传承人"的岳父是前文化站站长。[①]"非遗"政策法规中对传承人的选定标准及义务有规范性说明，而在基层的具体操作上却模糊不清，选定文化传承人的过程为"利益分配"或"权利传承"所干扰似乎是无法摆脱的事实，然而，传承人有能力或有资格承担文化传承

---

① 马知遥：《非物质文化遗产保护的田野思考——中国北方民间布老虎现状反思》，《民俗研究》2012 年第 4 期。

的义务,才应该是传承人选定的硬性条件。在鄂乡,毛武德为鼓车文化的无偿付出无人不知,无人不晓,从指导年轻人拉鼓车技术、规范鼓车鼓点节奏、装点鼓车,到接受媒体采访、为研究者提供田野材料,再到平日里自我查阅资料、撰写鼓车感悟以及奔走乡里询问鼓车历史片段等,他俨然在尽文化传承人的义务,而他却不是官方认定的传承人。

"非遗"是活态的文化,它的存在必须由人来承载,因此,"非遗"保护的核心主体是那些文化承载者,也即所谓的文化传承人,若选定的传承人不是文化承载者,则其更不可能尽相应的传承义务。然而在鄂乡的调查中我们也发现权利与义务虽出现了不对等现象,但这似乎并没有妨碍真正的传承人传承文化的行为,一种根本的原因在于这些村人的传承行为意向出于对自我文化的挚爱,认为传承是一种神圣的职责。这种反常的现象也许是对民俗文化保护的最大讽刺。

五　传统发明的边界

"任何处心积虑建构的传统都不可能一夜之间被创造出来。任何一种被创造的传统必须在一定程度上符合文化习俗及以往的社会实践轨迹,而且还要面临诸多的挑战。"[1]鄂乡"鼓车赛会"遭遇"非遗"后的文化动荡前所未有,足见国家文化保护政策对民间文化的影响力度。因"非遗",鼓车文化得到了国家荣誉、经费资助、外界关注;也因"非遗",其内部产生了文化冲突;还因"非遗","铜臭化"、"为民做主"、传承人等问题出现。这由"非遗"引发的种种正负面现象不禁让我们再度反思,"非遗"保护如何可能?国家每年投入巨大的人力、财物、资源一心要保护的"非遗",怎么才能发挥最大效用?传统并非一成不变,它始终在被文化持有者们不断地精心调整与更新。传统发明的原生动力在于更好地

---

① 景军:《神堂记忆——一个中国乡村的历史、权力与道德》,吴飞译,福建教育出版社,2013,第53页。

与其文化生态相融洽。那么，鼓车赛会文化重建的边界永远不应该突破自身的文化生态环境制约而自行为之，否则只会以"出力不讨好"收场。

（一）诗性逻辑——"申遗事件"的评判

在感受"申遗事件"的过程中我们始终在想，为什么就不会有第三种解决方案："尊重民众普遍的文化期盼，保留字鼓，否定'二龙'。"鄂乡"申遗"参与者们都被"申遗"的政策利好所诱惑，那现实的经济利益、国家级头衔对"实用理性"惯常的中国民众而言确实难以抗拒。

首先，"非遗"相关规范性文件中并没有一项条款可以直接有力地支撑必须选择"五鼓五图"的做法，这只是当地文化精英们仅通过一般的跨文化表象观察、主观联想及自我权威渴望一并思考形成的文化态度。这种文化态度的现实只能是触犯民俗情感认同的边界，当地民众能在50多天的高密度文化运动中对此及时识别并有所"防御"，亦能反映民俗文化自我调适的生命力多么旺盛。

其次，"六鼓"的形成原因复杂，其是村落现实的社会秩序及应对"非遗"共同作用的结果。在应对"非遗"与兼顾民众信仰方面来看"六鼓"算是较为折中的选择，但习俗内在的运行节律受到破坏，特别是此次鼓车数量的增加并未按照鄂乡历史上鼓车增加的民俗规律运行，据历史材料看，鼓车增加的前提：一为供放场所——庙堂出现，二为人丁充足，可侍一鼓。庙堂及人丁条件均未满足的情况下必然出现"无人侍鼓""无庙供鼓"的尴尬局面，进而超越了传统发明的边界，引发"铜臭化"问题。以上两种立场对鼓车赛会习俗所造成的负面影响不分伯仲，只是"五鼓五图"的文化伤害明显即时，而"六鼓"的文化伤害潜在迟缓而已。

最后，"二龙戏珠"鼓的传说与"非遗"碰撞后，"二龙戏珠"成为现实，"不合适"的传统认知也被不幸的事件所"应验"。但传说的叙事还没有结束，这意味着事件还可能进一步按照传说的叙事发展。萨林斯以夏威夷土著的神话传说与库克船长的历史事件的结构关系为例，彻底打破了"想象、历史"与"神话、现实"之间貌似隔离的价值界线，在神话与事实、主观与客观的内部关系的结构中再生产出超越简单历史事实的追求。① 历史事实与神话虚构的关系非但不应被隔绝，相反，其表现为一种叙事的通融。夏威夷的历史经常重复叙述着自己，第一次它是神话，而第二次它却成了事件。这是一种诗性逻辑：第一，神话和传说的虚拟性正好构成历史不可或缺的元素；第二，对同一个虚拟故事的复述包含着人们对某种习惯性认同的传承；第三，叙事行为本身也是一种事件和事实，是一种动态的实践；第四，真正的意义价值取决于整个社会知识体系。对某一种社会知识和行为的刻意强调或重复本身就成为历史再生产的一部分。② 2008 年以来，鄂乡"鼓车赛会"名扬四海，先后受北京、河南等地邀请赴外地参加展演，如今，鄂乡人再将鼓车"拉"到洛阳白马寺的现实可能性更大。"申遗"后的历史事件恰恰满足了"二龙"传说叙事的必备条件，鄂乡人极有可能将神话传说中的"诗性逻辑"转换到现实的鼓车文化中来，将"二龙戏珠"鼓车再次留在异乡，留在一个更适合它的地方，完成历史范式的叙事。此后，鄂乡仍是"五院五鼓"，"西北院"字鼓就意味着"二龙戏珠"鼓，之所以是"字鼓"的原因或文化依据便是那段"'二龙戏珠'鼓拉到了洛阳白马寺"的美妙传说。当人们"胆敢"再次质疑"字鼓"在其他"画鼓"中的不协调时，这段传说远比直观的图案更具有文化力量、审美感受。国家"非遗"保护更应青睐如此富有文化魅力的民俗事象。

（二）保护生态——乡村政治精英的文化责任

针对民俗体育"鼓车赛会"开展中的"为民做主"现象，以村委会为核心的乡村政治精英们要清醒地认识到直接干预、指导民俗文化本体形态的危害性。他们应该拥有国家经费的管理权，但不应以经费控制进

---

① Marshall Sahlins, *Historical Metaphors and Mythical Realities*, The University of Michigan Press, 1981, pp.10–11.

② 彭兆荣:《神话叙事中的"历史真实"——人类学神话理论述评》,《民族研究》2003 年第 5 期。

而左右习俗本身的运行机制。如"鼓车赛会"的祭鼓、游鼓、踩辕、溜腿、鏖战、亮梢等具体活动环节都是数百年来约定俗成的活动内容，民主地放权于民众依俗开展即可。2014 年鼓车会上，村委会给每个院分的鼓车拨款 5000 元作为赛会经费，5000 元对于习俗的正常开展已绰绰有余，但也正因为国家经费直接介入，习俗中便少了踩辕仪式，"踩辕"是鼓车赛会的重要组成部分，届时会邀请本院的"光明人"站在鼓车车辕上方，在村中游行一周。古时凡踩辕者都要请本院民众来家中喝自家酿制的美酒；从 20 世纪 80 年代开始，踩辕者会出资捐助赛会。长久以来，鼓车赛会形成了一套自我良性运转的自为系统，民众自觉自愿出资捐助被民间视为积德行善，[①]每年鼓车赛会期间还会特意出榜公示捐助者名单。2014 年赛会上由于村委会将"非遗"经费直接下发至各院，赛会上仅有东院民众出资捐助并出榜公示，而其他各院却看不到出榜现象。国家"非遗"经费似乎直接减轻了民间的捐助负担，但"非遗"经费能否像民间经费体系一样延续数百年不断？！民间经费体系遭到破坏，一旦国家政策有所变动，恐怕鼓车赛会也会无法自为运行。

政权精英们对国家经费的使用不应该直接介入"鼓车赛会"习俗的运行机制当中，应更多地考虑利用国家经费维护好"鼓车赛会"的文化生态环境。其中物化的生态环境建设是当务之急，"非物质文化"虽是"非物质"的，但对它的保护中却恰恰离不开"物"的支撑。鼓车、鼓车道、供放鼓车及祭鼓的相关庙宇是直接承载鼓车赛会的物化环境，必须花大力气完善。有庙堂的存在，民俗的信仰才可以强韧延续，如今村落的庙堂年久失修，有些庙堂自抗日战争以来不断受到破坏，直至改革开放都未重新修葺，后土庙古戏台精美的砖雕在剥落后被任意搁置，文字镌刻精美的明清石柱被垫在脚下沦为阶石；"鼓车道"是村落中心的环形街巷，其两侧的房屋建设自 20 世纪 80 年代以来大肆扩张，村民建房侵占公共空间现象严重，水泥硬化了的"鼓车道"路面高低不平，雨天泥

───────────────

① 有些地区将此举称为积阴功、积阴德。

水淤积，排水不畅。鼓车轮是传统包铁工艺，在硬化的路面上硬碰硬，速度快，不稳定，这不仅对传统工艺的鼓车轮损伤程度极大，而且大大增加了鼓车鏖战时的危险性。将600多米长的"鼓车道"路面、排水、两旁建筑重新规划调整，可能才会更好地保障赛会的正常开展，特别是鼓车鏖战时的安全性会大大提高。

对于竞技体育事象，身体伤害性或多或少总会存在，且不能因为有风险就断然终止，"销毁龙舟事件"[①] 是每个人都不想看到的因噎废食之举，"存其戏而杀其力"[②] 的疏导道理古人已有所认识，想必我们会做得更好。还有鼓车本身，鼓车制作工艺中科技含量最高的是车轮的制作，目前已很难找到制作传统车轮的艺人，现有的鼓车车轮全部是民国之前制成流传下来的古物，若车轮损毁则很难再从民间寻觅，村委会应未雨绸缪，投入一定的资金收集古代车轮的同时组织相关艺人恢复传统车轮的制作与修复工艺。

（三）国家"非遗"保护政策改进的相关启示

鄂乡"鼓车赛会"的"申遗"现实状况也为我国非物质文化遗产保护的政策制定、管理规范等提供了进一步调整与改进的空间。

鄂乡"申遗事件"从某种意义上反映了非遗保护中存在的一些问题，从2006年国家出台的《国家级非物质文化遗产保护与管理暂行办法》到2011年《中华人民共和国非物质文化遗产法》，再到2012年山西省制定的《山西省非物质文化遗产条例》中对"非物质文化遗产"的认定、申报条件中仅有"注重其真实性、整体性和传承性"的表述，具体的条款说明方向性不够明确，容易造成"申遗"具体操作上的两难。"真实性""整体性""传承性"在具体保护操作中是虚妄的要求，"非物质文

---

① 杨昆：《釜底抽薪还是因噎废食？》，光明网，2006年5月29日，http : //www.gmw.cn/content/2006-05/29/content_423698.htm。

② （明）杨嗣昌：《武陵竞渡略》，收录于（清）陈梦雷编《古今图书集成》"历象汇编・岁功典"，清雍正铜活字本，第1708页。

化"的承载主体是人，文化持有者在传承文化过程中对其既有继承也有发展（或文化遗失），会根据自身所处的文化生态环境的变迁而不断调适。我们回头望去，当下的文化事实已与50年前的文化事实截然不同，100年前的文化事实则又是一种全然不同的情形。究竟什么阶段的文化状况才是真实的、整体的、传承的？究竟什么样子的文化形式及内涵才是需要"非遗"保护的？《非物质文化遗产保护法》中并没有把握好文化保护的根本原则。这样自然会为游离于文化持有者群体外部的"文化专家""文化代表"们提供主观干预文化的机会。既然"非物质文化"承载的主体是人，那么"非遗"保护的主体也就是文化持有者，因此，高度重视并尊重文化持有者对自我文化的认同态度或真实情感才应该是国家"非遗"保护法律、政策中的"第一要义"。

省级文化部门需根据本区域的文化情况制定出更为明确具体、具有可操作性的"非遗保护"细则，"非物质文化遗产"种类繁多，不同类型的"非物质文化遗产"之间保护的差异性甚大，如生产性与非生产性"非遗"之间就有很大的区别，武术类项目与民俗体育类项目之间亦有很大的区别。省级文化部门应根据不同类别的"非遗"项目分别制定申报、保护、传承人认定、经费使用范围等细则。2011年在《中华人民共和国非物质文化遗产法》即将颁布之际，时任文化部副部长王文章便提出在"十二五"规划期间"非遗"保护工作应进一步"制定分类保护的规范标准，加强代表性传承人保护"等措施；[①] 然而，2012年9月28日山西省第十一届人民代表大会常务委员会第三十一次会议通过的《山西省非物质文化遗产条例》（以下简称《条例》），其宏观性几乎与国家"非遗保护"政策、法律不相上下，多为鼓励性、倡导性、概括性条款；《条例》共六章三十六条，几乎每条中都会有"应当"（20次）、"鼓励"（4次）、"可以"（8次）的用词表述。甚至在第十四条的"非遗项目评审制度"中都

———————————————————

① 王文章：《话说非遗法——王文章谈非遗》，中华人民共和国文化部网站，2011年6月1日，http：//www.mcprc.gov.cn/sjzz/fwzwhycs_sjzz/fwzwhycs_gzdt/201111/t20111128_356487.htm.

表述为"评审工作应当遵循公开、公平、公正的原则"。"应当"的措辞让人心存余悸，法的严肃性、适用性大打折扣。

省级文化部门的"非遗"政策空缺或过于宏观也影响到鄂乡鼓车赛会鼓车文化保护的后续工作，鄂乡获得国家级"非物质文化遗产"称号后，国家定期会有资助经费下达到镇，但这经费并不容易落实。2008年鼓车"申遗"时村支书个人垫付的申遗款项4万余元，借款凭证、消费票据、账本明细俱全，但镇上拒绝报销，据说拒绝的理由是"并没有明确的文字规章"；从国家、省级的规范性文件中只能看到"对于遗产保护做出突出贡献的人员应予以奖励"的条款，但具体操作还需细化。"非遗"款项如何使用、使用权限范围如何，自上而下的法律、政策、文件均未明确，地级以下单位则更没有文字性规范，只靠口头解说使用权限，这使得经费的使用存在一定问题。因此，省级以下的市县等各级单位必须依据上级法规政策制定适用于辖区范围的"非遗经费使用"规范性文件，从整体保护的原则立场出发，让法人代表在经费使用的规范下有效使用经费，专款专用，法人代表所在的任何乡、县、市等上级单位不应僭越经费使用规范，再次限制、降低经费额度。省级文化部门必须在健全有效的法律、法规基础上实施"非遗保护"监督管理机制，本着对辖区非物质文化遗产保护负责的态度设置具备非遗文化研究素养的特派专员定期监控"非遗"项目的现实状况、经费使用、传承人传承及待遇等问题，并为省级文化部门提供调研报告。

小结 重视文化持有者的情感态度

适恰的文化生态促成鄂乡鼓车赛会"申遗事件"的发生。然而，为了申遗成功鄂乡人必须"赶工期"，拿出文化重建的"急活儿"，50多天的传统发明如同瞬间创造，根本未能给鄂乡留有文化思考的余地。本就经历了地方煤炭经济"急起急停"的村民，还多少有些沉溺在需求层次怪圈之中未回过神儿来，他们在"非遗"经费支持的利好政策下不能自已，这在很大程度上影响着村落权力格局的平衡。鼓车赛会"申遗事件"的未预结局演绎过程，从村落社会和政治的角度来看，则暗示着内部权力关系的再一次调和。

　　"大道废有仁义，智慧出有大伪"①，"非遗"政策是在国家传统文化危机重重的情形下形成的一种补救传统的重要措施，传统破而有"非遗"，这种补救的效果明显，属于"急，则治其表"的保护理念，当眼下"急"的问题解决后，应更进一步考虑"治本"的问题，达到"标本兼治"。"不治本"的经费支持则会让更多的传统文化对"非遗"政策产生"依赖"。政策要素禀赋的可持续性更令人担忧，政策消失、经费中断可能还会使鄂乡"鼓车赛会"文化产生再次中断的危机！非物质文化遗产保护任重而道远，鄂乡"鼓车赛会"如何适恰地调适于新文化生态环境，最关键还是要看文化持有者之间的关系协调。非物质文化遗产保护看似在注重"无形文化"，而"有无相生，形影相随"，鼓车赛会的器物、鼓车道、信仰场所均是需下力气保护完善的有形文化，唯有它们存在才能为鼓车赛会的行为、技艺、信仰、制度等无形文化创造出更为适恰的"为用"空间。但具体看鄂乡鼓车数量增至六辆的现实，其并非以"有之为利，无之为用"的"有""无"相生关系出现。非物质文化遗产保护的真谛不在于"非物"，也不在于"有物"，而更重要的在于连接"有""无"之间关系的社会民众，带有民众真实情感态度的"物质"与"非物质"文化建设才是我们文化保护的正道。而作为学者，我们永远无法以文化权威的姿态对其进行干预，所谓的"评判""启示""建议""意见"只不过是一种带有自身主观文化背景的观念而已，我们仅是处在一隅冷静"观复"弈局的文化"旁观者"。鄂乡鼓车"申遗事件"的纷乱复杂，正如同当年流行歌曲《苦乐年华》中所吟唱的："生活是一团麻，那也是麻绳拧成的花！"

---

① 参见老子《道德经》第十八章。

第五章
乡愁记忆：
鼓车文化保护的当代意义

CHAPTER 5

每个人都生活在对节日的怀念与期待之中……①

在上文中我们细致地论述了鼓车赛会遗产化的细枝末节，也对其遗产化保护实践过程中出现的种种问题进行了深刻的剖析与反思。由于主题所限，内中对鄂乡人复兴鼓车赛会时共同持有的一种社会行动意向——乡愁——尚未关注。本章将重点讨论乡愁这一集体心理情感之于民俗体育文化保护的当代意义。

乡愁其实是社会民众共有的一种集体情感，当代中国，现代化飞速发展，城镇化日甚一日，乡愁产生的原发性要素——故乡——不断消失，这在中国历史上应是未曾有过的现象。当代乡愁现象似乎已经不再是古代文人、商贾、兵士等特定群体的愁思，它已成为中国普遍的社会心理。基于中国城镇化的实际和乡愁情感的社会普遍性，2013 年 12 月国家在中央城镇化工作会议上提出："城镇建设，……要体现尊重自然、顺应自然、天人合一的理念，依托现有山水脉络等独特风光，让城市融入大自

---

① 引自 Geoff Pearson，*An Ethnography of English Football Fans: Cans*，*Cops and Carnivals*，Manchester：Manchester University Press，2014，pp. 1–2。

然，让居民望得见山，看得见水，记得住乡愁。"① 这种具有"诗意安居"
启蒙意义的国家性导向足以提示我们有必要在"新时代"重新审视乡愁
与故乡的关系。"独在异乡为异客，每逢佳节倍思亲。遥知兄弟登高处，
遍插茱萸少一人。"谈到乡愁我们常会提及王维的诗句，表达远离故乡，
思念亲人的心情。乡愁的对象——故乡，涵括亲人、朋友、故乡山水、
地标建筑、民俗传统、节庆礼仪、日常生活等具体方面。但在这故乡的
一切当中，往往最能触发我们乡愁情愫的是节日，"人们总是生活在对节
日的回忆及期待之中"②，节日是社会民众日常生活中的"集体欢腾"，③它
将地方日常生活的人际、地缘、文化、历史等多种要素凝聚在一起，在
相对集中的时段内予以展现。近三年来有不少民俗学、文化学学者将学
术视野聚焦在"乡愁"与"民俗文化"的同构性问题上，提出："加强民
俗文化保护，积极融入人性维度，观照现代人的生活世界，是安放乡愁，
推进新型城镇化健康快速发展的重要路径。"④ 亦有学者关注乡愁的能动性
层面，借鉴日本早期城镇化所面临乡愁困境的应对策略，认为现代化语
境下的乡愁是城市化与故乡观的辩证统一，其能动性层面作用于城市化
实践能在促进保护政策、文化记忆传承、生态原貌维护、新社区建设等
方面发挥积极作用。⑤

　　既有的研究为我们认识乡愁与民俗文化的关系初步建立了一般性理
论框架，然而针对两者关系的讨论目前尚未出现采用典型性个案进行的
微观民族志研究。基于前人成果及尚属阙如的微观研究，我们拟以鄂乡

---

① 《中央城镇化工作会议在北京举行》，共产党员网，http://news.12371.cn/2013/12/15/
　　ARTI1387057117696375.shtml。

② Geoff Pearson, *An Ethnography of English Football Fans: Cans, Cops and Carnivals*,
　　Manchester: Manchester University Press, 2014, pp. 1–2.

③ 爱弥尔·涂尔干：《宗教生活的基本形式》，渠东、汲喆译，商务印书馆，2011。

④ 刘爱华：《城镇化语境下的"乡愁"安放与民俗文化保护》，《民俗研究》2016年第
　　6期。

⑤ 郭海红：《日本城市化进程中乡愁的能动性研究》，《山东大学学报》（哲学社会科学
　　版）2015年第3期。

鼓车赛会作为典型个案，在对"加强民俗文化保护是安放乡愁途径"[①]这一因果关系进行深入思考的前提下进一步追问：民俗文化保护实践的动因是否仅来自"非遗保护"的政策禀赋？相比一般的民俗文化，民俗体育事象在文化保护实践中又如何与具体的乡愁情感发生互动？

一　感念的家乡与传统的发明

文化的发展既具"连续性"又有"建构性"，任何一项民俗文化不论在什么时代都会随着时代特质的变化，主动或被动地做出文化调适。[②]鄂乡鼓车赛会的"申遗"也不例外，它在国家非物质文化遗产保护工程的推动下萌发了新的生机与活力，这一社会行动的发生与国家文化保护的大背景密不可分，但具体到文化保护实践层面，其具体发生的动因却是乡愁情愫，即那种对家乡民俗的感念。

2008年，鄂乡鼓车赛会得以恢复，申报"国家非物质文化遗产项目"工作启动。事件发生的首倡者是在省城文化部门工作的鄂乡人赵维民，"我们小时候记忆最深的就是村里每年搞的鼓车会，每年的三月十六（农历）全村人都要拉鼓车，我们当时也就十来岁的样子，还小哩，瞅着大人们撒鼓、祭鼓、鏖战（竞速），全村纯热闹，我们娃娃子也拉着鼓车在村里跑"[③]。乡愁情感一般产生于个体对自己家乡一草一木、亲人朋友、习俗节日的熟悉与认同，这一认同也会在外来者或外界舆论的刺激下被予以强化，赵维民那强烈的乡愁感则来自其儿时经历，并为他在之后努力关注家乡民俗文化保护埋下了伏笔。2000年后，国家开始推动"非遗"保护工作，赵维民便寄情鄂乡鼓车赛会，他始终觉得昔日的鼓车赛会习俗古老、淳朴，比起其他地方的民俗活动更有着独特的地方魅力。"咱村

---

① 刘爱华：《城镇化语境下的"乡愁"安放与民俗文化保护》，《民俗研究》2016年第6期。

② E. 霍布斯鲍姆、T. 格兰：《传统的发明》，顾杭、庞冠群译，译林出版社，2004。

③ 资讯人：赵维民；访谈地点：鄂乡东院；访谈时间：2015年5月1日。

的红火和其他地方不一样，红火哪里都有，但像咱村这样带着杀气（激烈）的鏖战（身体竞技）其他地方可没有。"

但看似顺理成章的事件并不足以促成文化保护实践的社会行动。2006 年、2007 年赵维民便极力劝说乡亲们恢复鼓车赛会，村人赞同但总是不见行动。据村民贾惠山回忆："早几年我初中同学赵维民就在村里说这事，提议把村里停办多年的鼓车会重新恢复，申报'国家非物质文化遗产'，当时人们都忙着去乡宁山里采煤挣钱哩，顾不上理会鼓车这事。一直到 2008 年，山里煤矿不叫采了，村民们都闲下来了，才开始愿意置鼓车这事儿。"①

从以上口述材料来看，民俗体育文化保护实践"植入"乡村的直接动因并不是"非遗"政策由国家到民间一以贯之，而是众多与赵维民相似的带有乡愁情愫的乡外人士将政策以私人的沟通途径带回家乡。可以说深谙文化政策并拥有浓烈乡愁的乡外人士是文化复兴、"申遗"实践的直接推动者。另外，从中我们也可以看出单有乡愁的个体甚或兼顾熟悉国家政策的个体并不一定可以全然促成"申遗"实践的社会行动，适恰的文化政策、民众生活、生计方式等常常是民俗文化保护实践的根基。质言之，有关民俗文化的"乡愁"在具体情境中发生的情感互动才是"申遗"实践的直接动因。"文化保护实践"作为一种具体且微观的社会行动，最初的行动意向则是"乡愁情感的触发及互动"，属于价值理性的社会行动。②

二　思乡的力量与文化传播

赵维民的个人乡愁情感激发了"闲下来"的村民，形成了集体情感的"互动仪式"，互动由两人以上的微观社会行动逐渐升级，将村干部在内的

---

① 资讯人：贾惠山；访谈地点：鄂乡村东果园；访谈时间：2014 年 7 月 13 日。
② 马克斯·韦伯：《社会学的基本概念》，胡景北译，上海人民出版社，2000。

全村老少的情绪能量聚集起来，乡愁能量的进一步聚集引发了更广泛的情感互动。当鼓车赛会"申遗"启动前后，全村民众情绪高涨，几乎每位村民均努力为文化保护助一臂之力，村人通过口头、网络、电话等方式向外联络并宣传鼓车赛会，进一步激发了村外游子对故土的思念。一位鄂乡游子在微信群里留言："远在上海无法回去拉鼓车，你们多拍些现场的视频、照片，好让我们这些无法回家的村人感受咱家乡文化，也好让我外地的朋友们了解咱这独特的习俗。"远在美国从事人类学工作的贾清华是鄂乡最知名的人物之一，他欣然接受鄂乡鼓车协会的名誉主席一职，并"域外传真"对鼓车赛会的发展提出了他个人的建议。他建议申报材料中要强调鼓车道的一个特征，"圆"，认为"圆"在中华文化中有团圆的符号作用。① 时隔多年贾清华还不遗余力地与欧洲某国的文化组织商洽，希望鄂乡鼓车赛会走出国门，赴欧洲展演，宣传家乡、祖国文化。② 自鄂乡鼓车赛会"申遗"以来，鄂乡先后在北京、郑州等城市进行文化展演与文化宣传。这些展演信息的提供及外出交通、食宿费用的资助均来自在外发展的鄂乡人。

兰德尔·柯林斯在其微观社会学中回应"仪式是否能通过非身体聚集的互联网手机进行互动"这一问题时提出，"身体的聚集使其更加容易，但由远程的交流形成一定程度的关注和情感也许是可能的。但我的假设是远程的仪式效果会是较弱的"。③ 就鄂乡鼓车赛会而言，空间的差异性似乎并没有使得情系鼓车的"互动仪式"有减弱趋势，特别在围绕文化保护实践的对外传播方面，这种跨越空间的互动效果反而非常有效。乡愁情感正是源自时空的错位。

三　鼓车赛会的参与及维系

鼓车赛会的参与类型，主要有"踩辕"与"鏖战"两种。旧时，鼓

---

① 材料来源：2008 年 3 月贾清华给鄂乡任建斌发送的电子邮件内容。
② 材料来源：2017 年 3 月，鄂乡毛武德电话交流中提供"谋划出国展演"信息。
③ 兰德尔·柯林斯：《互动仪式链》，林聚任、王鹏、宋丽君译，商务印书馆，2012。

车赛会期间会邀请村中德望高者身披大红绶带踩在鼓车上"游鼓"。鄂乡男性凡到了十四五岁的年龄，其父亲便开始要求他们加入鼓车鏖战的队伍当中，虽未明确具体年龄，但这确是村中男性第一次参与社区公共事务，极具象征性地体现了男孩儿向男人角色的转变，可以说这是鄂乡男性特有的"成年礼"传统。

2011 年，鄂乡鼓车赛会的文化保护实践得到国家认可，列入"国家级非物质文化遗产名录"，随后每年的鼓车赛会开展得也非常不错。但如上文提及，山西煤炭产业行情持续下降，鄂乡邻山的诸多小型煤矿被取缔关闭。短暂闲暇后的村民依然需要营生的手段，已离开土地多年并挣惯了"快钱"的村民不大可能再回到土地农耕劳作；不少年轻的村民不得不远离鄂乡去省城（太原）、北京、上海、广州等城市谋生。鄂乡这一生活现象实际上为鼓车赛会的进一步维系、传承带来了一定风险。

"2008 年左右我还跟着我妈在村里进食品、日用品，拉货到山里的乡镇集市上去卖，山里人靠煤矿富裕了，钱好挣，到集市上摆摊，东西很快就卖出去了；后来我在村里开了电脑商店，当时村里对电脑需求很大，但 2015 年后，智能手机普及很快，几乎没人用电脑了，没办法我只能出去打工，我们都愿意去北京、上海，因为长短是要离开村子，要去就去挣钱多的地方。我们每年三月（农历）都回来住几天拉鼓车，上班的地方会扣工资，但我们要不回来我爷爷也不会高兴的。"[1]杨波的堂弟杨杰也在北京务工，我通过对他五年多的"追踪调查"发现，他 2015 年后外出务工，每年都会在鼓车赛会期间从外地赶回来，等参加完鼓车鏖战才会离开村子。"扣工资也得回来，每年三月（农历），朋友们都会相互招呼回来拉鼓车，着急得我睡不着觉，特别是前年鏖战输了的都惦记着今年要赢回来（笑）。现在村里的年轻人都没在地里干活的，不是在省里就是去北京、上海的，也就过年、三月（农历）鼓车会回来的人最全。"[2]

---

① 资讯人：杨波；访谈地点：庙巷；访谈时间：2018 年 4 月。
② 资讯人：杨杰；访谈地点：庙巷；访谈时间：2018 年 4 月。

　　乡愁体现在每个个体身上是多样化的，每个人的情感聚焦点也不一样，如杨波关注家族情感纽带的连接问题，这意味着回乡参与鼓车赛会系家族血脉凝聚的一种体现形式。杨杰则更注重的是同侪间的压力，鼓车赛会参与显然意味着朋辈间社会关系的维护。除此之外，"踩辕"的参与则体现了回馈乡里的积极情感，"村里有不少做生意、开工厂、当老板的，每年鼓车赛会他们都会回村'踩辕'。为鼓车赛会捐款出资，传统上就有踩辕仪式，踩辕的人会为村人提供食物、自酿酒水等"①。据我对鼓车赛会的亲身体验，每年鄂乡鼓车赛会期间各院分均会有人出资捐款，届时院分会将捐赠者姓名及捐赠金额书写在红纸上出榜公示，鼓车游行时也会邀请捐赠者身披大红绶带踩在鼓车上履行踩辕仪式。踩辕者不仅具有相当的经济实力，更重要的是愿出力于村中公共事务，特别是对于那些在村外营生的成功者来说，他们的资助行为与传统踩辕者的行为性质已有很大的不同。传统的踩辕者多为村中的财主、郎中、私塾先生等，传统能人的生计得益于乡村社会的各种资源，他们既依靠村落社会本身又受到村落社会的尊重，然而脱离村落在外发迹者对鼓车赛会的资助则完全可以理解为对往昔生长之地的一种感念。

　　这里我们看到了民俗体育的维系是依靠众多带有乡愁情感驱动的个体参与行为，乡愁情感互动在促使鼓车赛会参与的实践中起到了实际作用，但它又相当脆弱。如2017年，杨波的四叔在汾西矿务工时还会如期请假回村见朋友，拉鼓车，但2018年山西矿业仍不景气，他便去贵州煤矿务工，没回村参与鼓车赛会了；另一村民，王红，2017年专程从北京回村拉鼓车，在鼓车道上连抻多圈，但在2018年鼓车会前夕，我询问本人是否回村，王红却无奈的回复"今年活儿太多了，回不去，看明年吧"。②也有如小说《疯鼓车》中刻画的人物来管，在外致富后看不起父老乡亲，更不屑于参与鼓车，迫于父亲的压力，回村捐款踩辕，却遭遇

———————————————

① 资讯人：王建刚；访谈地点：县政府档案室；访谈时间：2014年7月14日。
② 资讯人：王红；访谈方式：微信信息交流；访谈时间：2018年4月。

了村人蔑视的尴尬窘态。① 乡愁的情感互动固然有驱使社会行动的力量，然而现实的经济理性计算往往更容易左右个体的社会行动。

民俗是安放乡愁的途径，同时，乡愁作为一种情绪能量，在鼓车赛会的参与过程中发挥了积极作用。鄂乡年轻人外出生存，为村内造成了一定程度的"空心"现象，他们虽离开了当地的自然、土地、社会、制度等资源，但往昔的生存资源在散发着历史聚集效应，"当远离乡土，节日最容易触动乡土之思"，② 作为民俗体育之一种的鼓车赛会，其特有的身体竞技与团队合作造就了村人间"团结"的符号，也造就了村人间"荣誉"的符号。如同宗教世界信徒对圣物的凝视与尊崇，鄂乡人周期性地付诸行动，回乡"朝圣"他们的鼓车。

四　文化的批判与乡愁的排斥式期待

"乡愁既然作为一种情感记忆，便是一种通过时间和历史所沉淀下来的东西，因此也暗含着消亡或消逝的意思，从而形成某种与当下（或眼前目标和短期利益）的对立。"③ 因此，乡愁之所以产生，不必有空间错位，仅有时间差异也会造成特有的乡愁现象，这一现象也充斥在鄂乡鼓车赛会的文化保护实践之中。

2017 年农历三月鼓车赛会，79 岁高龄的毛武德坐在鼓车上操鼓三、四圈后，背着手走在鼓车道上连声感慨了好几个"气败了"。"王教授，你看今年是鼓车'申遗'十周年，全村上下办得很隆重，但这鼓车文化并不兴盛。30 年前，鼓车一旦跑起来就没停过，可现在拉鼓的人们跑上几圈就没劲儿了，看的人多，拉的人少！气败啦！"当年负责鼓车"申遗"文字工作的村人贾文瀛也常不满当下鼓车赛会的组织问题："以前拉鼓车都是民间自发搞的，哪里会要钱？现在拉鼓车的人少了，有的院

① 贾辽源：《疯鼓车》，《山西文学》2012 年第 8 期。
② 汪涌豪：《中国文化中的乡土意识与情怀》，《文汇报》2010 年 4 月 18 日。
③ 刘爱华：《城镇化语境下的"乡愁"安放与民俗文化保护》，《民俗研究》2016 年第 6 期。

分就雇人拉鼓，打旗的 20，拉鼓的 50，明码标价，都把民风带坏了。"①
当我们问及村民现在的鼓车赛会与传统鼓车赛会有何差异时，不少村民
这样回应："还是没劲儿！现在这鼓车鏖战也就随便拉拉跑跑，村委会接
管了，怕出危险，担责任。"②"老家在我们外漂的日子里，也变了，……
儿时的鄂乡，好美，好美！站在西坡地，看村子，黄色的城墙，满绿色，
除了后土庙的舞台与正殿凸显外，其他房屋都若隐若现，而现在一看，
一片灰色水泥房顶，好荒凉，缺农村本来的生机。儿时的拉鼓车，那才
叫激烈，大人们都是英雄，我父亲就有连抻 8 圈辕的纪录，都玩命地拉，
不像现在，没人拉了，就撂一边。儿时我们玩的游戏都是赛鼓车，三个
人一组，在钟楼鼓楼下转圈跑，几个小伙伴，分成两派，都扯一根绳子，
跟大人们一样，叠半圈，赛跑，只是没车，也没鼓，但还是挺有劲儿。"③

　　这些访谈数据直接反映了民众对家乡民俗文化式微的一缕忧思与期
待，这种期待是直接与他们年轻时的鼓车赛会进行纵向历史比较后的直
观感受。"乡愁的凝结，外在上表现出对经济社会发展的排斥、抵制，但
仅仅停留于这种认识是很局限和短视的，乡愁的产生更多是对经济社会
发展没有实现预期梦想的一种反应，蕴含对经济社会发展的一种内敛式
的纠偏，一种排斥式的期待，从而通过这种集体心理认同，推动经济社
会良性发展，给普通大众更多自我空间和尊重。"④鄂乡父老面对鼓车赛会
的这种"排斥式"期待，是非常值得我们重视的一种乡愁现象，他们怀
念过去的鼓车文化而对当前鼓车文化的种种问题予以批评，这种排斥并
非真正意义上的完全否定，也并不是希望回到过去，而是蕴含着一种对
他们地方特有民俗文化良性发展的期许。

---

① 资讯人：贾文瀛；访谈地点：鄂乡官道；访谈时间：2014 年 4 月 30 日。
② 资讯人：曹文庆；访谈地点：鄂乡东院；访谈时间：2014 年 4 月 29 日。
③ 资讯人：王红；访谈方式：微信聊天信息交流；访谈时间：2017 年 8 月。
④ 刘爱华：《城镇化语境下的"乡愁"安放与民俗文化保护》，《民俗研究》2016 年第
　　6 期。

小结　鼓车赛会保护的实践与当代意义

（一）乡愁触发了民俗体育文化保护实践的社会行动

就宏观层面而言，全国范围内广泛开展的民俗文化保护实践的社会行动，其"直接"动因系国家政策的资源禀赋，即 2000 年以来的"国家非物质文化遗产保护工程"。的确，没有国家相关系列政策的出台，各级"非遗名录"的建设，以及《中华人民共和国非物质文化遗产法》的确立，全国各地也绝不会对民俗文化保护工作有如此重视。

然而，当我们由宏观层面"下潜"到更为复杂的微观层面中，来观察民俗个案中的文化保护政策、地方民众生活状态、文化保护实践及民众采取社会行动的意向时，会发现"政策资源"却成了文化保护实践的背景性因素，民众生活状态也成了文化保护实践的客观性基础。民众对已逝的自我文化的怀念和乡愁情愫，才是促使民俗文化保护实践得以实施的真实直接动因。细言之，乡愁是现代化进程中民众普遍存在的一种心理情感，文化政策资源是进一步激发乡愁情愫的背景性因素，但作为客观性基础的民众生活状态会决定"乡愁"与"文化保护"的有效性连接。由于"生境"不同，村人多年来并未理会赵维民"恢复鼓车赛会"的提议；2008 年前，"忙着去山里'挖煤'挣钱"俨然已成为马斯洛需要层次论中指明的那种社会反常现象——"超越性病态"。[①] 人的生活追求被物质快速积累的手段所替代，"需要层次"始终围绕着"钱"打转，而未有提升。当一个群体什么都不信，唯"信"经济利益时就会落入马斯洛所言的"超越性病态"陷阱之中。[②] 在如此客观性基础即生活状态下，

---

① 马斯洛等：《人的潜能和价值——人本主义心理学译文集》，林方译，华夏出版社，1987，第 209~233 页。
② 王若光、刘旻航、啜静：《全民健身体系"特色"的民俗学思考》，《北京体育大学学报》2015 年第 2 期。

民众所普遍存在的"乡愁感"一定会被暂时封存。"经济下行、煤炭行业紧缩，民众骤然失去了挣'快钱'的渠道，短暂赋闲下来"，这一短促的生活状态变奏才使得"政策""生活""情感"共同形成鼓车赛会"仪式互动"发生的适恰环境。乡愁作为一种情绪能量，在鼓车赛会这一具体的民俗体育中形成了一种"互动仪式链"理论现象，其中展现了乡愁情绪能量在民俗文化保护实践中的运行逻辑。这一运行逻辑在于激发了民俗文化保护实践中的"申遗"行动，发挥了民俗文化保护实践中的"文化传播"作用，维系了民俗文化保护实践中的"民俗参与"水平，还进一步生发出对文化保护实践后期运行的"纠偏"与"排斥式期待"。

（二）安放乡愁——民俗体育文化保护的当代意义

民俗文化保护实践在当下的社会意义在于建成精神家园，为"乡愁"这一民众普遍存在的集体心理，提供一个可以慰藉、释怀与安放的场域。刘爱华已在研究中指出这一观点："积极保护、传承民俗文化，在保护的基础上进行有效利用，合理融入时代元素、生活基因、人性维度和创意理念，重构民族文化发展的根基，更好承载、触摸、安放'乡愁'，关注、关心民众文化需求和精神归宿，观照现代人的生活世界，让'记得住乡愁'的美好畅想落在实处……"[①] 同时，我们还需更进一步明确的是，具有身体竞技性的民俗体育文化更容易在竞争的仪式中产生"团结"与"荣誉"的符号，成为乡愁情感互动的重要元素，进而增强乡愁与文化保护实践之间的张力。在民俗体育文化保护实践中，文化复兴、文化传播、文化维系以及文化批评这四个具体方面的社会行动，都源自"乡愁"；同时其更具深远意义之处则在于乡愁感的互动是进一步维系、发展、优化"非遗"保护实践的前提与动力。"乡愁"与"民俗"之间具有天然的张力，一为理念，二为实践，两者同构，文化基因相同，"社会行动"在两

———————

① 刘爱华：《城镇化语境下的"乡愁"安放与民俗文化保护》，《民俗研究》2016 年第 6 期。

者之间勾连。国家层面在制定文化保护政策时既需要观照文化保护实践，也要留住民众乡愁情感源发的场域。唯有传统才能拯救现代人的空虚与乏味，传统就是一种鲜活的生活。我们的确丢失了很多传统，但不是全部，在党的十九大精神的感召下，我们需要借助国家顶层的律令，走文化自觉之路，回到传统，也就是回到时尚。让我们以鄂乡鼓车赛会传承人毛武德的那句意味深长的话作为本章的结束语："听见鼓声，就像婴儿听见母亲的呼唤！"

第六章
整体保护：
鼓车赛会的文化"关联场域"

CHAPTER 6

　　身体技术并不仅是个体的，而是由社会、心理、生理共同作用下的一种"总体性"呈现。[①]

　　"人在艺存，人亡艺绝"是媒体、官方以及学界围绕"非遗"保护问题常作的统领性措辞。然而，拥有技艺的身体固然关键，但并非全部，诸如有着广泛参与基础的民俗文化事象，亦有"人在俗绝"或"人在式微"的客观现象发生，因此，我们有必要重新审视人的技艺、技术或惯习作为非物质文化遗产保护的核心对象的性质。

　　早在 20 世纪初，法国社会学派学者马塞尔·莫斯（Marcel Mauss）便开始关注身体技术问题，提出了经典的"身体技术理论"，认为，身体技术并不仅是个体的，而是由社会、心理、生理共同作用下的一种"总体性"（totality）呈现。莫斯在 1935 年《心理学杂志》（*Journal De Psychologie*）发表《身体技术》一文，以行军、游泳、行走、跑步等具体事例来说明不同社会群体间身体技术特征的差异性与多样性。莫斯试

① 马塞尔·莫斯、爱弥尔·涂尔干、亨利·于贝尔：《论技术、技艺与文明》，纳丹·施郎格编选，蒙养山人译，世界图书出版公司北京公司，2010。

图为我们提供一个身体技术的研究框架，他"复活"了古希腊哲学中的"惯习"（habitus）术语，用以强调身体技术中的社会习俗、教育、礼仪、声望等影响因素，并提出了身体技术的多样性分类原则，以及身体技术的传记式（生平）列举。① 莫斯（又译"毛斯"）有关身体技术的论述虽未形成系统的经典论著，但其学术启发影响深远，"惯习"被社会学家皮埃尔·布迪厄（Pierre Bourdieu）进一步发展，产生了"惯习论"，其也曾对米歇尔·福柯（Michel Foucault）晚期修身技术论的形成起到了至关重要的作用。② 在布迪厄的思想里，惯习是一种社会化了的主观性，是一种生成性结构，是一种结构形塑机制，是"结构的建构"，也是"建构的结构"，其操作来自行动者自身的内部，具有能动的实践意义，是作为一种技艺存在的生成性能力。惯习的典型特征就是主动性、历史性、生成性和能动性。和习惯相比，惯习具有一种创新生成能力，这不是简单地复制经验，而是以一种独特的、创造性的方式，再生、重建和改造社会条件的一种主动性的动力因素。惯习虽然具有先验的前反思模式以及历史积淀，但它能够把周围场域中的新生事物吸收到自身之中，呈现出一种操作行为和创造性。③ 21世纪初德国学者艾约博（Jacob Eyferth）在自己的"中国社会史"研究成果中，以"夹宣"制造技术为核心，将莫斯的身体技术观念涵射其中，同时也更加明确地承续了布迪厄的"作为惯习的技术"思想脉络，为"夹宣"的技术定位做出了精彩的学理分析，他认为"夹宣"技术的准确定位并不仅是具体的个人或特定的人群，而是人与社会及自然共同形成的"关联场域"（field of relation）。④

① 马塞尔·莫斯、爱弥尔·涂尔干、亨利·于贝尔：《论技术、技艺与文明》，纳丹·施郎格编选，蒙养山人译，世界图书出版公司，2010。
② 马塞尔·毛斯：《社会学与人类学》，佘碧平译，上海译文出版社，2014，第3页。
③ 皮埃尔·布迪厄：《实践感》，蒋梓骅译，译林出版社，2012，第74页。
④ 艾约博：《以竹为生：一个四川手工造纸村的20世纪社会史》，韩巍译，江苏人民出版社，2016，第5~10页。

从莫斯到布迪厄再到艾约博，有关身体技术的思想中，我们会发现他们在重视技术的身体体验的同时，还特别强调技术的"非个体属性"维度，它足以提示我们在当今的"非遗"保护问题上要考虑"人在艺存，人亡艺绝"的片面性辞令，将保护的焦点进一步精准到"整体性保护"这一思想理路方面。由于文化事象品类繁多，品类不同则差异甚大，如对于传统知识类非遗、生产性技艺非遗、民俗类非遗，民众相应的行为惯习有着完全相异的特性，其内生的个体、社会、制度、自然等因素亦不相似，这对于我们既有的"化约式"保护制度提出了诸多挑战，亟待学界通过自下而上的研究，提出具有类型学意义的文化保护策略。

一　"聚焦器物"：鄂乡鼓车赛会的物质场域

我还记得，我初入鄂乡时，在村人贾文瀛与毛武德的陪同下第一次见到了鄂乡鼓车实物。年逾七十的毛武德身形敏捷，娴熟有力地撒挂了七八下横立于鼓车上的大鼓，将其稳固，单手抻着梢绳纵身翻上鼓车，操起鼓槌为我们铿锵有力地来了一段鼓车赛会时操鼓手所奏的鼓谱。毛武德操起鼓来手法纯熟，鼓声配合鼓边的击打节奏明快，真是鼓声震天，杀气腾腾。鼓谱奏毕，他翻身下车时还嘟囔一声："这鼓不 × 行了。"[1] 其间我们并未发觉有何异样，毛武德的这句嘟囔，在次年的鼓车赛会期间使我对于村人对鼓乐的敏感有了更深刻的体认。2014 年农历三月鼓车赛会前夜下了雨，搁置在鄂乡东院的"角端"鼓车事先虽有防雨措施，但鼓皮仍受了潮，声音绵缓无力，村民们马上识别出了发闷的鼓声，这鼓声引来不少村民的嘲笑，于是村民又及时找来秸秆生火，现场烘干鼓面。

毛武德说起鼓车如数家珍，一次他带我们去邻村考察一辆相传为明代的鼓车时，他用手紧箍着车轮木质辐条说："你们细看，这两个车轮左右不能互换，这里还刻着一个'内'字，轮子是分左右的，要是装反了

---

[1]　资讯人：毛武德；访谈地点：鄂乡文化公司；访谈时间：2013 年 7 月 14 日。

拉起来费劲，坏轮子，这内部榫卯有方向。"[1] 回到住处老毛又拿出他事先备好的小黑板，给我们写写画画详细讲解起来……鼓车的关键是车轮，车轮为木制包铁的传统工艺，直径 1.2 米左右，分别由辐、轴、辖、毂、辋五个主要部分组成。车辋内部暗卯结构制作精细，两轮之间外观上虽然无任何差异，但内部的榫卯结构不同，这决定了两轮左右不能互换。传统车轮制作时均会在辐条上留有标记，用来确定鼓车组装时车轮的左右。目前，鄂乡所有鼓车的轮子均是旧时留下的古物，据 2008 年负责修复鼓车的村人殷天元回忆："邻乡南辛店是锣鼓之乡，主要制作民俗社火时所用的锣鼓等器具，鼓车'申遗'时我主要负责去那里请人做新的锣、鼓、鼓车，车轮子当时已经没人会制了，但农村有以前财主们留下来的马车车轮，和鼓车轮子的大小、工艺一样，我们在其他村里收集来，修复后使用。"[2] 传统工艺的车轮虽看似皮实，但鄂乡人都明白，老的车轮子越来越难找，收购价格也不低，一旦没了老式车轮，鼓车习俗维系自然困难。

作为民俗赛会的专用器物，鼓车事关赛会展演与鏖战。鼓车整体上由"鼓""车""梢绳"三大硬件组合而成，鼓与车的合一要靠梢绳稳固，梢绳要保证结实但不能过粗，否则会增大绳子与鼓或车之间接触点的摩擦力，反而不能很好地保持梢绳与鼓、车之间张力。此外，梢绳的作用不仅在于撒鼓，还在于供民众牵拉发力使车前行。鼓与车固定之后，梢绳会沿着车的双辕向外延伸出 10 米开外，以供村民们"拎梢"。当地人将这一结合过程称为"撒鼓"，即将鼓绑牢在车上，并兼有整理、装扮之意。撒好的鼓车一定要保持鼓车整体重心恰到好处，重心靠前靠后均不利于鼓车鏖战竞技水平的发挥，也有村民反映：要是重心不好，可扔一袋子土到鼓车上去调节。[3] 但重量的增加还是会影响到鏖战的表现，毛武德对此一说也有不同的看法："撒鼓是一项技艺，连撒鼓都搞不好，怎

<hr />

[1]　资讯人：毛武德；访谈地点：北岗村；访谈时间：2014 年 4 月 13 日。

[2]　资讯人：殷天元；访谈地点：鄂乡文化公司；访谈时间：2014 年 4 月 13 日。

[3]　范静：《节庆中的仪式展演：晋南襄汾县跑鼓车及其文化内涵研究》，西北民族大学硕士学位论文，2013，第 28 页。

么鏖战？……撒鼓讲究的，都得把坐在鼓车后面的操鼓的（人）'算'清
楚，这人轻点重点都会影响鼓车的平衡。"①

　　民俗活动的性质看似是人的身体行为与技能体现（"非物质"的），
其物质的基本根性却常被我们忽略，艾约博在讨论"夹宣"制作技艺时
借用了海德格尔那个广为人知的"锤子理论"来说明外在器物的客观性
制约："我们通常并不将外在物作为超然对象来沉思，而是对于周围环境
提供给我们的行动机会做出即时性的反应，只有当活动流中断之时，我
们才会意识到环境的'客观的'性质。"②当鄂乡的鼓车损坏或有所变化
时，村人才会意识到器物的客观性，如鼓的音质、车轮的装配、撒鼓重
心等，每当鼓车赛会在器物上有所微妙变化时都会给村民鼓车鏖战时的
技术表达带来困扰。此外，鼓车鏖战还需要有特定的空间区域，这一区
域被称为"鼓车道"。"（20世纪）80年代初村里道路坏了，鼓车道上坑
坑洼洼，那年鼓车会根本没法鏖战，后来，在我们村民的催促下村委会
才出面将路修好，第二年鼓车会才能继续鏖战。"③

　　正如器物托举着展演，同时展演也托举着器物，身体技术显然受制
于相应的器物场域，拉鼓车纵然需要身体的技艺与体能，但只有有了撒
挂精当的鼓车与平稳的鼓车道，民众方可将鼓车习俗的身体技术予以呈
现。在现代体育中，由于我们始终强调"标准化"，常会视"器物场域"
的客观性而不见，事实上，任何一次身体竞技的表达均会受制于其所处
的器物场中。往往越是技艺高超的竞技选手越会感知到器物场域中的微
妙变化，器物场域的客观性一定是影响竞技表现的因素之一，甚至在特
殊情形下会充当决定性因素。也正是基于此原因，我们才会在现代体育
中强调器物的同一性、标准化，对平等理念致以敬畏。所以，在地方性
民俗体育中我们既能够看到现代体育萌芽期的历史状态，也能够获得对

---

①　资讯人：毛武德；访谈地点：东院果园；访谈时间：2014年4月14日。

②　艾约博：《以竹为生：一个四川手工造纸村的20世纪社会史》，韩巍译，江苏人民出
　　版社，2016，第17页。

③　资讯人：毛武德；访谈地点：东院果园；访谈时间：2015年4月30日。

于任何一项身体文化活动的稳定传承与发展壮盛而言，器物场域的精细
有序、标准同一是多么重要的启示。

二 "力不从心"：鼓车鏖战中的竞技能力与劳作模式

由于"鏖战"关乎胜负，在争胜中难免"闹气"，当地人也常称其为
"气鼓"。长久以来鏖战已形成了一套严谨的参与规范，既对参与者的体
能有较高要求，还对参与者间的接力技术有细致的规定，参与拉鼓时所
处不同的位置亦有特定的称谓，如挠辕、抱辕、拎梢、丁梢等。鏖战选
手中水平高者或久习鼓车之事者被当地人称为"拉手"，水平劣者，如体
能既差又不懂得鼓车接力技巧的选手则被当地人戏称为"离把头"。杨发
成在年轻时算得上有名的"拉手"："我三个儿子，还有孙子们拉鼓车都
还行！在（20世纪）七八十年代，村里有个姓王的村民，他每年为了鏖
战做准备，上山里砍烧的（柴）时还在腿上绑上铁瓦子，练腿咧。到山
里，光走路来回就得十好里路。以前，我们平时除了在地里动弹，还得
经常到山里砍烧的（柴），看我现在七十多了，还经常下地，在村里没身
体不行，拉鼓车没身体更不行。"① 与杨发成"鏖战"了一辈子的毛武德也
从另一个角度解释了身体的重要性："拉鼓车是全民性的，全村男的都得
出来拉鼓车，要是谁家娃子不出来拉鼓车，恐怕连媳妇也说不下。② 你看
平时每个年轻人样貌都不错，但谁知道里面（身体）咋样，在鼓车道上
抻几圈下来就啥都清楚了嘛。"③

还记得我第一次尝试独自撑起鼓车时竟然相当的吃力，撒好的鼓车
重达千斤，作为一项竞速活动为何要如此的负重？鼓车器物的庞大厚重
一定是相对参与者的惯习而设计的，决定鏖战竞技能力的一个首要因素，

———————————

① 资讯人：杨发成；访谈地点：庙巷；访谈时间：2014 年 4 月 12 日。

② 这里的择偶标准与当下的择偶标准完全不同，他指的是传统农村社会的择偶标准，其
中很重要的一条便是这个人劳作能力如何，是不是个"好劳力"，是否"能受苦"。

③ 资讯人：毛武德；访谈地点：东院果园；访谈时间：2014 年 4 月 13 日。

就是人的"力气"。村人杨杰在 2014 年参加鏖战时 22 岁，作为"丁梢"
的他在整个下午的鏖战中几乎不间断地奔跑，偶尔被换下后稍事休息又
上道鏖战；然而 2017 年鼓车鏖战时我发现他的体能明显下降，只见他在
场上抻了一两圈后便躲在道旁的人群中喘着粗气休息。这一现象引起了
我们注意，再细观察，的确年轻白净的小伙子们，竞技表现均不甚佳，
相反，皮肤糙黑的大龄村民们却还多能持久地鏖战于鼓车道中。事后杨
杰对我说："我体力最好的时候是 2014 年以前，那阵子我在村里常去地
里玩，虽然没有真正下（种）过地但也常给我爷帮忙，2014 年后半年我
去了北京，在公司里上班也没啥事①，下班就上网玩游戏看手机，体力肯
定不行了。"② 与杨杰同辈的年轻人在村中务农的几乎没有，"现在年轻人
谁还下地？！都在外面打工哩。"③ 农耕劳作与外出打工，显然说明鄂乡人
的劳作方式发生了质的变化，这一变化已通过身体真切地反映在鼓车鏖
战的竞技能力方面，"儿时（20 世纪 80 年代）的拉鼓车，那才叫激烈，
大人们都是英雄，都是玩命地拉，我父亲有连撑（抻）8 圈辕的纪录；现
在，人们没拉几圈就撂那儿了！"④ 2017 年，毛武德已年届八旬，他背着
手在鼓车道上边走边与我感叹："气败啦！气败啦！王教授，我们鼓车
'申遗'都十周年了，你看看！来了这么些（多）人，但看的人多，拉的
人少，这速度比起 20 世纪七八十年代差远了，今年这鼓车会只能说它隆
重，但不能说兴盛。"⑤

相比传统的鼓车赛会，此时还有一个新现象，2008 年鼓车赛会恢复，
这一年鄂乡女性首次参与到拉鼓车的行列中。有老乡说："女子们拉起鼓
车来也好看、热闹。"⑥ 但这也遭到了一些村人的非议和谩骂，他们认为传

---

① 指的是没有体力方面的工作。
② 资讯人：杨杰；访谈地点：庙巷；访谈时间：2018 年 4 月 30 日。
③ 资讯人：杨杰；访谈地点：庙巷；访谈时间：2018 年 4 月 30 日。
④ 资讯人：王红；访谈方式：微信信息交流；访谈时间：2017 年 5 月 30 日。
⑤ 资讯人：毛武德；访谈地点：鄂乡官道；访谈时间：2017 年 4 月 12 日。
⑥ 资讯人：贾文瀛；访谈地点：大海批发部；访谈时间：2013 年 7 月 14 日。

统鼓车赛会是不允许女性参加的，"你看那些女子们，不争不争滴，都是些疯婆姨"。[①] 我原本误以为此举乃鄂乡"申遗"时有意为之的象征尊重女性地位的文化创造[②]，但经细致打听后得知，"那是婆姨们自己要拉哩，鼓车搁在那儿没人拉（男人们拉不动了），有几个好热闹的女子、婆姨就试着拉了……"[③]

20 世纪 90 年代前，鄂乡民众基本上还因循着传统的农耕劳作，春季除草、修缮水利沟渠、打理庄稼，夏季麦收、引水灌溉，秋天收获、播麦种，深秋初冬还会去山里获取燃料资源等，传统劳作下的民众充分利用着自己的身体，保持着较高的体力水平；以传统耕作为生的民众常将自己定义为"受苦人"，认为耕作等体力活儿相较读书等知识工作受的是体肤之苦。这种被民众自定义为"受苦"的劳作模式系一种典型的身体认知或身体经验，它不仅使民众通过身体认知到劳作模式的特质与内涵，还会为民众的身体带来一种"具身化"（embodied）事实，如糙黑的皮肤、不甚匀称但却发达的肌骨，即身体机能本身与劳作模式有着内中一致的特征。也正是基于这种劳作获得的共同体验，"能受"（苦），为鼓车鏖战中长时间竞速所需的"速度耐力"进行了规定。与此相应，江乡水域的竞渡习俗亦是如此，《武陵竞渡略》中对桡手选择有此一说，也可看出劳作模式与竞渡选桡间的关联，"凡船决赌，以选桡为第一义……其人久习船事谓之'老水'，后生轻锐谓之'新水'，……不以渔业，其桡轻小无力，谓之菜桡子，咸黜不用"[④]。在鏖战中，村民个体的竞技能力参差状况

---

① 资讯人：文儿；访谈地点：鄂乡官道；访谈时间：2018 年 5 月 1 日。

② 初入田野时这一关键信息的确受了资讯人的误导，我深刻地记着第一次谈及此事时，资讯人明确表示他们的鼓车赛会增添了女性参与，翻看当初田野笔记与录音访谈时我发现，在初次的访谈中，资讯人的谈话信息有选择性，结合语境，是指向组织者"文化建设"的。但时隔多年，还是同一位资讯人，当我再次深究此信息时，他给出了真实的答案。

③ 资讯人：贾文瀛；访谈地点：东院果园；访谈时间：2017 年 4 月 11 日。

④ （明）杨嗣昌：《武陵竞渡略》，收录于（清）陈梦雷《古今图书集成》"历象汇编—岁功典"，清雍正铜活字本，第 1703 页。

一览无余，可以说在传统鄂乡，评价某人的鏖战能力与评价某人的劳作
能力标准近乎一致。鄂乡 20 世纪 90 年代前的劳作模式我们可以概括为
"在地在村"。然而，从 90 年代开始，鄂乡部分民众开始脱离耕作，尝试
着离开土地转向周边乡宁县山中的煤炭经济，如搞运输、下矿、贩运煤、
开商店饭店等，昔日的"受苦人"已大规模地离开了土地，尝试着将鄂
乡的劳作模式转变为"离地在村"；当 2008 年后，全国煤炭行业不景气[①]，
鄂乡不少劳动力不得不纷纷远离村子赴外省务工，出现了"离地离村"的
劳作模式。在新劳作模式的影响下，村人的身体经验已发生质的改变，当
他们再次回到鄂乡鼓车道上面对昔日庞大的鼓车时自然已力不从心，不仅
如此，每年鼓车赛会期间能如期回村参加鼓车鏖战的人数总量下降也在所
难免。

　　郭于华在讨论骥村祈雨习俗时提出"作为人类基本生存技术的仪
式"[②]观点，我们在鄂乡这里能够更加具体地坐实二者之间的强关联性，
在布迪厄的"资本"理论中，资本的一种形式是"具身化"（embodied）
的，在这种形式中，场域的原则与作为肉身实在的人结合在一起，并作
为个体素质与喜好的有意识原则，同时也是身体姿态（身体语言，姿势、
腔调）和生活方式的选择。[③]"气败了"直接反映出鄂乡男性的"肉身实
在"已与"在地在村"劳作模式的场域原则不相吻合，在新劳作模式的
场域原则下已再生产出了新的"具身化"特质，如肤色的变化、适合商
务的语言腔调、精于把握商机的能力与行为等；相反，发达的肌骨、持
久的身体耐受性已与新的劳作场域原则发生断裂，会自然而然地消解。
至于"女性参与"问题，艾约博在"夹宣"技艺中认为"男性权力的生
猛展示让女性的技能'具身化'变得复杂，这让她们难于形成一种有能

---

① 与此同时，全国经济紧缩，一个明显的特征是国家"沪深指数"暴跌。

② 郭于华：《倾听底层：我们如何讲述苦难》，广西师范大学出版社，2011，第 81 页。

③ 迈克尔·格伦菲尔德编《布迪厄：关键概念（原书第 2 版）》，林云柯译，重庆大学出版
　社，2018，第 131 页。

力、能掌控的感觉"①，这使得女性始终处在造纸技艺的边缘。在传统鼓车赛会中，男性持续不断的鼓车鏖战常常"通宵达旦"都不停歇，即使没有明确规定不允许女性参与，现实的鏖战盛况都不可能留给女性思考"参与"这一问题的可能，更遑论鼓车技能的"具身化"了。然而，一旦男性在鼓车道中不那么生猛时，"拉不动了""撂那儿了"，就客观上为女性思考这一问题让出了空间；同时，在新劳作模式的场域原则下，鄂乡女性也不再是烧火做饭看孩子的唯一"责任人"，在第二、第三产业的参与中，女性的能力与水平或许并不亚于男性（只要不涉及搬运、装卸）。自然，女性在家庭、社会中的参事范围也并非如传统性别分工那样局限。女性参与鼓车的现象既显示了男性身体力量的衰退，更体现了传统与当下性别分工的变化。这里所观察到的社会行动类型与万义等（湘西三村女性体育参与研究）、刘素林等（晋南海鸥女子锻炼队研究）的女性体育研究有所不同，万义等观察到的女性参与是具有"功利性的工具理性行为"②，而刘素林等所看到的亦是集体化时期国家建构（女性解放）下女性体育的社会行动③。这种同一问题的不同观察结果，其原因可能来自个案所处的境域差异，也呼应了社会学个案研究目的："在于追问一般社会现象或规律背后的复杂性。"④

诚如资讯人那意味甚深的"气败了"仨字，劳作模式的场域原则变化之于村民个体来说，直接导致了"气鼓"中力气的衰败；同时，也继续改变着鼓车鏖战中的人气问题。

---

① 艾约博：《以竹为生：一个四川手工造纸村的20世纪社会史》，韩巍译，江苏人民出版社，2016，第21页。

② 万义、杨海晨、刘凯华、宋彩珍、刘卫华：《工具的展演与逻辑：村落女性体育活动参与行为的人类学阐释——湘西三村女性群体的口述历史与话语解构》，《体育科学》2014年第7期。

③ 刘素林、行龙：《女性体育的国家建构：以"海鸥"女子锻炼队为例》，《体育与科学》2016年第6期。

④ 吴毅：《何以个案　为何叙述——对经典农村研究方法质疑的反思》，《探索与争鸣》2007年第4期。

三　"人气馁匮"：鼓车鏖战中的竞技关系与社会关系

（一）传统鼓车鏖战的竞技关系

决定鏖战竞技能力的，除了参与者身体所固有的"力气"外，更重要的一个影响因素是参与者的人数问题，鄂乡人也常拿"没人气"来表示当下鼓车赛会的窘境。这里，我们从鏖战的竞技关系入手，来说明"人气"的重要性及人气馁匮的深层原因。鄂乡有五院五鼓也好，六院六鼓也罢，可鏖战历来是在鄂乡的两大地缘之间开展的，即处在地理方位上的西北方（西北院、庙巷）与东南方（后院、东院、南院）是鏖战真正的竞技单位。在地方民众的日常语言中也常将西北院和庙巷二院统称为"西北院（大）"，将后院、东院与南院统称为"东南院"。西北与东南两大院在"鼓车道"内各出一辆鼓车竞速，历史上从未出现过大院内部鼓车之间比赛的情形。[①]"鼓车道"相对于庞大的鼓车显得过于狭窄，鼓车之间无法在高速时相互超越，所以常采用"追逐"或"跟随"两种比赛方法。当地人俗称追逐的方法为"叠半圈"，即两鼓车各在长方形"鼓车道"的对角位置就位，待鸣炮发令后相互竞逐，不计圈数，直到一方鼓车的梢绳前端"可"[②]触及对方的鼓车尾部时鏖战结束，胜负分晓；跟随的方法俗称"紧跟紧"，即两鼓车前后紧跟在一起跑10圈，这种比赛办法最耗时，也最考验体力，胜负标准有二，一种是在10圈结束前头车必须"套圈"，梢绳前端"可"触及后车的尾部，另一种是在10圈结束前头车必须反抄在尾车的后面，即两辆鼓车已同在一条直线跑道上。若头车达不到预先约定好的获胜标准，稍作休息，重整旗鼓，两辆鼓车位

---

① 前期不少有关研究成果均将其表述为五院之间相互竞逐的淘汰赛，实为田野工作不够扎实！

② "可"触及，指的是鏖战规则中不允许获胜的鼓车将梢绳搭挂在对方鼓车的尾部，当地人认为这是对落败鼓车的一种侮辱。在前期不少相关研究中，由于田野作业不细致，多将鼓车获胜的评判标准表述为"将梢绳'套'或'栓'在对方鼓车尾部"。

置进行前后调换，继续新的 10 圈追逐。在鄂乡鏖战的历史记忆里，有过双车僵持 70 多圈的最高纪录。

"当真鏖战，一辆鼓车要没有个二百来人根本不行！"[①] 鏖战的竞技能力除了村民个人体能、配合技巧外，参与人数的多寡更是竞技能力的重要指标。如此费时耗力的竞技规则，自然规定了参与人数的体量庞大，竞技规则只严格限定了参与者的地缘身份，并不限定参与人数。参与人员必须是鄂乡（西北或东南）本院男性，"外村人来拉鼓也得严格归队，你要是弄不清楚方位拉错了，不但不好吃好喝招待你，还得把你撵出村子！鼓车鏖战可不认亲，外甥子打舅舅哩"[②]。邻村村民，如黄村、公村、腴村等，前来鏖战须按照"东南拉西北、西北拉东南"的传统规矩，分属归为西北院（大）与东南院。"咱村的鼓车是全民性的，各家各户都得出人参加，那时候要是谁家不出来拉鼓车，村人有可能会往你家院子里扔砖头进来，扔砖倒无所谓，关键是你家以后在村里会被看不起。我小时候三月鼓车会那天感冒，难受，在家里躺着，我爸突然进来叫起我，就一耳刮子，说，'你真给我丢人'。"[③] "自打我记事起就知道拉鼓车，有时候'鏖战'到夜晚还举行，记得有好几次晚上都睡下了，我爸进来把我叫醒，让我去拉鼓车。每年拉鼓车时有谁来没来我们都很清楚，谁不来，我们就'骂'：'这孙子跑哪了！'"[④]

鏖战中的竞技关系是数百年来的民俗积淀，主要特征在于强调"西北"及"东南"地缘内部的认同与合作，同时更鲜明公开地标榜了"西北院（大）"与"东南院"之间的区隔与对抗。[⑤] 而鄂乡与邻村之间也并没有形成直接的竞争关系，而是方位反向的与鄂乡东南院或西北院

————————————

① 资讯人：毛武德；访谈地点：鄂乡果园；访谈时间：2014 年 7 月 8 日。
② 资讯人：贾惠山；访谈地点：鄂乡果园；访谈时间：2017 年 5 月 2 日。
③ 资讯人：毛武德；访谈地点：鄂乡果园；访谈时间：2014 年 7 月 8 日。
④ 资讯人：曹文庆；访谈地点：东院；访谈时间：2014 年 4 月 15 日。
⑤ 这里还涉及血缘问题，宗亲关系一定是认同与合作，它不可能溢出地缘范围。而姻亲关系却不一定总是认同与合作，若双方分属在不同的地缘范围则会在鏖战中呈现区隔与对抗，"鼓车鏖战不认亲，外甥子打舅舅"现象就是这种情形的写照。

（大）形成合作，致使邻村人前来鏖战时也会一分为二形成竞争关系。这里很明显的是，地缘竞技关系的认同与区分并不可以简单地理解为鄂乡五个院间的区分，或鄂乡与外村间的区分。它只是"西北两院"与"东南三院"间的区分。此种竞技关系完全与我们常规理解的现代体育中的竞技关系不同。竞技关系暗含着某一民俗或游艺的基本秩序，涂尔干的著名论断，"宗教生活是世间秩序的隐喻体"，[①] 足以提示我们，鄂乡鼓车鏖战的竞技关系与竞技秩序实则在映射鄂乡社会关系与秩序的特别所在。

（二）鼓车鏖战竞技关系的瓦解

在近几年的鼓车赛会观察中，我们发现鼓车鏖战时参与拉鼓的人员数量远不足百人，双方各鼓车充其量也不过三四十人，更鲜有邻村人前来拉鼓。走访中仅发现一位六旬老者来自邻村，他原是西安某医院主任医师，退休归村，平日里喜好跑步健身。"拉不了几圈就撂那儿了"与"婆姨们也凑热闹"的现象不仅是鄂乡男性力气的衰退，更大的问题则在于"共侍一鼓"的人数急剧减少，人气馁匮。20 世纪 90 年代以来鄂乡劳作模式虽有变化，但绝大多数村民的时空状态是"在村"的，他们多在外村参与煤炭、运输等相关劳务工作，生活空间尚在传统意识中的"十里八村""山上山下"。随着 2008 年左右中国煤炭经济的整体下滑，特别是鄂乡所在的县当年还发生了影响全国的特大矿难事故，鄂乡周边的煤炭相关行业急剧萎缩，致使众多村民一时间没了营生的手段，在短暂的村中赋闲后，他们纷纷向外地谋生打工。如上文提及的杨杰，他二爸（叔）先去了离家 200 公里开外的介休汾西矿业工作，随即汾西矿业产能下降，矿口关停不少，又不得不去了矿业发展较好的贵州矿区工作。当他在介休工作时，每年鼓车会时还特意赶回来参加鏖战，2018 年鼓车会时他身在贵州，便未能如期回村鏖战了。

---

① 爱弥尔·涂尔干：《宗教生活的基本形式》，渠东、汲喆译，商务印书馆，2011。

　　显而易见，生存资源的生产与配置是社会关系生成的决定性参量。在传统的社会关系研究中，如梁漱溟、费孝通等前辈，大多从"伦理本位"①"差序格局、团体格局"②的角度来解释社会关系的特点；傅高义（Ezra F. Vogel）等学者在分析新中国成立后的中国社会关系变迁时重心偏向了社会关系变迁的意识形态基础，提出了"同志式"的社会关系观点。③但以上具有代表性的研究却都相对忽略了社会生存资源配置制度对社会关系的影响，鼓车鏖战中竞技关系松散的成因显然还是在于村民谋生资源演变所导致的社会关系变迁。鄂乡"三官峪"峪口每年雨季下泻的浑黄山水便是传统村民眼中的重要稀缺资源，"炮响三声，黄金万两"④的俗谚，就是在叙述当峪口泻出大量山水时，每家农户都期待着将"黄金液体"引入自家田地"漫地"的美好愿景。历史上鄂乡每年围绕三官峪水利设施的修建不遗余力，民众也为了水权纷争迭出。这里既关涉鄂乡本村上（西北院）、下（东南院）汧所属地缘内部的协作，又关涉上、下汧所属地缘之间的竞争，同时还涉及同属三官峪灌区的黄村、公村、腴村等邻村的水利修建协作及水权争取的关系。处在峪口的鄂乡，水利设施的维护修建决定了众多村落的用水权益，同时，在水权上鄂乡与灌区村落之间也形成了最为核心的地缘型社会关系，其中既有共同修护水利设施的合作关系亦有围绕水权使用的竞争关系。张俊峰对该地区洪灌型水利社会进行了研究，发现水利社会关系中虽然都有合作与竞争的问题，但相比流域型及泉域型水利社会，洪灌型水利社会中渠（汧）与渠（汧）、村与村之间的竞争更大于合作；⑤但张俊峰并未细致说明"竞争大于合作"的内中关系模式究竟如何。我们通

① 梁漱溟：《梁漱溟全集》（第三卷），山东人民出版社，2005，第83~84页。

② 费孝通：《费孝通文集》（第五卷），群言出版社，1999，第332~335页。

③ Ezra F. Vogel, "From Friendship to Comradeship," *China Quarterly*, 1965（21）：46–60.

④ 每年雨季村中都会有专任在峪口观察是否有山水下泻，发水时会鸣炮提示村民做好漫地准备，小水鸣炮一声、中水鸣炮两声，大水则"炮响三声"。此举与鏖战鸣炮发令完全一致，一炮清道、二炮准备、三炮鏖战。

⑤ 张俊峰：《水利社会的类型——明清以来洪洞水利与乡村社会变迁》，北京大学出版社，2012，251页。

过鏖战的竞技关系反推出了此种竞争合作的基本模式特征是"嵌套式"的，即上下游之间的竞争往往大于合作，而相隔的两个地缘则多采取合作来约束中间地缘的用水问题。这也可以更好地解释鄂乡鼓车鏖战为什么会如此突出西北院（上汧）与东南院（下汧）间的"集体竞争"这一特性，以及邻村人来参与鏖战的归属（"东南拉西北、西北拉东南"）问题。鏖战参与群体的竞争与合作关系与鄂乡生活世界中的社会关系网络一致，由此我们也可以得出这样的一个观点，即鏖战之竞技能力在更深层次上隐喻着西北院或东南院地缘内部家庭、宗亲及村际关系的团结水平，当然也体现了地缘范围内子嗣繁盛的状况，具有村落政治的意味。"人的一生就是通过训练获得为社会所承认的身体技术，从而表现自我并与他人交往的过程。"① 鄂乡男性一般在十四五岁时，父亲便会要求他参与到鼓车鏖战当中，"获得某种特定的身体技术，即标志着他们获得了迈向成人世界的资格"。② 这是鄂乡男性特有的"成年礼"仪式。"身体技术的参与过程中强化了社会关系的区分与认同的边界。"③ 鏖战的竞技关系植根在鄂乡传统的社会关系中，他体现的是鄂乡家庭关系、宗亲关系、地缘关系、村际关系的认同与区分，且这些内在关系却是以乡村生活生产的焦点，水利资源的分配制度为核心参照的。传统耕作中，父子间的劳作配合，家族、邻里间的互助换工，以及村落权力选举时地缘内的拥护等均由内而外地显示了以水利为中心的社会关系的认同与区隔。

孙立平也认为，"在各种社会现象中，社会关系的稳定性较高，发生变化都较缓慢。如果一种社会关系在很短时间内发生急剧、根本的变化，说明有一种异乎寻常的因素在起作用"。他还强调，"意识形态运动对社

---

① 林晓珊：《反思性身体技术：一项汽车与身体的扎根理论研究》，《社会学研究》2013
年第 6 期。

② 林晓珊：《反思性身体技术：一项汽车与身体的扎根理论研究》，《社会学研究》2013
年第 6 期。

③ 马塞尔·莫斯、爱弥尔·涂尔干、亨利·于贝尔：《论技术、技艺与文明》，纳丹·施
郎格编选，蒙养山人译，世界图书出版公司，2010，第 53 页。

会关系的转变确起作用，但据此说明历史悠久、顽强有力的社会关系的根本转变，显然不够。变革理想可能会对变革精英的思想和关系产生重要影响，但对于普通民众社会关系的变化，仅有此种影响是不够的"。[①]这"异乎寻常"的因素便是鄂乡整体生存资源的聚焦点已发生质变，一切民俗均会与地方民众的生活实践相互契合，按照马克思主义的说法就是"经济基础决定上层建筑"，生活实践中最为突出或具有根本性的要素当数"劳作模式"。劳作本身直接沟通着人群生存的生理需求与社会行动，更决定着人群的社会关系。布迪厄认为，"竞技体育实质上是实现现代社会合法化及阶层之间区隔的工具"[②]，杨磊、杨海晨在《主体性的追寻：一个专业乒乓球运动员群体的自我民族志》一文中也借助这一观点分析了我国20世纪末期专业乒乓球运动员进行向上社会流动的境遇，[③]本研究中想对此观点做的学术拓展在于：该观点仅解释了竞技体育参与共同体与外部的区隔问题，却忽略了共同体内部参与单位之间体现出来的区隔与认同的工具属性，复杂的鏖战竞技关系本就是用来安排鼓车共同体（鄂乡与邻村）内部社会关系区隔与认同的工具。当鄂乡人的营生方式转向市场，会顺理成章地瓦解围绕水利展开的一系列合作与竞争关系。新的社会关系出现，鏖战竞技关系已无法再充当安排社会关系区隔与认同的工具，所以，鏖战所呈现给我们的，无论竞争关系的激烈程度，还是协作关系的团结水平，均急剧溃败，"气败了"的可不仅仅是村民的力气，更是人气的凝聚水平。

四 "心随境转"：为生活理想而"鏖战"

大凡民俗节庆终究要有信仰体系支撑，当鄂乡鼓车鏖战前，各院民

---

① 孙立平：《"关系"、社会关系与社会结构》，《社会学研究》1996 年第 5 期。

② Pierre Bourdieu, "Sport and Social Class," *Social Science Information*, 1978（6）：819–840.

③ 杨磊、杨海晨：《主体性的追寻：一个专业乒乓球运动员群体的自我民族志》，《体育与科学》2019 年第 3 期。

众都要进行祭鼓仪式。一般而言，祭鼓分为村祭与院祭。村祭在村中大庙（后土庙）举行，院祭在各院院庙（各庙神祇不同）举行。凡祭鼓必摆放供品、焚香敬表、诵念祝文、燃鞭爆竹、傩舞游街、鼓车巡村。村民尊称他们的鼓车为"神鼓"，祭鼓实为祭祀庙堂神祇，因之，鼓车更应该是鄂乡"沟通人天"的中介器物。祭鼓活动可以理解为莫斯"礼物交换"理论所提及的"竞技式呈献"之具体现象，"礼物所交换的不仅限于物资和财富、动产和不动产等在经济上有用的东西。他们首先要交流的是礼节、宴会、仪式、军事、妇女、儿童、舞蹈、节日和集市"。[①] 传统中国迎神赛会中"赛"之本意即"报也"，[②] 意即民众回报神祇给予的护佑，鄂乡重修于"道光岁次丁酉春月"的大庙门楣石刻"祈报""昭格"四字即清晰地传达了人—神"礼物交换"之意，"礼尚往来"的传统逻辑与莫斯对礼物中灵媒（"豪"）的解释如出一辙，在民众的集体意识里，若不以仪式的行动赠予或回报神祇，则会是危险的，神祇不但会停止护佑（风调雨顺，人畜平安），还会降民以灾祸。

　　"当给予者的首要目的是炫耀他所给予的要比其他给予者和竞争者更多、更好的时候，当赠予变成了就慷慨而进行的争斗甚至是战争的时候，呈献就带有了竞技性。"[③] 鄂乡鼓车俗谚，"三月十六抻一圈，一年四季都平安"，"抻"是拉长、拖延之意，民众一般不说"跑一圈"或"拉一圈"，常会说："抻一圈！""再抻一圈！"其实，这里也隐含了哪个院的鼓车能"抻"得最多、"抻"到最后，哪个院分对神祇的呈献就会更好，神祇自然会有更多的赐福。"有关鼓车的传说不少，比如说在光绪年间，鄂乡鼓车鏖战，二车相持不下，尽然飙出村子，你追我赶，一路到了河南洛阳白马寺，当时河南大旱，可这鼓车一到河南便下起大雨……还有，过去老人们通过每年鼓车鏖战

---

①　马塞尔·莫斯：《礼物——古式社会中交换的形式与理由》，汲喆译，商务印书馆，2016，第9页。

②　（晋）郭璞：《尔雅》卷上，四部丛刊景宋本，第245页。

③　马塞尔·莫斯：《礼物——古式社会中交换的形式与理由》，汲喆译，商务印书馆，2016，第7页。

胜负的情况会发现，只要西北院一获胜当年地里的收成准好！再有就是据说
鼓车有镇瘟疫的意思。对啦！还有就是每年清明不是要上坟？上坟回来我们
就开始撒鼓、拉鼓哩，意思是要自己的老祖宗们也看看也拉拉。"①

　　通过村民对鼓车信仰的记忆，可以认定这一"关联场域"主要是围
绕鄂乡农耕生活理想、祖先崇拜、禳灾防疫等形成的集体意识，这种信
仰的主线不明确但非常贴切现实生活。鼓车赛会的身体技术坚实地镶嵌
在民间信仰场域之中。按照马克斯·韦伯的社会行动分类，"如果实际的
实践建立在长期习惯的基础之上，习惯就可称之为风俗"，鼓车鏖战无疑
是"传统因素"与"价值理性因素"所决定的纯粹的风俗。"风俗得以稳
定的基本原因是，只要大多数人的行为考虑了风俗的存在并参照了风俗，
某一个人不按照风俗行事，他的行为就'不适应'环境，他就必须承受
大大小小的不快和损失。"② 但据我对近年祭鼓仪式的观察，有些细节值
得注意。在每年的祭鼓仪式中，大多没有了村祭环节，只是各院鼓车进
行院祭；院祭时我们还发现神龛本应更换的楹联却无人更换，只是残存
着往年破旧发白的楹联；还有院祭时已鲜有祭鼓文的宣读环节，在 2017
年，某院幸有祭鼓文宣读，宣读者手中的文稿竟然是随意找来的两片白
纸，③ 且文字涂抹严重。这些不按传统风俗严谨行事的祭祀行为似乎并没
有引起村人的"不适应"，却给外来者带来一种将就、敷衍的感觉。此种
将就、敷衍的态度依然来自村人营生方式的变化，一次我与房东闲聊，
房东说："那时候（1980 年末）我哥在外上学，家里欠了不少债，地里
干活儿也不够还债，我们经常吃不饱，连颗鸡蛋都不舍得吃，后来我和
我父亲说以后干啥都行，但就是不下地了，我朋友也多，向朋友借钱买
了个小三轮车给山里拉货，很快一年就把车钱挣回来了，到第二、第三
年，家里的债也还了。所以，那时候村里人都愿意下雨，地里的庄稼能
长好点儿，可我却不愿下雨，雨天里山路危险，没办法拉活儿，下三天

---

① 资讯人：尉吉祥；访谈地点：鄂乡北头庙；访谈时间：2015 年 5 月 4 日。
② 马克斯·韦伯：《社会学的基本概念》，胡景北译，上海人民出版社，2000，第 39~42 页。
③ 民俗庆典的文字抄写向来要求用红色纸张。

雨我至少要少挣七、八百块钱。"[①] 春雨如膏，农夫喜其润泽，行人恶其泥泞……在汉族村庄，民众信仰往往现实，可将这种信仰现象称之为"实用信仰"，这与中国文化心理结构的"实用理性"特征密切相关。[②] 仅从鄂乡这一个体的口述材料中，我们也可以察觉到社会转型期村民的现实境遇与信仰的双重变奏，本用作祈雨禳灾的鼓车习俗已经受到了村民意识转变的挑战，在当下的鄂乡，靠向山里运输营生的村民众多，对雨水问题感同身受的村民已不在多数。他们最需要的已不再是山里多雨，且汇聚山水到三官峪口满足他们的洪水漫地，相反，山里多雨则会使山路凶险，阻碍他们与山里的交通运输往来。一旦"实用"的对象发生变化后，信仰对象也会随之变奏。较此更为典型的比较材料还有很多[③]，如我发现，山西清徐县某村同样是靠煤炭运输富了村子，当地人居然会在腊日那天非常正式的祭拜他们的运输工具——重型卡车，意在人车平安。绝大多数基层民众的信仰是工具性的，其生活理想并没有超越现世的生活，至多停留在"求保安存"的层面或高度。[④] 随着社会变革，生活理想虽未变化，但通向理想的手段却变了，心随境转，鄂乡民众对鼓车鏖战的"战鼓催春""能令秋大有，鼓吹远相催"的那份心气儿也渐次消逝。

小结　民俗体育文化保护的逻辑转向

通过对鄂乡鼓车赛会身体技术的分析，我们会发觉，鼓车赛会特有的身体技术、行为惯习尽管储存在每一个村民的身体之内，但竞技行为的准确位置更应在于鄂乡整体性的"关联场域"之中。

---

① 资讯人：毛二子；访谈地点：东院泊池；访谈时间：2018 年 5 月 1 日。

② 李泽厚：《中国现代思想史论》，天津社会科学出版社，2004，第 241 页。

③ 据清华大学博士徐腾的社会调查，河北易县洪崖山，如今的建庙原则是"缺哪个神仙，随便建一个"，庙中竟然还出现了双手把持方向盘的"车神"，针对考驾照、人车平安事宜。

④ 王若光、孙庆祝、刘旻航：《中国岁时民俗体育逻辑起点的符号学考察》，《上海体育学院学报》2013 年第 6 期。

　　首先，鄂乡的男人都会拉鼓车，但当鼓车道损坏或没有撒好的鼓车时，谁也无法将其高超的技艺与彪悍的体能施展出来。其次，鏖战中的身体竞技系一种"分置性体能运动"，不同位置的人员要时刻保持自己的运动状态，以便应对鼓车的速度、平衡、转向离心力、换梢流畅性等。但是当鏖战参与者一旦在日常劳作的身体体验方面发生变化时，其在鏖战中的竞技表现也会随之变化。再次，鏖战需具备众多的配置人员及接力储备人员方可完成，社会分置性要求有稳定的父子、宗亲、地缘及村际关系来作为坚实后盾完成鏖战中的合作（team work）。最后，民间信仰为鏖战提供了"竞技性呈献"的基础，若无争相的"祈报""昭格"恐怕鏖战技术表达的行动意向亦会随之式微。总之，作为鏖战的身体技术始终受制于客观的器物系统，具化在参与者的身体内，分置在不同群体的社会关系中，镶嵌于民间信仰体系之上。这些关联场域共同形成了一个整体性系统，内部不同场域间关系的消长变化最终都会延缓传导地体现在鼓车赛会的竞技展演之上。在很大程度上鼓车赛会的呈现就是器物状态、劳作模式、社会关系、信仰体系以及相应的村落自然、村民心境、村落秩序、市场结构与国家政策环境的一种综合且含蓄的表达，但也可看出，关乎民众生存的劳作模式在其中确实起到了决定性作用，实际上不同"关联场域"之间在实践互动的层面上是混融（remixed）为一体的。

　　由此，民俗体育文化保护的类型学意义也得以凸显。类似于鄂乡鼓车赛会的民俗竞技类文化遗产与艺术类、生产类文化遗产之间差异甚大，有着广泛参与程度的民俗体育不同于曲艺、文化、生产技艺等非遗活动，甚至与我们普遍认为与之相近似的传统武术也存有不小的差异，此类非遗事象已有自身相对独立的运行场域，如演艺界、音乐圈、文学派系、生产经济的市场等，武术亦有国粹象征系统作为支撑。然而与鼓车赛会相类似的民俗体育活动，其"关联场域"可以说正是地方的生活世界，若地方生活世界中各种具体"场域"发生变化则会隐晦地改变民俗文化的样态，气泄于针芒。因此，从类型学角度来把握"非物质文化遗产保护"，民俗体育文化保护的核心基础并不是其自身，而是营造生活世界的整体性保护策略，我们如何干预了它的"关联场域"便会获得如何的保护效果。民俗体育与生活世界系一种"相表里"的文化关系。

　　本研究是在莫斯有关身体技术的基本学术立场框架下进行的一次具象化分析，结合布迪厄的惯习"具身化"观点与艾约博有关"器物"的思考，研究不仅在总体上分析了"器物""身体""社会""信仰"几个前人涉及的"关联场域"，同时也进一步讨论了"关联场域"与"身体技术"之间的共同变奏问题，让我们能够看到"场域"变化与鏖战技术表达之间的"或然"[①]关系，并且追溯了影响文化关联场域的渊薮，是围绕生存资源获取与分配的劳作模式的质变。莫斯虽然强调"身体技术的参与过程中强化了社会关系的区分与认同的边界"，[②]这一点与韦伯、道格拉斯有关仪式功能的见解相呼应[③]，但值得慎重思考的是，这种观点只有在"整体文化关联场域"相对稳定时方可适用，当文化关联场域发生变奏时，或许更应该倾向于格尔茨的巴厘岛斗鸡研究：斗鸡系社会声望与社会结构的一种表达，作为社会表达工具的斗鸡，其功能既不是减缓社会激情也不是强化社会激情，而是以羽毛、血、群体和金钱为媒介来展示他们。[④]

　　行文至此，不由慨然，在古朴雄浑的鼓车面前不知道走过了多少代身形彪悍的鄂乡人，如今的鄂乡村民只是感觉到了鼓车的气败之象，而从未思考过缘何如此。或许，历史确是在悲剧中前行；也或许，当新时代中国乡村经济重振后，鼓车鏖战会再度凝心聚气，重放异彩。

---

① 有人认为马克斯·韦伯用"或然性"表述社会行动的因果性与德国唯心主义传统一致，是排斥人类活动的因果性概念，但事实上韦伯坚信人类社会发展的因果关系是极度困难的，社会行动研究中若达到客观的确定性是几乎办不到的，因此社会行动的研究只能得出："一定背景下大多数人会生成相应的行动，或某一社会行动是由一些本质性因素（适合的原因）导致的"。参见杨善华、谢立中《西方社会学理论》上卷，北京大学出版社，2005，第183页。

② 马塞尔·莫斯、爱弥尔·涂尔干、亨利·于贝尔：《论技术、技艺与文明》，纳丹·施郎格编选，蒙养山人译，世界图书出版公司，2010，第53页。

③ 玛丽·道格拉斯：《洁净与危险：对污染和禁忌观念的分析》，黄剑波、柳博赟、卢忱译，商务印书馆，2018，第138页。

④ 克利福德·格尔茨：《文化的解释》，韩莉译，译林出版社，1999，第523页。

结论

传统文化中蕴藏着中国人之所以为中国人的理由，寻找与保护传统文化的内核是我们这个时代的文化使命。鄂乡"鼓车赛会"习俗只不过是地方民众每隔一段时间节律性迸发出的某种"集体欢腾"，"集体记忆"是"集体欢腾"在每过一段时间之后可迸发出激情的源泉。[①]"集体记忆"既具有连续性又具有建构性，它是社会民众对于过往生活与现实境遇借用语言习俗综合互动而形成的一种客观的文化心理状态。我们与其说"集体记忆"是"集体欢腾"得以节律性迸发的激情或源泉，倒不如说处在历史效应中的看似平静、日常的生活实践才是"集体欢腾"得以节律性迸发的原生动力。

一 民俗竞技：民俗体育保护的核心对象

通过鄂乡"鼓车赛会"研究，我们发现，该习俗系一项极具有典型性的民俗体育个案。它展示给我们的种种文化细节皆有力地证实了在中

---

① 景军：《神堂记忆——一个中国乡村的历史、权力与道德》，吴飞译，福建教育出版社，2013，第16页。

国传统文化的土壤环境中完全有可能自然孕育出身体竞技特征极强的体育文化。

在"鼓车赛会的文化记述"中可以自然地得出，民俗体育得以生成的核心是它构造精妙的身体竞技结构。一方面，若没有鼓车鏖战的竞技特征，民俗体育则无法成为可能，或许只能称之为民俗。另一方面，民俗信仰亦是鼓车习俗得以维系的直接原因，拉鼓车是民俗信仰的具体行为表现，民俗信仰是拉鼓车得以延续的文化支撑。传统农业社会生计方式下所形成文化信仰系统，即"禳灾祈福""岁时观念"等与鼓车习俗本身是意向与行为的互动关系。若习俗中没有对自然的敬畏意向，民俗体育亦无法成为可能，或许只能称之为体育。从民俗学及体育学科的综合视角来看，有民俗信仰的身体竞技行为（民俗竞技）正是我们所要保护的核心对象。

二 理想与社会：民俗体育保护核心对象的"表里"[①]关系

具体空间坐标下的鄂乡，固有的土地、山川、物候、植被及无法摆脱的社会历史效应决定了其农业生计方式传统的延续，风调雨顺、大有之年、子嗣繁盛是社会民众共同追求的生活理想。民众在追求生活理想的实践中依据宗亲、地缘关系逐渐形成了稳定平衡的组织结构；另外，面对生活中无法人为控制的问题，如旱涝、虫灾、瘟疫、饥荒等自然力量，民众便会生成朴素的祈报、禳灾信仰。本研究中有关鼓车赛会的文化记述部分依据深度阐释的方法从集体意识的符号诠释层层深入集体无意识的社会关系解释，可知民众生活实践中的竞争合作关系与鼓车竞技结构中的关系同构，鼓车习俗的竞技结构与生活实践中的社会组织结构二者呈表里关系，

---

① 中医思想将人体看作一个相互联系着的有机体，以阴阳五行学说为基础，辩证地将人体五脏、六腑、经络、九窍、五体、气血等所有一系列身体部分的内外、表里统一联系起来，因此中医对于病灶的施治在于整体调和。鄂乡鼓车是鄂乡有机体中的一个外在且凸显的部分，当我们找到这个"凸显部分"之所以丰满或凋敝的内在原因以及了解到鄂乡文化内各部分的系统辩证关联后，整体性保护的工作方会成为可能！

鼓车信仰与生活理想二者之间亦是表里关系。"鼓车"习俗是鄂乡秩序的隐喻体。为追求生活理想而形成的鄂乡社会组织结构是鼓车习俗得以传承延续之"母"，而鼓车习俗的传承延续又会反过来整合鄂乡的社会组织结构，强化民众共同追求的生活理想，鼓车习俗乃为鄂乡生活实践之"帅"。

三 "安存"：民俗体育保护的核心基础

"安存"系中国人生活理想中的普遍诉求，这一点在众多民间器物中可窥见一斑，如不少瓷器、家具、剪纸等器物中常见的鹌鹑[①]题材。我们从"鼓车赛会的文化变奏"研究中看到，鄂乡经历的种种社会激荡并没有影响到民众的生计方式，只要农耕生计方式稳定不变，民众生活方式的主格调也不会轻易变化。地方能源（煤炭）产业的快速升温，首次打破了鄂乡民众延续千年的农耕生计模式，相应的，生计方式的变化也使民众摆脱了传统地权、水权等束缚，维系村落组织结构平衡的根本要素消失，"地缘 – 血缘"纽带下既有的合作与竞争的关系结构被煤炭行业链的合作与竞争关系结构或多或少地取代。"鼓车"习俗的中断，表面上是民众忙于投身煤炭行业，但由表及里的原因却是既有的组织结构平衡已被突破。民俗信仰、生计方式发生变化，生活理想便会发生动摇；相反，煤炭市场的持续看好、生产环节的顺畅安全成为村人的生活理想。目前，因生计方式改变而引发民俗信仰严重改变的具体文化现象已在山西其他地区出现[②]。鄂乡"鼓车赛会"中断的事实说明，村落生计方式的急速变

---

① 中国人通过鹌鹑的图像与谐音来表达安定的生存之理想。

② 该地也是煤炭生产比较集中的一个区域，一个村子虽有不少农业耕作的土地，但绝大多数村民都在公元 2000 年左右便开始合资购买大型卡车，靠着将当地煤炭运输至全国各省来赚取高额的运输费，在这不到 20 年的时间里，新的信仰已经形成。每年腊月里，这些靠车营生的村民们便会挑良辰、择吉日，将自家的大卡车刷洗一新，挂红绶带于每个车轮，夹红黄二表于挡风玻璃的雨刮器上，烟花爆竹铺设于车前车后，并在车头前摆设香案，陈放各种贡品。"祭卡车"习俗的目的就在于希望卡车（生产工具）能保佑来年的交通运输平平安安，不要发生交通事故，这样自然也就能赚得到钱。

革应是民俗体育延续传承中最大的威胁，改变基层民众传统生计方式本身并不是问题，重要的问题是"可持续性"，稳定延绵、可持续发展的"安存"生计模式才是保护民俗体育的重中之重，它是鄂乡鼓车文化保护的核心基础。

本研究中"鼓车赛会的文化保护实践"的田野观察，更进一步印证了生计方式的稳定延绵与鼓车文化保护之间的高度相关性。国家有关非物质文化遗产保护政策要素的禀赋对于鄂乡鼓车习俗的保护既有明显的积极效应，又具有一定的局限性。文化重建纠纷现象背后，是生计方式发生骤变后村落既有权力、经济、信仰等利益关系随之发生失衡的"后遗症"，当下"鼓车"文化的发展更多的是依靠不够稳定而浮躁的物质、权力、文化等利益来决策。"申遗纠纷"事件隐喻了当下中国现代化变革中基层民众浮华的心理结构，当文化持有者的生计方式发生急速变奏时，其观念、态度、信仰、情感及社会关系等均会随之紊乱而变得不够稳定，从而连接"物质"与"非物质"文化关系的纽带也会部分断裂。

在"乡愁记忆"的研究中我们发现了民俗文化保护的当代意义，文化保护的真正意义在于民俗体育行为背后地方民众共有的乡愁情愫。延续的鼓车文化是鄂乡人安放乡愁的"处所"，这一"处所"的稳定传承，对地方民众的集体心理结构有着慰藉的功用。"看得见山，望得见水，记得住乡愁"一语中本就包含了人与自然、社会、文化之间的关联；民俗文化保护的逻辑应真正转向"整体性"保护。虽然当下国家非物质文化遗产政策方面已多强调整体性、完整性，但在文化保护的实践方面还多停留在"局部性"保护的层面；如同一棵依靠"营养液"看似长势尚好的苗木，其根系尚未深入土壤中。鼓车赛会的文化关联众多，物质、信仰、社会关系、生计等方面的任何微小变化均会影响到赛会本身。若想使某一项民俗文化得到真正的保护，必须连同其所处的所有"文化关联场域"进行整体保护，方能使民俗文化的根系扎到健康稳定的生活中，获取营养。

参考文献

一　专著

笛卡尔:《谈谈方法》，王太庆译，商务印书馆，2006。

马塞尔·莫斯、爱弥尔·涂尔干、亨利·于贝尔:《论技术、技艺与文明》，纳丹·施郎格编选，蒙养山人译，世界图书出版公司，2010。

马塞尔·毛斯:《社会学与人类学》，佘碧平译，上海译文出版社，2014。

马塞尔·莫斯:《礼物——古式社会中交换的形式与理由》，汲喆译，商务印书馆，2016。

皮埃尔·布迪厄:《实践感》，蒋梓骅译，译林出版社，2012。

爱弥尔·涂尔干:《宗教生活的基本形式》，渠敬东、汲喆译，商务印书馆，2011。

葛兰言:《古代中国的节庆与歌谣》，赵炳祥译，广西师范大学出版社，2005。

哈维兰:《文化人类学》（第十版），瞿铁鹏等译，上海社会科学院出版社，2006。

保罗·拉比诺:《摩洛哥田野作业反思》，高丙中、康敏译，商务印书馆，2008。

玛格丽特·米德:《萨摩亚人的成年——为西方文明所作的原始人类的青年心理研究》,周晓虹等译,商务印书馆,2010。

克利福德·格尔茨:《文化的解释》,韩莉译,译林出版社,1999。

鲁思·本尼迪克特:《菊与刀——日本文化诸模式》(增订版),吕万和等译,商务印书馆,2012。

威廉·富特·怀特:《街角社会:一个意大利人贫民区的社会结构》,黄育馥译,商务出版社,1994。

兰德尔·柯林斯:《互动仪式链》,林聚任、王鹏、宋丽君译,商务印书馆,2012。

马斯洛等:《人的潜能和价值——人本主义心理学译文集》,林方译,华夏出版社,1987。

罗伯特·路威:《文明与野蛮》,吕叔湘译,三联书店(香港)有限公司,2008。

罗宾斯等:《管理学》(第9版),孙健敏等译,中国人民大学出版社,2008。

格雷戈里·贝特森:《纳文——围绕一个新几内亚部落的一项仪式所展开的民族志实验》,李霞译,商务印书馆,2008。

迈克尔·格伦菲尔编《布迪厄:关键概念(原书第2版)》,林云柯译,大学出版社,2018。

阿诺德·汤因比:《历史研究》(上),郭小凌等译,上海人民出版社,2010。

E.霍布斯鲍姆,T.格兰:《传统的发明》,顾杭、庞冠群译,译林出版社,2004。

马林诺夫斯基:《文化论》,费孝通译,中国民间文艺出版社,1987。

维克多·特纳:《象征之林——恩登布人仪式散论》,赵玉燕、欧阳敏译,商务印书馆,2006。

J.G.弗雷泽:《金枝——巫术与宗教之研究》(上册),汪培基等译,商务印书馆,2013。

玛丽·道格拉斯:《洁净与危险:对污染和禁忌观念的分析》,黄剑波、柳博赟、卢忱译,商务印书馆,2018。

马克斯·韦伯:《社会科学方法论》,杨富斌译,华夏出版社,1999。

马克斯·韦伯:《社会学的基本概念》,胡景北译,上海人民出版社,2000。

艾约博:《以竹为生:一个四川手工造纸村的20世纪社会史》,韩巍译,江苏人民出版社,2016。

恩斯特·卡西尔:《人论》,上海译文出版社,2004。

诺贝特·埃利亚斯:《文明的进程:文明的社会起源和心理起源研究》,王佩莉、袁志英译,上海译文出版社,2009。

德里克·弗里曼:《玛格丽特·米德与萨摩亚——一个人类学神话的形成与破灭》,夏循祥、徐豪译,商务印书馆,2008。

直江广治:《中国民俗文化》,王建朗等译,上海古籍出版社,1991。

滋贺秀三:《中国家族法原理》,张建国、李力译,商务印书馆,2013。

柳田国男:《民间传承论与乡土生活研究法》,王晓葵、王京、何彬译,学苑出版社,2010。

崔乐泉:《中国古代体育文物图录》,中华书局,2000。

陈康:《敦煌体育研究》,中国社会科学出版社,2012。

何星亮:《中国自然神与自然崇拜》,上海三联书店,1992。

楚来生:《无形的锁链——神秘的中国禁忌文化》,上海三联书店,1993。

段友文:《黄河中下游家族村落民俗与社会现代化》,中华书局,2007。

费孝通:《费孝通文集》(第五卷),群言出版社,1999.

费孝通:《乡土中国》,人民出版社,2008。

付玉坤:《民俗体育研究》,山东教育出版社,2012。

郭于华:《受苦人的讲述:骥村历史与一种文明的逻辑》,香港中文大学出版社,2013。

郭于华:《倾听底层:我们如何苦难》,广西师范大学出版社,2011。

高丙中:《中国人的生活世界:民俗学的路径》,北京大学出版社,2010。

黄树民：《林村的故事：1949 年后的中国农村变革》，素兰、纳日碧力戈译，生活·读书·新知三联书店，2002。

黄淑娉、龚佩华：《文化人类学理论方法研究》，广东高等教育出版社，2013。

侯振彤译编《山西历史辑览（1909~1943）》，山西省地方志编纂委员会办公室，1987。

景军：《神堂记忆——一个中国乡村的历史、权力与道德》，吴飞译，福建教育出版社，2013。

黄宗智主编《中国乡村研究》（第二辑），商务印书馆，2003。

金观涛、刘青峰：《兴盛与危机：论中国社会超稳定结构》，法律出版社，2011。

梁漱溟：《梁漱溟全集》（第三卷），山东人民出版社，2005.

李泽厚：《中国现代思想史论》，天津社会科学出版社，2004。

李泽厚：《历史本体论·己卯五说》，生活·读书·新知三联书店，2003。

李志清：《乡土中国的仪式性少数民族体育：以桂北侗乡抢花炮为个案的研究》，中国社会科学出版社，2008。

李力研：《野蛮的文明》，中国社会出版社，1998。

林耀华：《金翼——中国家族制度的社会学研究》，庄孔韶、林余成译，生活·读书·新知三联书店，1989。

刘晓春：《仪式与象征的秩序——一个客家村落的历史、权力与记忆》，商务印书馆，2003。

史宗主编《20 世纪西方宗教人类学文选》，上海三联书店，1995。

卢元镇：《体育社会学》，高等教育出版社，2002。

欧阳康：《哲学研究方法论》，武汉大学出版社，1998。

潘光旦：《人文史观》，生活·读书·新知三联书店，2008。

钱杭：《中国宗族制度新探》，中华书局（香港）有限公司，1994。

任海：《中国古代体育》，商务印书馆，1996。

施爱东：《中国现代民俗学检讨》，社会科学文献出版社，2010。

谭华:《体育史》,高等教育出版社,2005。

《中国文化现代化的新探索》,科学出版社,2010。

谭同学:《桥村有道:转型乡村社会的道德、权力与社会结构》,生活·读书·新知三联书店,2010。

谭同学:《双面人:转型乡村中的人生、欲望与社会心态》,社会科学文献出版社,2016。

王若光:《民俗体育研究:方法、价值与现代性问题》,新华出版社,2016。

王霄冰、邱国珍:《传统的复兴与发明》,知识产权出版社,2011。

翁士勋主编《二十五史体育史料汇编》,北京体育大学出版社,1997。

吴毅:《小镇喧嚣:一个乡镇政治运作的演绎与阐释》,生活书店出版有限公司,2018。

夏之乾:《神判》,上海三联书店,1990。

杨罗生:《历代龙舟竞渡文学作品评注》,中国文联出版社,2003。

杨文轩、杨霆:《体育概论》,高等教育出版社,2005。

杨善华、谢立中:《西方社会学理论》(上卷),北京大学出版社,2005。

袁世硕:《孔尚任年谱》,齐鲁书社,1987。

国家体委体育文史工作委员会、中国体育史学会编《中国古代体育史》,北京体育学院出版社,1990。

庄孔韶:《银翅:中国的地方社会与文化变迁》,生活·读书·新知三联书店,2000。

庄孔韶:《行旅悟道:人类学的思路与表现实践》,北京大学出版社,2009。

张俊峰:《水利社会的类型:明清以来洪洞水利与乡村社会变迁》,北京大学出版社,2012。

张勃:《明代岁时民俗文献研究》,商务印书馆,2011。

张铁锁、傅惠成、刘玉太:《丁村鼓乐文化》,山西人民出版社,2005。

K. Robert Merton, "The Unanticipated Consequences of Purposive Social

Action，" *Sociological Ambivalence and Other Essays*，New York：Free Press，1976.

Norbert Elias，*Uber den Prozess der Zivilisation: Soziogenetische und psychogenetiche Untersuchungen*，Bern：Francke，1976.

Margaret Mead，*Coming of Age in Samoa*，New York：Morrow，1928.

Derek Freeman，*Margaret Mead and Samoa: The Making and Unmaking of an Anthropological Myth*，Cambridge，Mass：Harvard University Press，1983.

Hunt Lynn，*Politics，Culture，and Class in the French Revolution*，Berklery：University of California Press，1984.

Marshall Sahlins，*Historical Metaphors and Mythical Realities*，The University of Michigan Press，1981.

Mary Douglas，*Purity and Danger: An Analysis of the Concepts of Pollution and Taboo*，London：Routledge，1966.

Geoff Pearson，*An Ethnography of English Football Fans: Cans，Cops and Carnivals*，Manchester：Manchester University Press，2014.

Jon Clark，Celia Modgil，Sohan Modgil eds.，*Robert Merton: Consensus and Controversy*，New York：Falmer Press，1990.

二 期刊

暴丽霞、冯强：《晋南民俗——跑鼓车的文化传承与可持续发展》，《体育研究与教育》2011 年第 5 期。

崔乐泉：《论"原始体育形态"——体育考古学研究方法实证分析》，《体育与科学》2002 年第 4 期。

崔乐泉：《原始时代体育文化研究的方法论考察——以中国原始时代体育文化研究为例》，《山东体育学院学报》2004 年第 1 期。

陈红新：《也谈民间体育、民族体育、传统体育、民俗体育概念及其关系——兼与涂传飞等同志商榷》，《体育学刊》2008 年第 4 期。

蔡华:《不可抗拒的反例——纳人亲属制度的意义，兼回应 C. 列维 – 斯
　　特劳斯》,《云南社会科学》2008 年第 5 期。

曹树基:《1959~1961 年中国的人口死亡及其成因》,《中国人口社会科学》
　　2005 年第 1 期。

杜靖:《作为概念的村庄与村庄的概念——汉人村庄研究述评》,《民族研
　　究》2011 年第 2 期。

风笑天:《追踪研究：方法论意义及其实施》,《华中师范大学学报》(人
　　文社会科学版) 2006 年第 6 期。

郭海红:《日本城市化进程中乡愁的能动性研究》,《山东大学学报》(哲
　　学社会科学版) 2015 年第 3 期。

何弩:《山西襄汾县陶寺城址祭祀区大型建筑基址 2003 年发掘简报》,
　　《考古》2004 年第 7 期。

胡小明:《体育人类学方法论》,《体育科学》2013 年第 11 期。

胡小明:《一种基于当代现实的体育理论眺望——关于 "两条腿" 和后现
　　代体育意识》,《体育文化导刊》2003 年第 12 期。

胡小明、杨世如、夏五四等:《黔东南独木龙舟的田野调查：体育人类学
　　的实证研究——体育人类学的实证研究》(一),《体育学刊》2009 年
　　第 12 期。

胡小明、杨世如:《独木龙舟的文化解析——体育人类学的实证研究》
　　(二),《体育学刊》2010 年第 1 期，第 1~9 页。

黄淑娉:《文化变迁与文化接触——以黔东南苗族与美国西北岸玛卡印第
　　安人为例》,《民族研究》1996 年第 6 期。

江绍原:《端午竞渡的本意》,《晨报副刊》第 1439 号，1926 年，第
　　21~23 页。

江绍原:《端午竞渡的本意》(续),《晨报副刊》第 1440 号，1926 年，第
　　25~27 页。

江绍原:《端午竞渡的本意》(续完),《晨报副刊》第 1441 号，1926 年，
　　第 29~31 页。

江晓原、陈晓中、伊世同等：《山西襄汾陶寺城址天文观测遗迹功能讨论》，《考古》2006 年第 11 期。

金眉：《中西古代亲属制度比较研究——兼论当代中国亲属制度的建构》，《南京大学学报》（哲学·人文科学·社会科学）2010 年第 1 期。

贾辽源：《疯鼓车》，《山西文学》2012 年第 8 期。

降大任：《试论晋文化的源流与特征》，《山西社会主义学院学报》2003 年第 3 期。

刘浏：《襄汾县尉村鼓车文化的发展现状及对策研究》，《忻州师范学院学报》2011 年第 3 期。

刘素林、行龙：《女性体育的国家建构：以"海鸥"女子锻炼队为例》，《体育与科学》2016 年第 6 期。

刘爱华：《城镇化语境下的"乡愁"安放与民俗文化保护》，《民俗研究》2016 年第 6 期。

林晓珊：《反思性身体技术：一项汽车与身体的扎根理论研究》，《社会学研究》2013 年第 6 期。

林同奇：《格尔茨的"深度描绘"与文化观》，《中国社会科学》1989 年第 2 期。

李志清、虞重干：《专题研究与田野调查——少数民族体育研究的途径》，《体育科研》2004 年第 4 期。

李志清、虞重干：《当代乡土生活中的抢花炮——桂北侗族地区抢花炮变化特征的实地研究》，《体育科学》2005 年第 12 期。

李蕾蕾：《"乡愁"的理论化与乡土中国和城市中国的文化遗产保护》，《北京联合大学学报》（人文社会科学版）2015 年第 4 期。

李力研：《中国古代体育何以未能成熟——以古代希腊为参照的历史比较》，《成都体育学院学报》1995 年第 2 期。

李元庆：《论河东文化的历史地位》，《晋阳学刊》1990 年第 1 期。

李彪：《战后"日俘"残留山西原因探析》，《忻州师范学院学报》2013 年第 3 期。

李博文：《山西襄汾尉村跑鼓车探析》，《山西师大学报》（社会科学版）
　　2012 年第 S2 期。

李建英、孟林盛、刘生杰：《河东体育文化研究》，《山西大学学报》（哲
　　学社会科学版）2011 年第 3 期，第 141~145 页。

马知遥：《非物质文化遗产保护的田野思考——中国北方民间布老虎现状
　　反思》，《民俗研究》2012 年第 4 期。

孟万忠、王尚义、刘敏：《汾河中游地名与流域文化研究》，《测绘科学》
　　2014 年第 7 期，第 53~58 页。

孟林盛、李建英：《民间体育非物质文化遗产的法律保护研究：以山西忻
　　州挠羊赛为视角》，《体育与科学》2012 年第 2 期。

彭兆荣：《神话叙事中的“历史真实”——人类学神话理论述评》，《民族
　　研究》2003 年第 5 期。

潘天舒：《“文明”“历史遗产”和“士绅化”的人类学批判——以赫兹菲
　　尔德的田野民族志实践为例》，《思想战线》2017 年第 4 期。

涂传飞、陈志丹、平伟：《民间体育、传统体育、民俗体育、民族体育的
　　概念及其关系辨析》，《武汉体育学院学报》2007 年第 8 期。

涂传飞：《对民俗体育文化意义的解释：来自克利福德·格尔茨的阐释人
　　类学流派的启示》，《北京体育大学学报》2010 年第 11 期。

涂传飞：《一个村落舞龙活动的变迁》，《体育科学》2010 年第 7 期。

闻一多：《端午考》，《文学杂志》第 2 卷第 3 期，1947 年，第 1~19 页。

闻一多：《端午的历史教育》，《中兴周刊》第 7 期，1947 年，第 11~13 页。

吴毅：《何以个案　为何叙述——对经典农村研究方法质疑的反思》，《探
　　索与争鸣》2007 年第 4 期。

万建中：《论民间禁忌的功能》，《民间文化论坛》2004 年第 3 期。

万建中：《传说建构与村落记忆》，《南昌大学学报》（人文社科版）2004
　　年第 3 期。

万建中：《关于民俗生活魅力的随想》，《山东社会科学》2010 年第 7 期。

万义、白晋湘、胡建文：《土家族烧龙习俗的文化生态变迁与体育价

值——湘西马颈坳镇的田野调查报告》,《体育学刊》2009年第10期。

万义:《村落社会结构变迁中传统体育的非物质文化遗产保护——以弥勒县可邑村彝族阿细跳月为例》,《体育科学》2011年第2期。

万义:《村落少数民族传统体育发展的文化生态学研究——"土家族第一村"双凤村的田野调查报告》,《体育科学》2011年第9期。

万义、杨海晨、刘凯华、宋彩珍、刘卫华:《工具的展演与逻辑:村落女性体育活动参与行为的人类学阐释——湘西三村女性群体的口述历史与话语解构》,《体育科学》2014年第7期。

万义、王健、龙佩林等:《村落族群关系变迁中传统体育社会功能的衍生研究——兰溪古寨勾蓝瑶族长鼓舞的田野调查报告》,《北京体育大学学报》2014年第3期。

冯强、涂传飞、熊晓正:《马塞尔·莫斯的"礼物交换理论"对民俗体育的启示》,《武汉体育学院学报》2012年第6期。

王洪才:《人种学:教育研究的一种根本方法》,《厦门大学学报》(哲学社会科学版)2008年第3期。

王若光、孙庆祝:《民俗体育研究的方法论探索》,《天津体育学院学报》2013年第3期。

王若光、啜静、刘旻航:《我国民俗体育现代化演进问题研究》,《南京体育学院学报》(社会科学版)2012年第6期。

王若光:《俗化体育——中国体育的土壤特征与气候流变》,《上海体育学院学报》2014年第4期。

王若光、刘旻航:《"飞龙在天":端午龙舟竞渡习俗考源》,《民俗研究》2013年第6期。

王若光、孙庆祝、刘旻航:《中国岁时民俗体育生成逻辑的符号学考察》,《上海体育学院学报》2013年第6期。

王若光:《民俗体育的身体技术与"关联场域"——基于国家级非物质文化遗产鄂乡"鼓车赛会"的田野考察》,《体育与科学》2020年第6期。

王若光、杨诗慧:《问题、材料与叙事:体育史研究的方法学论纲——"20世纪中国体育史研究"工作坊学术述评》,《体育与科学》2021年第1期。

王若光、逯文莉:《蹴鞠"场域"的"德育渗透"对当代体育课程改革的启示》,《北京体育大学学报》2020年第2期。

王若光、刘旻航、啜静:《全民健身体系"特色"的民俗学思考》,《北京体育大学学报》2015年第2期。

王若光:《民俗体育的学术史回顾——兼论晋地民俗体育治学的发展及走向》,《体育研究与教育》2018年第5期。

王俊奇:《也论民间体育、民俗体育、民族体育、传统体育概念及其关系——兼与涂传飞、陈红新等商榷》,《体育学刊》2008年第9期。

王俊奇:《关于民俗体育的概念与研究存在的问题——兼论建立民俗体育学科的必要性》,《西安体育学院学报》2007年第2期。

王铭铭:《我所了解的历史人类学》,《西北民族研究》2007年第2期。

王铭铭:《山川意境及其人类学相关性》,《民族学刊》2013年第3期。

王兴一:《山西非物质文化遗产项目——跑鼓车》,《文物世界》2010年第1期。

王铁新:《晋南社火民俗体育研究》,《体育文化导刊》2011年第8期。

乌丙安:《走进民俗的象征世界——民俗符号论》,《江苏社会科学》2000年第3期。

向有明、向勇、韩海军等:《身体动作与文字形成的双向实证研究》,《体育科学》2013年第8期。

杨海晨:《论体育人类学研究范式中的跨文化比较》,《体育科学》2012年第8期。

杨海晨、吴林隐、王斌:《走向相互在场:"国家—社会"关系变迁之仪式性体育管窥——广西南丹黑泥屯"演武活动"的口述历史》,《体育与科学》2017年第3期。

杨磊、杨海晨:《主体性的追寻:一个专业乒乓球运动员群体的自我民族志》,《体育与科学》2019 年第 3 期。

岳明:《古代鄂国南迁与杨子鳄分布的关系——兼论巴人的一支鄂氏》,《民族论坛》1985 年第 3 期。

尉福生:《尉村鼓车的文化溯源》,《沧桑》2011 年第 5 期。

约勒·法略莉、赵毅:《论古代奥运会之"无声消亡"》,《体育与科学》2014 年第 1 期。

叶舒宪:《国学方法论的现代变革》,《文史哲》1994 年第 3 期。

宋薇笳:《训诂学与文献民俗学》,《民俗研究》1987 年第 4 期。

孙立平:《"关系"、社会关系与社会结构》,《社会学研究》1996 年第 5 期。

钟敬文:《从事民俗学研究的反思与体会》,《北京师范大学学报》1996 年第 6 期。

周晓虹:《唯名论与唯实论之争——社会学内部的对立与动力:有关经典社会学发展的一项考察》,《南京大学学报》(哲学·人文科学·社会科学)2003 年第 4 期。

庄孔韶:《可以找到第三种生活方式吗?——关于中国四种生计类型的自然保护与文化生存》,《社会科学》2006 年第 7 期。

张长寿、张孝光:《井叔墓地所见西周轮舆》,《考古学报》1994 年第 2 期。

Paul Shankman,"Mead-freeman Controversy," *Encyclopedia of Culture Anthropology*,1996(3):757–759.

Ezra F. Vogel,"From Friendship to Comradeship," *China Quarterly*,1965(21):46–60.

Pierre Bourdieu,"Sport and Social Class," *Social Science Information*,1978(6):819–840.

三 古籍

(汉)许慎:《说文解字》,(宋)徐铉校定,中华书局,1963。

（汉）司马迁：《史记》卷二十八，清乾隆武英殿刻本。

（晋）郭璞：《尔雅》（卷上），四部丛刊景宋本。

（晋）杜预：《春秋左传正义》卷十五，清嘉庆二十年南昌府学重刊宋本十三经注疏本。

（南朝梁）沈约：《宋书》卷二十九"志第十九"，中华书局，1974。

（唐）李延寿：《北史》卷十八"列传第六"，清乾隆武英殿刻本。

（宋）调露子：《角力记》，清光绪琳琅秘室丛书本。

（宋）李清照：《马戏图谱》，明万历夷门广牍本。

（宋）邵雍：《梦林玄解》卷十一，明崇祯刻本。

（宋）陈元靓：《岁时广记》卷十五，清十万卷楼丛书本。

（宋）程颐：《伊川易传》下经卷之六，元刻本。

（宋）魏了翁：《毛诗要义》卷四下，宋淳祐十二年徽州刻本。

（元）佚名：《丸经》，明崇祯津逮秘书本。

（明）徐弘祖：《徐霞客游记》，清嘉庆十三年叶廷甲增校本。

（明）王圻：《续文献通考》，明万历三十年松江府刻本。

（明）胡谧：《山西通志》，民国 22 年（1933）景钞明成化十一年刻本。

（明）杨嗣昌：《武陵竞渡略》，（清）陈梦雷：《古今图书集成》"历象汇编·岁功典"，清雍正铜活字本。

（明）高濂：《遵生八笺》卷之三，明万历刻本。

（明）李时珍：《本草纲目》卷四十三，清文渊阁四库全书本。

（清）佚名：《蹴鞠谱》，清钞本。

（清）劳文庆、朱光绥：《太平县志》，清光绪刻本。

（清）李炳彦：《太平县志》，清道光刻本。

（清）刘宗元：《太平县志》，清雍正刻本。

（清）戴震：《考工记图》，清乾隆纪氏阅微草堂刻本。

（清）秦嘉谟：《世本》，清嘉庆刻本。

（清）汤肇熙：《出山草谱》卷三，清光绪昆阳县署刻本。

徐昭俭修，杨兆泰纂：《新绛县志》，太原崇实印刷所印，民国 18 年

（1929）铅印本。

刘大鹏：《退想斋日记》，乔志强标注，山西人民出版社，1990年。

王健吾、金铁盦：《毽子谱》，上海武侠社，1935年。

王健吾、金铁盦：《风筝谱》，上海武侠社，1936年。

四 学位论文

范静：《节庆中的仪式展演：晋南襄汾县跑鼓车及其文化内涵研究》，西北民族大学硕士学位论文，2013。

季海宏：《皮尔斯符号学思想探索》，南京师范大学博士学位论文，2011。

吕韶钧：《舞龙习俗与民族文化认同研究》，北京体育大学博士学位论文，2011。

李志清：《仪式性少数民族体育在乡土社会的存在与意义——桂北侗乡抢花炮的表达》，上海体育学院博士学位论文，2006。

孟纹波：《彝族火把节研究——以石林彝族撒尼族群为个案》，北京体育大学博士学位论文，2012。

覃琮：《"标志性文化"生成的民族志——以滨阳舞炮龙为个案》，上海大学博士学位论文，2011。

涂传飞：《农村民俗体育文化的变迁——江西省南昌县涂村舞龙活动的启示》，北京体育大学博士学位论文，2009。

杨建设：《我国传统节日体育现状与发展研究》，上海体育学院博士学位论文，2007。

杨海晨：《族群体育的实践理性与文化表达——广西南丹黑泥屯"演武活动"的田野个案》，华中师范大学博士学位论文，2014。

朱红：《唐代节日民俗与文学研究》，复旦大学博士学位论文，2002。

张基振：《文化视野中民间体育的保护、传承与发展——以潍坊风筝表述对象的实证研究》，上海体育学院博士学位论文，2007。

五　报刊、网络析出文献

艾斐：《让我们记得住乡愁》，《人民日报》，2013 年 12 月 26 日。

鄂公野老：《鼖鼓殇》，新浪博客，2009 年 02 月 14 日，http：//blog.sina.
com. cn/s/blog_5d7468030100bhk8.html。

冯印谱：《"申遗"重要？还是人命重要？》，山西新闻网·三晋都市报，
2008 年 5 月 12 日，http：//news.sxrb.com/shyl/540212.html。

非物质文化遗产司：《文化部办公厅关于公示第三批国家级非物质文化遗产
名录推荐项目名单的公告》，中华人民共和国文化部网站，2010 年 5 月
16 日，http：//zwgk.mcprc.gov.cn/auto255/201005/t20100517_20808.html。

《关于临汾市第一批市级非物质文化遗产名录项目的公示》，临汾文化网，
2008 年 9 月 5 日，http：//www.lfwh.gov.cn/html/tzgg/2008-9/5/19_34_
33_949_2.html。

《山西省人民政府关于公布第二批省级非物质文化遗产名录的通知》晋
政发〔2009〕12 号），山西省人民政府网站，2009 年 06 月 23
日，http：//www.shanxi.gov.cn/sxszfxxgk/sxsrmzfzcbm/sxszfbgt/flfg_7203/
szfgfxwj_7205/200906/t20090623_146023.shtml。

王文章：《话说非遗法：王文章谈非遗》，中华人民共和国文化部网站，
2011 年 6 月 1 日，http：//www.mcprc.gov.cn/sjzz/fwzwhycs_sjzz/fwzwhycs_
gzdt/201111/t20111128_356487.htm。

王晓宇：《山西襄汾 9.8 尾矿库溃坝事故查处情况公布》，中国广播网，2010
年 1 月 21 日，http：//news.cnr.cn/gnxw/201001/t20100121_505929270.
shtml。

王晓波：《尝口"车轮子"过个团圆年》，《三晋都市报》2007 年 2 月 7 日。

汪涌豪：《中国文化中的乡土意识与情怀》，《文汇报》2010 年 4 月 18 日，
第 12 版。

杨昆：《釜底抽薪还是因噎废食？》，光明网，2006 年 5 月 29 日，http：//
www.gmw.cn/content/2006-05/29/content_423698.htm。

一 书前的故事

2016年，王若光博士从"方法、价值与现代性"等角度出版了《民俗体育研究》一书，这是一本偏重于讨论民俗体育研究方法论问题的论文集。在论文集中，他提到了在民俗体育研究中有关"链条""环节""概念""范畴"等运用的方法论问题，亦提到了"田野作业""文献训诂"等操作的方法学问题，还就文化变迁中民俗体育的现代性问题展开了讨论。在该书出版前，王若光博士委托我作序。其时，我在华中科技大学社会学院的博士后合作导师吴毅教授指出，"从事经验研究的学者，一生中至少要进行一次规范的田野调查，只有这样，才能更为深刻地理解经验与理论之间的张力"，其同事贺雪峰教授也认为，中国社会科学研究"应该呼啸着走向田野"。在此之前，我已经阅读了王若光博士关于跑鼓车田野调查的博士论文。显然，王若光博士在进行该理论思考之后，已做完了一轮田野考察。考虑到该书与"跑鼓车"一文之间有理论—实践的前后关联，为此，我作了一篇《为呼啸着走向田野所做的理论储备》的序。我在其中提到，"先期对研究方法进行探讨，应该有助于后续实践的规范，也有益于学科的形成与发展"。从目前摆在我们面前的

新作《鼓车道：乡愁记忆与传承保护》一书来看，王若光博士大体是从
理论到实践，再到鄂乡鼓车这一田野里，在十年如一日的实践与反思中
走过来的。

二　本书的感受

据王若光博士介绍，《鼓车道：乡愁记忆与传承保护》是在其博士
学位论文基础上申报获批的国家社科基金青年项目结项成果。我在阅读、
比较后发现，相较于其博士论文，本书无论对方法论的认识，还是对经
验材料的发现，以及基于经验材料所展开的讨论等方面，都有质的提升。
以下，我将就本书中感受最深的几处谈一下我自己的看法。

大多数学者在下田野之前或多或少存在"理论前设"。要想让学者
们抛弃前设，像一卷空白胶卷一样让田野影像自动投影到头脑上面几乎
是不可能的，而一门心思希望在田野中印证自己想法的学者也不在少
数，王若光博士在下田野前也是希望证明"民俗体育的发展路径是'转
换性创造'"这样前设的。但王若光博士在米德、弗里曼等人学术论争的
前车之鉴下，能够随着一些意外田野资料的"自然涌现"逐步解构自己
的理论前设，从而逐渐转向探索"民俗体育保护的核心究竟应该是什么"
的问题，而不是想方设法地去维护自己的前设。这是经历了"田野成人
礼"，且富有反思精神的研究者才具备的品质。在此品质的引导之下，田
野资料的收集质量当然也会有相应的提升。

如，作为鼓车之"道"的核心内容的"气鼓"，应当是本书中田野资
料很精彩的部分。王若光博士通过对"撒鼓""溜腿""祭鼓—游鼓""鏖
战""亮梢"等的描述，逐渐向读者呈现出附载于鼓上的"气"对于鄂乡民
众所蕴含的"安存""秩序"等地方性知识。这一如格尔茨在研究巴厘岛斗
鸡时，通过对养鸡、训鸡、斗鸡及下注等的描述，借助雄鸡来生动地呈现
巴厘社会的男性气质、权力关系、社会秩序等地方性知识。

另外，有过田野经历的人都知道，各方利益争斗是很难调研的内容，

因为往往会形成公说公有理，婆说婆有理的局面。但是，在"有事情时"进行细致的调研，又是参悟研究对象行动逻辑的绝佳材料。而要想把这些利益争斗事件较为客观且符合逻辑地呈现出来，就需要在田野中处理好利益各方的关系，并能自如地游走其间。应该说，王若光博士对于鼓车"申遗事件"的调研是相当成功的。从"五鼓"还是"六鼓"、"字鼓"还是"画鼓"、"西北院"还是"东南院"等事件之争，我们可以清晰地看到民间文化持有者之间，以及民间文化持有者与作为政府代理人的民间精英之间在对待"非遗保护、传承"时的行动张力。或许正是因为这种张力的存在，我们才能看到，那些所谓的"久远的民俗"，很有可能是为了应付各方利益需求的"发明的传统"。

三　书后的思考

在请我作跋时，王若光博士在微信中特意提出要求，希望这次所撰写的"跋"能如上次所撰写的"序"一样秉笔直书，而不用一味地恭维"抬轿子"。我在同他的交谈中，充分见证了一个以学术为志业的"纯粹学者"所具有的自我反思与批判精神。确实，在阅读完此书之后，我还是有一些不同的观点想要表达。

应该说，社会学者与社会行动部门之间的责任还是有一些区别的：社会学者的责任在于通过深入实地的调查，细致地描绘出所研究的社会现象"是什么"，并用自己的专业知识去分析"为什么会发生这样的事情"；而社会行动部门则主要关注社会该怎么发展，政府、社会、市场……各主体该如何去实践等问题。换句话说，前者更像"社会问题的诊断医生"；而后者则更偏重于对"社会问题进行价值判断"，并在价值判断的基础上开出改变现状的"处方"。之所以二者均不能大包大揽，皆是由于各自的专业知识、社会处境各有所限。当学者把自己定位为"社会问题的诊断医生"时，他在进入社会后往往会"冷眼热心"。也就是说，社会学者会用自己对社会的关切之心去分析所遇到的问题，但为了避免站队所带来的偏见，社会学者会尽量通过中立的态度去收集资料，较少去做"哪些是对的，哪些是错的，应该怎么做，不能怎么做"之类的价值判断，更注重去分析"为什么会是这样"。至于对错与行动之类的问题，则没有必要由学者来越俎代庖。通常的做法是让学者把"为什么会是这样"的分析结果交给相关社会行动部门之后，由他们去做出更为专业的判断与行动。

显然，王若光博士的想法与我所秉持的社会学者应承担"社会问题的诊断医生"的责任还是有一些差别，这可能与他希望用自己的专业知识为使民俗体育走向阳光大道而"询诊问药"的拳拳之心有关。但是，这样的"询诊问药"，往往容易忽略把案例置于具体情境下，对"为什么会这样"所进行的深入逻辑剖析。应该说，本书在充满张力的"气鼓""申遗"部分，是能很好地对"为什么会这样"展开逻辑分析的。但很可惜，王若光博士对此并没有用足力量，而是在稍微展现了"是什么"的"经验事实"之后，就开始关注"非遗""应该怎么做"，"怎样做才是对的"等价值判断。

在读《鼓车道：乡愁记忆与传承保护》一书时，我又重读了阐释人类学的经典之作《深层的游戏：关于巴厘岛斗鸡的讲述》一文。格尔茨把斗鸡置于巴厘社会结构下展开"深描"，在对故事的讲述中让我们深刻地理解该个案中所蕴含的性别观念、仪式象征、社会秩序等宏观社会知识，从而"通过对他者的理解，绕道来理解自我"，这是很值得我们反复学习与模仿的。如果王若光博士能多读几遍该文，或许对于"气鼓""申遗"部分的撰写又会很不一样。

当然，一千个读者有一千个哈姆雷特，尽管本书存以上我个人认为的问题，但对于本书的理解，还需读者们自己亲身参与其中，用心灵与王若光博士进行交流及对话。这，才是学术得以继续前行的力量，也是社会得以继续前行的力量。

代为跋！

2021 年 11 月 27 福州花香园

后　记

俟忽间，书稿到了付梓之时。曾记得苦吟派诗人贾岛，每至岁除，必取一岁所作置几上，焚香再拜，酹酒祝曰："此吾终年苦心也。"痛饮长谣而罢。学术虽苦，但也要似民俗，富有时间节律。我想，贾岛的个人仪式正是要纪念过去的苦吟，迎接未来的"推敲"生活呢！现将书稿再置案上，感慨万千，书稿的完成日是我人生的重要节日，我在释然的同时，还有对师友们襄助的感念。

十六年前，我师从孙庆祝教授攻读硕士。我在硕士毕业，与恩师分别之时表示，希望能再续师生缘分成为先生的"关门"博士。可那时先生已年届六旬，恐被关在"门"外的我，心中多了不少惆怅。我回太原工作后便开始着手考博，有幸在四年的努力下，还是回到了恩师门下，倒也应了当初愿望，成为孙先生的"关门"博士。读博期间，孙先生鼓励我们做质性研究，也正是那时我坚定了要深入田野，对鄂乡鼓车赛会进行个案研究的心。孙先生对我学术上的指导自不待言，更多的是，他还总为我夜猫子的作息时间表示担忧，他不止一次面带严肃地要求我要有一个健康良好的作息时间。再有，就是对师母的感念，师母韦女士为人慈善、性格直爽，对待我们如同对待自己的孩子，每逢节庆都要张罗着让我们这些离家的学生们在一起过节。2014 年的冬至日，恰逢次日我要做博士开题，只能错过与孙门弟子一起吃过冬的饺子，独自一人躲在冰冷的办公室内准备材料，内心紧张亢奋又不免有些许孤苦，冬至大如年呐！可到了夜里，师母竟特地请士展师弟为我送来饺子，那份温暖无法言说。

取得博士学位后，我认为自己的研究还不如意，应继续深化。没承想，这样一来又是六年的时间……与鄂乡接触的九年中，我几乎不间断地往返于太行吕梁之间与扬子江水两岸。每次田野考察总少不了原工作单位太原理工大学体育学院同人的鼎力支持，史冬博院长对我厚爱有佳，为我繁重的学术工作扫清了不少障碍；鄂乡田野点是胡素丽老师的家乡，我总少不了烦劳她出面帮忙联络相关资讯人；常媛媛教授与我学术旨趣相投，工作期间我们常在一起分享观点、切磋学术。体育学院的同学们也时常陪我同入田野，韩乾、刘帅、曹煜、孙毅、梁雅婷、逯文莉、伊利清、张博强、史科等同学先后加入我的田野考察小组，他们为我寻求线索、收集田野材料、拍摄录音提供了必不可少的后勤保障。少了他们的陪伴，我无法想象我又会以怎样的方式应对田野中所充斥的各种不确定性。此外，还要感谢好友吴丽蓉女士，她总会在极短时间内为我查找到所需的外文文献，我常赞她为"科研小助手"。

书稿初成之时，程志理先生为我改进文稿耗费了大量的精力，他为我提出了4000余字的总评意见，全文批注148处，外加手机通话（提建议）时长118分钟，我至今还记得通话结束后耳朵生疼的感觉……程先生有个"爱"的理论，他常说，"一个人能否做好学术关键要看他爱不爱，如果是真爱，定能成功"。程先生对学术的那份真爱令我常常受教，我也庆幸自己得到了真爱，感谢先生为是书作序。杨海晨教授也没少同我一起分享思考的痛苦、分担学术的艰辛。海晨教授与我研究方向一致，多年来他一直是我学习的标杆，由他为著作作跋，也使著作增色不少。

是书的出版得到了我的工作单位——扬州大学的出版基金资助。扬州大学为我的学术工作提供了舒适的平台，体育学院颜军、陈爱国、傅建、王秋林等领导为我提供了科研日常工作的诸多"后勤保障"。扬州的同事们也为我的学术与日常生活工作提供了不少帮助，陈祥和、秦佳炜、叶绿、陶晨、张欢、薛莹莹常在我闭关时给予我"营养补给"，送我温暖；又在我出关时与我品茗论学、网球健身，送我健康。

　　每年农历三月鼓车赛会前夕，我的关键资讯人毛武德总会特地打电话给我，询问是否来鄂乡调研，老人家耳背的厉害，常常不等我叙述行程，便开始自顾自地为我讲述鼓车的变化。事有变，人亦有变，毛先生八十有三，他的明显苍老让我愈加急迫，希望能早日完成我的研究，给这位陪伴了我近十年的老人一个交代。鄂乡杨杰的爷爷杨发成每次见到我，总会激动的泪目，感觉我们重视了贯穿了他一生的习俗活动；还好，他的儿、孙辈依然热衷鼓车，是所谓薪火相传了。不知往后在疲于奔命的现代浪潮中，他们究竟能坚守"祖业"几何，唯愿他们的生活祥和安存、延绵稳定。任建斌因家乡矿业受挫的影响，自主经营的饭店歇业，转而投身太原某技校工作。我们最后一次访问他时还需"追踪"至太原，在多年的田野考察中，他为我们提供了各种类型的数据材料，倾力支持我的研究工作。田野考察期间，质朴热情的鄂乡人为我留下了极深的印象，没有他们的无偿帮助，我的研究不可能完成，出于保护资讯人的隐私，我只能在此匿名一并感谢，相信他们的劳苦并非徒劳无功，而是必被纪念。

　　拙作成稿虽已尽力，但自知功力尚欠火候，定多有不足之处，当须精进，还请学界同人批评、斧正。

王若光

2021 年 11 月　于扬州雍锦园

图书在版编目（CIP）数据

鼓车道：乡愁记忆与传承保护 / 王若光著. -- 北
京：社会科学文献出版社，2022.7
ISBN 978 - 7 - 5228 - 0398 - 2

Ⅰ.①鼓… Ⅱ.①王… Ⅲ.①民族形式体育 - 非物质
文化遗产 - 保护 - 研究 - 中国 Ⅳ.①G852.9

中国版本图书馆 CIP 数据核字（2022）第 118960 号

鼓车道：乡愁记忆与传承保护

著 者／王若光

出 版 人／王利民
责任编辑／胡庆英
文稿编辑／张静阳
责任印制／王京美

出 版／社会科学文献出版社·群学出版分社（010）59366453
地址：北京市北三环中路甲 29 号院华龙大厦 邮编：100029
网址：www. ssap. com. cn
发 行／社会科学文献出版社（010）59367028
印 装／三河市龙林印务有限公司

规 格／开 本：787mm × 1092mm 1/16
印 张：15.5 字 数：220 千字
版 次／2022 年 7 月第 1 版 2022 年 7 月第 1 次印刷
书 号／ISBN 978 - 7 - 5228 - 0398 - 2
定 价／98.00 元

读者服务电话：4008918866